Q&A

わ か り や す い
銀行代理業・
電子決済等代行業

著 ｜ 弁護士 **赤上博人**
｜ 弁護士 **渡邉雅之**

一般社団法人 **金融財政事情研究会**

はしがき

　本書は、平成18（2006）年4月に導入された銀行代理業制度について解説した『Q&Aわかりやすい銀行代理業』を約13年ぶりに大改訂し、新たに、平成30（2018）年6月に導入された電子決済等代行業についての解説も加え、『Q&Aわかりやすい銀行代理業・電子決済等代行業』として発刊するものです。

　この13年の間には、仮想通貨（暗号資産）、AI融資、クラウドファンディングなどFinTechの動きが加速し、従来の法制度では対応ができない事態が生じてきました。

　本書で新たに取り扱う電子決済等代行業制度も、銀行等の金融機関のAPIを利用して家計簿サービスやクラウド会計サービスを提供する事業者が出てきたところ、従前の銀行代理業制度では対応できなくなったため、銀行法が改正され新たに導入されたものです。

　一般社団法人全国銀行協会の「オープンAPIに対する銀行界の取組み」（令和元（2019）年6月24日）によれば、銀行としてAPI体制の整備は進展しており、また、契約の条文例など枠組みづくりも進展し、すでに130行が導入方針を表明（外国銀行支店を除く138行の約94％。都銀、地銀、第二地銀はすべて対応方針）し、うち95行が導入ずみということです（平成31（2019）年3月末時点）。保険やクレジットカードといった分野においても、APIのあり方についての検討が進められているところです。

　また、令和元（2019）年11月15日の金融庁「銀行と電子決済等代行業者との間の契約締結等の状況について」によれば、オープンAPIに対応することを表明している130銀行のうち、7銀行が9〜5者の電子決済等代行業者と、50銀行が4〜1者の電子決済等代行業者とそれぞれ契約締結ずみである一方、73銀行は電子決済等代行業者と契約を締結していないとのことです。もっとも、契約締結および交渉の状況としては、44銀行が10以上の電子決済等代行業者と契約締結ずみ・交渉中で、122銀行が1以上の電子決済等代行

業者と契約締結ずみ・交渉中であるとのことです。

　本書では、銀行代理業制度についての解説同様、Q&A形式で電子決済等代行業制度についてもわかりやすく解説しました。

　本書の執筆にあたっては、「オープンAPIのあり方に関する検討会報告書」および「銀行法に基づくAPI利用契約の条文例」を本書に掲載することについてご快諾していただいた、「オープンAPIのあり方に関する検討会」（事務局：一般社団法人全国銀行協会）、および本書の作成にご尽力いただきましたきんざい出版部の堀内駿様に心から感謝を申し上げます。

　令和元（2019）年吉日

赤上　博人
渡邉　雅之

【著者略歴】

赤上　博人（あかがみ　ひろひと）

1988年　弁護士登録（40期）。
1988年　アンダーソン・毛利・ラビノウィッツ法律事務所（現アンダーソン・毛
　　　　利・友常法律事務所）入所
1993年　英国University of London, London School of Economics and Political
　　　　Science（LL.M.）
1993年9月〜1994年9月　英国ロンドンのSlaughter and May法律事務所勤務
1997年　アンダーソン・毛利・友常法律事務所パートナー就任
M&A／企業再編、コーポレートガバナンス、投資ファンド、企業法務一般、バ
ンキング、金融規制法（レギュラトリー）などを専門とする。

渡邉　雅之（わたなべ　まさゆき）

2001年　弁護士登録（54期）。
2001年　アンダーソン・毛利法律事務所（現アンダーソン・毛利・友常法律事務
　　　　所）入所
2009年　弁護士法人三宅法律事務所入所
2011年　弁護士法人三宅法律事務所パートナー就任
金融規制法、情報管理規制、ゲーミング規制などを専門とする。

目　　次

(8) 銀行から預金やローンに係る顧客の申込みや相談、苦情その他の問合せについて、委託を受けた外部業者が営むコールセンター（顧客電話相談窓口）。

(1) 銀行でなく顧客である「預金者」「借り手」等から委託を受けて、これらの者のために「代理」「媒介」を行う場合

(2) 銀行（Ａ銀行）が他の銀行（Ｂ銀行）の預金の預金者または融資の借入人となる場合に、Ａ銀行のために代理をする行為

(3) 銀行および顧客の双方のために預金、融資、為替取引に関する契約の代理・媒介をする場合

(1) シンジケートローンのアレンジャー業務や銀行の融資や預金がスキーム上に含まれている証券化取引のアレンジャー業務は銀行代理業に該当しますか。

(2) シンジケートローンにおけるエージェント業務は銀行代理業に該当しますか。

(3) 銀行（Ａ銀行、広義の資金の借入人）がSPC（形式的な資金の借入人）を組成したうえ、所有する金銭債権等の資産を当該SPCに移転し、当該SPCが金銭債権等を担保に他の銀行（Ｂ銀行）から資金の貸付けを受ける場合があります（いわゆるアセットバックローン（ABL））。かかる場合に、証券会社が当該Ａ銀行（またはSPC）との間でアドバイザリー契約を締結し、Ｂ銀行からの資金の貸付けのアレンジをする行為は「銀行代理業」

に該当しますか。なお、当該SPCの組成にあたり、当該証券会社が受け取る収益は当該Ａ銀行からの手数料による場合と、資金調達に際しての金利スワップ取引による場合（この場合は取引先が当該Ａ銀行の場合と他の金融機関（資金貸出先のＢ銀行の場合を含む）のそれぞれがありえます）のそれぞれがありえます。

PART 2 電子決済等代行業

PART 1

銀行代理業

Q 1 「銀行代理業」とはどのような業務をいうのですか

A 「銀行代理業」とは、
銀行のために
① 預金または定期積金等の受入れを内容とする契約の締結の代理または媒介
② 資金の貸付けまたは手形の割引を内容とする契約の締結の代理または媒介
③ 為替取引を内容とする契約の締結の代理または媒介
のいずれかを行う営業をいいます。

解　説

　「銀行代理業」は上記のとおり、銀行のために、①預金または定期積金等の受入れを内容とする契約の締結の代理または媒介、②資金の貸付けまたは手形の割引を内容とする契約の締結の代理または媒介、③為替取引を内容とする契約の締結の代理または媒介、のいずれかを行う営業をいいます（銀行法2条14項）。

　本定義を分析すると、銀行代理業とは、以下の行為をいいます。
① 銀行代理業の対象は銀行の固有業務（預金業務・与信業務・為替取引）であること。
② 行為は「代理」のほか「媒介」も対象としていること。
③ 銀行のために行うものであること。

Q 2 銀行代理業の対象はどのような業務ですか

A 銀行代理業の対象は銀行の固有業務（預金業務、与信業務、為替取引）です。

解　説

　銀行代理業の対象は、銀行の業務のうち、預金業務・与信業務・為替取引という銀行の固有業務（銀行法10条1項各号）に該当する業務です（銀行の業務についてはQ3参照）。

　固有業務以外の業務の代理・媒介は銀行代理業に該当しません（Q8〜Q10参照）。

　また、銀行代理業は預金業務・与信業務・為替取引の「契約の締結」の代理または媒介を対象とする業務なので、契約締結後の業務の委託は銀行代理業に該当しません。

Q3 銀行はどのような業務を営むことができますか

A 銀行は固有業務（預金業務・与信業務・為替取引）のほか、付随業務、一定の証券業務等、他の法律で認められた業務を営むことができます。

解　説

1　銀行が営むことができる業務・他業の禁止

　銀行は、銀行法10条１項で「固有業務」、同条２項で「付随業務」、同法11条で「他業証券業務」、同法12条で「その他法律により営むことができる業務」（「法定他業」）を行うことができる旨規定されている一方、同条でこれら以外の業務を行うことは禁止されています。

　銀行が他業に従事することを禁止されているのは、①銀行のように公共性の高い企業においては、可能な限り、その本業に専念し、与信、受信の両面において社会的意義と経済的機能とを発揮するようにしなければならないこと、②銀行に固有業務、付随業務等以外の業務を行うことを許せば、銀行の固有業務等がその影響を受けて顧客に対するサービス低下を招き、ひいては、預金者の資産や取引者の安全を害する事態などが予想されること、③銀

図表１－３－１　銀行が営むことができる業務

業務範囲		条　文
銀行業務	固有業務（銀行業）	銀行法10条１項
	付随業務	銀行法10条２項
他業証券業務等		銀行法11条
法定他業	担保付社債信託法等、信託業務（金融機関の信託業務の兼営等に関する法律）等	銀行法12条

4

行が他業を行うことによる利益相反の防止、の３つの理由によります。

　銀行が業務範囲規制に違反した場合、銀行の役員等は100万円の過料に処せられます（銀行法65条３号）。

2　固有業務（銀行法10条１項）

　固有業務とは、①預金または定期積金等の受入れ（「預金業務」）、②資金の貸付けまたは手形の割引（「与信業務」）、および③為替取引を意味します。銀行法２条２項において、これらの行為を行う営業は「銀行業」とされ、内閣総理大臣の免許を受けた者でなければこれを営むことができません（同法４条１項）。

　なお、預金業務および為替取引はその業務のみを行う場合も銀行業に該当します（預金業務の場合は銀行業とみなされることになります（銀行法３条））。これに対して、与信業務は預金業務と併せ営むことにより銀行業に該当することになりますが、与信業務のみを営む場合は、貸金業法上の「貸金業」に該当します。

(1)　預金業務

　「預金」とは、出資の受入れ、預り金及び金利等の取締りに関する法律上の「預り金」（同法２条）と同義であるとされており、①元本ないしそれ以上の金額が保証され、②金銭がそれを提供した者の利便のために保管される性質のものをいいます。銀行における預金等の商品設計については、元本保証を前提に、原則として自由であり各行の経営判断によりこれを行うことができることとされています（「中小・地域金融機関向けの総合的な監督指針」（以下「中小・地域金融機関監督指針」という）Ⅲ-4-3参照）。預金受入先については、特に制限はありません。

(2)　与信業務

　「資金の貸付け又は手形の割引」は、銀行法施行規則で定める業務報告書の勘定科目上の「貸出金」として分類されます。「預金又は定期積金の受入れと資金の貸付け又は手形の割引とを併せ行うこと」が銀行業となります（銀行法２条２項１号）。与信業務は、その法的性質に従って「手形割引」と

「貸付金」に大別され、「貸付金」はさらに「手形貸付」「証書貸付」「当座貸越」に分けられます。

(3) 為替取引

　判例上、「為替取引を行うこと」とは、「顧客から、隔地者間で直接現金を輸送せずに資金を移動する仕組みを利用して資金を移動することを内容とする依頼を受けて、これを引き受けること、またはこれを引き受けて遂行することをいう」とされています（最高裁平成13年３月12日第三小法廷決定・刑集55巻２号97頁）。

3　付随業務（銀行法10条２項）

　「付随業務」とは、上記の「銀行業」に付随する業務のことです。銀行法10条２項の各号に列挙されている付随業務は以下のとおりです。

① 債務の保証または手形の引受け（１号）

② 有価証券の売買または有価証券関連デリバティブ取引（投資の目的をもってするものまたは書面取次行為に限る）（２号）

③ 有価証券の貸付け（３号）

④ 国債等の引受けまたは当該引受けに係る国債等の募集の取扱い（４号）

⑤ 金銭債権の取得または譲渡（５号）

⑤-２ 資産流動化法上の特定目的会社が発行する売出し目的のない特定社債の引受けまたはその募集の取扱い（５号の２）

⑤-３ 短期社債等の取得または譲渡（５号の３）

⑥ 有価証券の私募の取扱い（６号）

⑦ 地方債または社債その他の債券の募集または管理の受託（７号）

⑧ 銀行その他金融業を行う者の業務の代理または媒介（８号）

⑧-２ 外国銀行の業務の代理または媒介（８号の２）

⑨ 国、地方公共団体、会社等の金銭の収納その他金銭に係る事務の取扱い（９号）

⑩ 有価証券、貴金属その他の物品の保護預り（10号）

⑩-２ 振替業（10号の２）

⑪　両替（11号）

⑫　非有価証券関連デリバティブ取引（12号）

⑬　非有価証券関連デリバティブ取引の媒介、取次または代理（13号）

⑭　金融等デリバティブ取引（14号）

⑮　金融等デリバティブ取引の媒介、取次または代理（15号）

⑯　有価証券関連店頭デリバティブ取引（16号）

⑰　有価証券関連店頭デリバティブ取引の媒介、取次または代理（17号）

⑱　ファイナンスリース取引（18号）

⑲　ファイナンスリース取引の代理または媒介（19号）

　付随業務としては以上の明文で列挙された業務のほか、「その他の銀行業に付随する業務」（「その他の付随業務」）が認められています（銀行法10条2項本文柱書）。(i)（固有業務と切り離して行うことができる）取引先企業に対して行うコンサルティング業務、ビジネスマッチング業務、人材紹介業務、M&Aに関する業務、事務受託業務、(ii)電子マネーの発行に係る業務、(iii)資金の貸付け等と同様の経済的効果を有する取引等が「その他の付随業務」に該当します。その他銀行法上明文がなくても、以下の4つの観点を総合的に考慮した取扱いとなっている場合は「その他の付随業務」として認められます（「主要行等向けの総合的な監督指針」（以下「監督指針」という）V-3-2）。

a　当該業務が銀行法10条1項各号および2項各号に掲げる業務に準ずるか。

b　当該業務の規模が、その業務が付随する固有業務の規模に比して過大なものとなっていないか。

c　当該業務について、銀行業務との機能的な親近性やリスクの同質性が認められるか。

d　銀行が固有業務を遂行するなかで正当に生じた余剰能力の活用に資するか。

4　他業証券業務等（銀行法11条）

　銀行は、固有業務・付随業務のほか、固有業務の遂行を妨げない限度にお

いて、次に掲げる業務を行うことができます。

① 投資助言業務（金融商品取引法28条6項）

② 登録金融機関業務（同法33条2項）

③ 自己信託に係る事務に関する業務（信託法3条3号）

④ 排出権取引またはその媒介、取次もしくは代理を行う業務

5　法定他業（銀行法12条）

　銀行は、銀行法上列挙された上記のもののほか、「担保付社債信託法その他の法律により営む業務」（法定他業）を営むことができます。

【法定他業の例】

① 担保付社債信託法上の信託会社としての業務

② 信託業（金融機関の信託業務の兼営等に関する法律1条1項）

③ 宝くじおよびサッカーくじの販売の受託（当せん金付証票法6条2項、スポーツ振興投票の実施等に関する法律18条2項）

④ 保険募集（保険業法275条2項）

Q 4	他の金融業態においては、仲介制度はどのように認められていますか

A	保険、金融商品取引、信託において、それぞれ仲介制度が認められています。

解　説

　保険においては、生命保険募集人制度が昭和16（1941）年から、損害保険代理店制度が昭和23（1948）年から導入されていました。生命保険募集人、損害保険代理店となる者は、保険会社との資本関係は不要であり、他の業務を兼業することも自由です。生命保険募集人や損害保険代理店は登録制で、所属保険会社のために保険契約の締結の代理または媒介を行うことができます。

　証券においては、平成16（2004）年４月から証券取引法において、証券仲介業制度が導入されました（銀行等の金融機関は同年12月から証券仲介業を営むことができるようになりました）。証券取引法を改廃して、平成19（2007）年９月30日に施行された金融商品取引法においては、金融商品仲介業制度が定められています。金融商品仲介業制度とは、所属金融商品取引業者の委託を受けて、有価証券の売買やデリバティブ取引等の媒介、有価証券の募集もしくは売出しの取扱いまたは私募の取扱いを行う営業をいいます。金融商品仲介業者は登録制で、金融商品取引業者との資本関係は不要であり、兼業も自由です。

　信託においては、平成５（1993）年より限定的な代理店制度（銀行等の金融機関代理店）が認められていましたが、平成16（2004）年12月に信託業法が改正され、信託契約代理店制度が設けられ、一般事業会社も信託会社（信託銀行）の代理店となることが可能となりました。信託契約代理業とは、信託契約の締結の代理（信託会社等を代理する場合に限る）または媒介を行う営

業をいいます。信託契約代理店は登録制で、信託会社（信託銀行）との資本関係は不要であり、兼業は自由です。なお、信託受益権の販売については、平成16（2004）年12月に信託受益権販売業（登録制）が設けられています。

Q5 銀行の付随業務の代理または媒介をすることは「銀行代理業」に該当しますか

A 銀行の付随業務の代理または媒介をすることは「銀行代理業」に該当しません。

解　説

　銀行代理業は、銀行のために「預金又は定期積金等の受入れを内容とする契約の締結」「資金の貸付け又は手形の割引を内容とする契約の締結」または「為替取引を内容とする契約の締結」の「代理又は媒介」を営業として行うことをいいます（銀行法2条14項各号）。

　すなわち、銀行のために、「固有業務」（預金業務・与信業務・為替取引）（銀行法10条1項各号）に関する契約の締結の代理または媒介を行う営業が「銀行代理業」であり、銀行の付随業務（債務の保証、両替、金融等デリバティブ取引等、Q8参照）（同条2項各号）の代理または媒介をすることは銀行代理業に該当しません。

　銀行業（固有業務。ただし、与信業務のみを行う場合は貸金業法上の「貸金業」であり銀行業ではない）については銀行のみがこれを営むことができますが（銀行法4条、10条1項）、付随業務は、銀行以外の者も元来営むことができる業務であるので、その代理または媒介をすることも銀行代理業に該当しないものとして、同法の規制を受けずに自由に営むことができることとされました（ただし、業務によっては他の法律の規制を受けることがあります）。

金融庁の監督指針では銀行代理業者の「許可が必要な行為」「許可が不要な行為」としてどのような場合が定められていますか

A 金融庁の監督指針には、銀行代理業に該当しない、「顧客のための行為」や「媒介に至らない行為」の基準が示されています。

解　説

1　監督指針における基準

　金融庁が、Q7の「銀行法等に関する留意事項について（銀行法等ガイドライン）」（以下「銀行代理業ガイドライン」という）を公表するまでは、監督指針における、銀行代理業の「許可が必要な場合」「許可が不要な場合」が銀行代理業に該当するか判断する際の拠り所となっていました。

　監督指針の基準は、銀行代理業ガイドラインの公表後も重要です。特に下記3(2)の「媒介に至らない行為」の判断基準は重要です。

2　許可が必要である場合（監督指針Ⅷ-3-2-1-1(2)、中小・地域金融機関監督指針Ⅳ-3-2-1-1(2)）

　たとえば、以下の①～⑤のいずれか1つの行為でも業務として行う者は、原則として、銀行法52条の36第1項に規定する銀行代理業の許可を受ける必要があることに留意することとされています。

---

　①　預金等の受入れ等を内容とする契約の締結の勧誘
　②　預金等の受入れ等を内容とする契約の勧誘を目的とした商品説明
　③　預金等の受入れ等を内容とする契約の締結に向けた条件交渉
　④　預金等の受入れ等を内容とする契約の申込みの受領（単に契約申込

書の受領・回収または契約申込書の誤記・記載もれ・必要書類の添付もれ
の指摘のみを行う場合を除く）

⑤　預金等の受入れ等を内容とする契約の承諾

3　銀行代理業の許可が不要な場合（監督指針Ⅷ－3－2－1－1(3)、中小・地域金融機関監督指針Ⅳ－3－2－1－1(3)）

(1)　顧客のための行為

顧客のために、預金等の受入れ等を内容とする契約の代理または媒介を行う者については、銀行代理業の許可は不要です。

ただし、たとえば、銀行と当該者との間で合意された契約上またはスキーム上は顧客のために行為することとされている場合でも、当該者が実務上、その契約もしくはスキームに定められた範囲を超えてまたはこれに反し、実質的に銀行のために代理・媒介業務を行っている場合には、許可が必要となる場合があることに十分留意する必要があります。

「顧客のために」とは、顧客からの要請を受けて、顧客の利便のために、顧客の側に立って助力することをいいます。

(2)　媒介に至らない行為

媒介に至らない行為を銀行から受託して行う場合には、銀行代理業の許可を得る必要はありません。

たとえば、以下の①～③に掲げる行為の事務処理の一部のみを銀行から受託して行うにすぎない者は、銀行代理業の許可が不要である場合もあると考えられます。

①　商品案内チラシ・パンフレット・契約申込書等の単なる配布・交付

（注）　このとき、単に取扱金融機関名や同金融機関の連絡先等を伝えることは差し支えないが、配布または交付する書類の記載方法等の説明をする場合には、媒介に当たることがあり得ることに留意する。

②　契約申込書およびその添付書類等の受領・回収（記載内容の確認等

をする場合を除く）

> （注）　このとき、単なる契約申込書の受領・回収または契約申込書の誤記・
> 記載もれ・必要書類の添付もれの指摘を超えて、契約申込書の記載内
> 容の確認等まで行う場合は、媒介に当たることがありうることに留意
> する。

③　金融商品説明会における一般的な銀行取扱商品の仕組み・活用法等
についての説明

(3)　ATM設置行為

　銀行から委託を受けて、営業所または事務所内にATMのみを設置する行
為については、当該ATMが銀行法施行規則35条1項4号の「無人の設備」
に該当する場合には、銀行代理業の許可は不要です。

Q7 銀行代理業ガイドラインでは銀行代理業に該当しない行為についてどのような定めがなされていますか

A 銀行代理業ガイドラインにおいては、「銀行代理業」における「銀行のために」に該当するか否かの基準が具体的に示されています。

解　説

1　銀行代理業ガイドライン

　金融庁は、平成30（2018）年5月30日に、電子決済等代行業に関する改正と同時に、「銀行代理業ガイドライン」を公表しました。

　銀行代理業ガイドラインは、電子決済等代行業者が銀行等の金融機関から手数料を受領する場合であっても、一定の場合には、「銀行代理業」に該当しないというセーフハーバールールを示すものですが、銀行代理業に該当するかについて一般的な基準を示すものであり重要です。

　Q6で説明した金融庁の監督指針における銀行代理業に該当しない行為の基準に加えて、どのような行為が銀行代理業に該当するか否かの判断に資するものです。

2　銀行代理業の対象とならない営業について（銀行代理業ガイドライン2-1）

⑴　「銀行のために」に該当するか否かの基準

　銀行法2条14項の「銀行のために」行う営業とは、銀行から委託を受けて行うものを意味し、もっぱら「顧客または利用者（以下「顧客等」という。）のためだけに」行う営業は含まれません。

　銀行代理業ガイドライン2-1では、ある行為が「銀行のために」に該当するか否かは、個別事情に即して判断することとなりますが、次に掲げる場

合は銀行代理業に該当しないことに留意するものとされています。

---

① 銀行からの直接又は間接的な委託（間接的な委託とは、再委託、再々委託及びその連鎖）に基づき、預金若しくは定期積金等の受入、資金の貸付け若しくは手形の割引又は為替取引を内容とする契約の締結の代理又は媒介に関与するものではない場合

② 契約の条件の確定又は締結に関与する対価として、銀行から直接又は間接的に報酬、手数料その他名目のいかんにかかわらず経済的対価（手数料収入その他の対価）を受領するものではない場合

上記銀行代理業ガイドライン2-1①、2-1②が列挙されていますが、①または②のいずれかに該当すれば「銀行代理業」に該当しません（金融庁「銀行法施行令等の一部を改正する政令等（案）」に対するパブリックコメントの結果（平成30年5月30日）（以下「PC」という）248）。

(2) 「委託」について

銀行からの依頼がなく、銀行との契約締結や金銭支払がない場合には、通常は上記2-1①の「委託」がなく銀行代理業に該当しないと考えられます（PC250）。

(3) 預金口座の開設のみの媒介

預金の受入れの媒介までは行わず、預金口座の開設のみの媒介を行う場合が銀行代理業に該当するか問題となりますが、一般的には、銀行のために預金口座を開設するための預金契約の締結の代理または媒介を行う場合には、預金の受入れを行わない場合であっても、預金の受入れを内容とする契約の締結の代理または媒介に該当し、銀行代理業に該当すると考えられます（PC249）。

(4) 顧客ごとの属性に応じて特定の銀行を選定し、顧客に紹介する行為

顧客ごとの属性に応じて特定の銀行を選定し、顧客に紹介する行為（下記事例）は、契約締結の勧誘と評価され、媒介に該当することがありえます。このため、個別事例ごとに、具体的にどのような行為を行うのかや、経済的

対価の受領の有無・態様等を勘案して総合的に判断されるべきものと考えられます。なお、投資商品の勧誘については、金融商品仲介業等に該当する可能性があります（PC253、PC254）。

（具体的事例）
・複数の銀行の紹介を企図する電子決済等代行業者が利用者からシステムを介して又はチャット等により取得した利用者情報に対して、予め利用者に示した形式的な銀行選定基準を適用して、基準に該当する銀行のウェブサイトを紹介する方法
・特定の融資や投資商品の成約の可能性が高いと考える顧客に対し、ターゲティング広告を提供し、もって、特定の銀行等の融資に関するウェブサイトを紹介すること

3　経済的対価について（銀行代理業ガイドライン2-2）

(1)　契約の条件の確定または締結に関与する対価

　銀行代理業ガイドライン2-2では、銀行から受領する経済的対価が、銀行代理業ガイドライン2-1②に掲げられている、預金もしくは定期積金等の受入れ、資金の貸付けもしくは手形の割引または為替取引を内容とする契約の締結の代理または媒介に係る「契約の条件の確定又は締結に関与する対価」であるか否かは当該対価の名目ではなく、実質に着目して判断することになるとされています。

　たとえば、顧客等からの委託を受けて、顧客等に対してサービスを提供する者（以下「サービス提供者」という）が、銀行から経済的対価を受け取っていても、その実質が次に掲げるものと認められる場合は、預金もしくは定期積金等の受入れ、資金の貸付けもしくは手形の割引または為替取引を内容とする契約の締結の代理または媒介に係る「契約の条件の確定又は締結に関与する対価」とは異なることに留意することとされています。

> - 銀行に対してサービス提供者のシステムを提供し、顧客等が当該サービス提供者のシステムを利用して銀行口座にアクセスできる状態を作成・維持した対価としてのシステム利用料であると認められる場合
> - サービス提供者のウェブサイト上に銀行のサービスを広告したことの対価としての広告料であると認められる場合
> - サービス提供者が顧客等の承諾を得て、当該サービス提供者によって取得または生成された当該顧客等に関する情報を銀行に提供する対価（情報提供料等）であると認められる場合
> - サービス提供者に対する顧客等からの手数料を、利用者利便の観点から、顧客等に説明した上で銀行がまとめて徴収し、サービス提供者に交付していると認められる場合

　上記基準に照らして、下記の事例におけるシステム利用料、広告料、広告掲載料が、実質的にも、単なるシステム利用料、広告料、広告掲載料、情報提供料と認められるのであれば、「契約の条件又は締結に関与する対価」に該当しないものと考えられます（PC258～261）。

> （具体的事例）
> ・銀行にシステムを提供する際、システム利用の人数、又はPV（ページビュー）等に連動したシステム利用料を、銀行から受領すること。
> ・広告料においては、広告に関してリンクを張り付けし、そのリンクを踏んだ回数に応じて銀行に対して従量課金すること。
> ・銀行口座開設に関する広告を行った事業者が、口座開設を希望する者の情報（住所、連絡先、氏名等）を本人からの同意に基づいて銀行に伝えた場合に、成約高に連動しない広告掲載料を銀行から受領すること。実際の口座開設契約は銀行が希望者と直接連絡をとった上で、銀行で行う。
> ・銀行へ情報提供を行う事業者が、銀行から受領する情報提供料につい

て情報の人数、量に応じて受領する金額を変更する方式で算出すること。

(2) 経済的対価の算出方法が銀行取引の成約高に連動する事実

　銀行代理業ガイドライン2-2では、経済的対価の性質の判断にあたって、「当該経済的対価の算出方法が銀行取引の成約高（預金残高若しくは口座数、与信残高若しくは件数又は為替取引額若しくは件数など）に連動するとの事実」は、当該経済的対価が銀行代理行為に係る契約の条件の確定または締結に関与する対価であることを推認させることに留意することとされています。

　もっとも、「契約の締結の代理又は媒介に至らない行為を行う場合」には、経済的対価の算出方法が銀行取引の成約高に連動するとの事実がある場合であっても、銀行代理業に該当しません。他方で、一般的には、「預金又は融資、為替業務に係る契約の条件の確定又は締結をもって経済的対価を受領するという事実」は、契約の締結の代理または媒介を行っているという事実を推認させるものと考えられます（PC251）。

　銀行のために、個別の預金契約の締結の代理・媒介や資金の貸付けに係る契約の締結の代理・媒介にはかかわらないものの、顧客紹介行為をする事業者が成約高（預金残高・口座数、与信残高・件数、為替取引額・件数）ベース（いわゆる成功報酬ベース）で報酬を受領する場合には、顧客紹介行為が上記代理または媒介に該当することを推認させるものと考えられます。ただし、成功報酬ベースで経済的対価が支払われている場合であっても、別途の事情により、預金契約や貸金契約の締結の代理または媒介に当たらないことが明らかな場合には、銀行代理業に該当すると判断されるものではありません（PC263）。

Q 8 以下の行為は「銀行代理業」に該当しますか（非有価証券関連デリバティブ取引の代理・媒介、外国銀行の代理・媒介等）

(1) 証券会社（第一種金融商品取引業者）が銀行のために非有価証券関連デリバティブ取引（スワップ、オプション、クレジットデリバティブ取引等）の代理または媒介をすること。

(2) 外国銀行の日本国外の本支店の営む銀行法10条2項の付随業務（たとえば、同項14号の金融等デリバティブ取引）に該当する行為の代理または媒介をすること。

(3) 外国銀行の日本国外の本支店の営む預金業務、与信業務または為替取引の代理または媒介をすること。

(4) 銀行との間で金銭債権の売買および貸出参加契約（ローンパーティシペーション）の締結、またはそれらの媒介、取次もしくは代理をすること。

A (1) 該当しません。
(2) 該当しません。
(3) 該当しません。
(4) 該当しません。

解　説

1　上記(1)について

　非有価証券関連デリバティブ取引（スワップ、オプション、クレジットデリバティブ取引等）の代理または媒介は銀行の付随業務（銀行法10条2項13号）に該当するものであり、銀行の固有業務（預金業務・与信業務・為替取引）に係る契約の締結の代理・媒介に該当するものではないので、銀行代理業には

該当しません。

2　上記⑵について

　銀行代理業制度のもとでは、日本国内の銀行（外国銀行の日本支店）の付随業務の代理・媒介だけでなく、外国銀行の日本国外の本支店の付随業務の代理・媒介も銀行代理業規制の対象外です。

　なお、かかる行為は、外国銀行の固有業務（預金業務・与信業務・為替取引）に係る契約の締結の代理・媒介にも該当しませんので、外国銀行代理業務（銀行法10条2項8号の2）にも該当しません（同法施行規則13条の2第1項）。

3　上記⑶について

　銀行代理業は、銀行法上の免許（銀行法4条1項）を得た銀行または外国銀行支店のために行うものなので、外国銀行の日本国外の本支店の営む預金業務、与信業務または為替取引に関する契約の締結の代理または媒介を行うことは銀行代理業に該当しません。

　ただし、かかる行為は、外国銀行の固有業務（預金業務・与信業務・為替取引）に係る契約の締結の代理・媒介に該当する場合は、外国銀行代理業務（銀行法10条2項8号の2）に該当し、外国銀行代理業務の認可が必要となります（同法52条の2）。

4　上記⑷について

　銀行との間で、金銭債権の売買および貸出参加契約（ローンパーティシペーション）の締結、またはそれらの媒介、取次もしくは代理を行うことは、一般的には、「資金の貸付け又は手形の割引を内容とする契約の締結の代理又は媒介」には該当しないので、銀行代理業に該当しないものと考えます（平成18（2006）年5月17日付金融庁「銀行法等の一部を改正する法律の施行期日を定める政令（案）、銀行法等の一部を改正する法律の施行に伴う関係政令の整備等に関する政令（案）及び銀行法施行規則等の一部を改正する内閣府令等（案）に

対するパブリックコメントの結果について」参照）。

　ただし、法的には、金銭債権の売買や貸出参加契約という形式であって
も、実質的にはニューマネーが金銭債権の取得者ないし参加者である銀行か
ら債権者を介して債務者に提供される場合には注意を要します。また、貸金
業登録をしている者が、当初から銀行代理業規制を潜脱する目的で他の者に
貸付けを行い、当該貸付契約に係る金銭債権を銀行に直ちに譲渡する場合に
は、実質的には銀行の資金の貸付けの媒介をしているのと同視できる余地も
ないわけではないので、その場合には銀行代理業規制違反となる可能性もあ
ると思われます。

Q9 以下の行為は銀行代理業に該当しますか。また、銀行代理業に該当しないとして、行うことが法律上認められていますか（証券業務および保険募集の代理・媒介）

(1) 銀行の営む証券業務（登録金融機関業務。たとえば、投資信託の販売等）の代理または媒介をすること。

(2) 銀行が生命保険募集人または損害保険代理店として営む保険募集の代理または媒介をすること。

A (1) 銀行代理業に該当しません。銀行を所属銀行とする金融商品仲介業者となる場合は、銀行の営む金融商品仲介業務（投資信託の販売等）の「媒介」をすることはできますが、「代理」をすることはできません。

(2) 銀行代理業に該当しません。保険業法上、保険募集について復代理をすることは（再委託の場合を除き）認められていないので、かかる行為をすることはできません。

解 説

1 総 論

　銀行代理業は、銀行のために「預金又は定期積金等の受入れを内容とする契約の締結」「資金の貸付け又は手形の割引を内容とする契約の締結」または「為替取引を内容とする契約の締結」の「代理又は媒介」を営業として行うことをいいます（銀行法2条14項各号）。

　したがって、銀行の営む登録金融機関業務（金融商品取引法33条2項、33条の2）や保険募集（生命保険募集人・損害保険代理店）（保険業法275条、同法施行規則211条、211条の2）の代理または媒介をすることは「銀行代理業」に該当しません。

なお、銀行の営む登録金融機関業務は、銀行の業務上、付随業務または他業証券業務等（銀行法11条）に、保険募集は法定他業（同法12条）に該当します（Ｑ３参照）。

2　上記⑴について

　銀行は、登録証券業務として、投資信託（受益権）の売買等をすることが認められています（金融商品取引法33条２項２号）。かかる業務を営むためには、登録金融機関として金融商品取引法上の登録をする必要があります（同法33条の２第２号）。

　他方、銀行等の登録金融機関の委託を受けて、①有価証券の売買の媒介（金融商品取引法２条８項10号に掲げるものを除く）、②同項３号に掲げる媒介、または、③有価証券の募集もしくは売出しの取扱いまたは私募等の取扱い、をすることは金融商品仲介業に該当し（同条11項）、金融商品仲介業者としての登録をすれば（金融商品取引業者としての登録がなくても）これを営むことができます（同法66条）。

　したがって、ある銀行の銀行代理業者となるとともに、当該銀行を所属登録金融機関として金融商品仲介業者となれば、同一の銀行のため預金、ローン、投資信託販売等の代理・媒介（ただし、投資信託については下記のとおり媒介のみ）を行うことができます。

　しかしながら、金融商品仲介業としては、登録金融機関の委託を受けて「有価証券の売買の媒介」を行うことは認められているものの、「有価証券の売買の代理」を行うことは認められていないので、これを営むことはできません。

　また、銀行は投資の目的で有価証券の売買をすることができますが（銀行法10条２項２号、金融商品取引法33条１項ただし書）、かかる銀行の投資目的の有価証券の売買を当該銀行のために代理または媒介することは、金融商品仲介業に該当しないため、金融商品仲介業者には法律上認められていません（もちろん、金融商品取引業者として登録されている者であれば可能です）。

3 上記⑵について

　現行の保険募集制度において保険募集人や保険代理店は、保険会社からの直接の委託（または再委託）を受けた者であって、その所属保険会社のために保険契約の締結の代理または媒介を行う者とされています（保険業法2条19項、21項参照）。したがって、たとえば保険会社の各店舗が行っている管轄地域の営業推進や代理店管理といった、いわば保険会社における販社的な業務を、総代理店たる銀行に外部委託することで保険会社の業務の効率化を図ろうとした場合、総代理店が管理する保険代理店は、再委託の場合に限り、それら販社的業務を受託した総代理店たる銀行を介した復代理による保険募集の委託契約を結ぶことができます。

Q10 銀行代理業の行為である「代理」「媒介」とはいかなる行為をいいますか

A 「代理」とは、「代理人が他人に代わって、相手方に対して意思表示をし（能働代理）、または、相手方から意思表示を受け（受働代理）、その法律効果が本人に帰属する行為」をいいます。これに対して、「媒介」とは、「他人の間に立って両者を当事者とする法律行為の成立に尽力する事実行為」をいいます。

解　説

　銀行代理業は、銀行のために「預金又は定期積金等の受入れを内容とする契約の締結」「資金の貸付け又は手形の割引を内容とする契約の締結」または「為替取引を内容とする契約の締結」の「代理又は媒介」を営業として行うことをいいます（銀行法2条14項各号）。すなわち、銀行代理業の行為は「代理」または「媒介」です。

　「代理」とは、「ある人Aと一定の関係にある者Bが、AのためにCとの間で意思表示を行い（能働代理）、あるいは意思表示を受ける（受働代理）ことによって、その意思表示の法律効果がAについて生ずる制度」（「法律学小辞典〔第4版〕」799頁）をいいます。

これに対して、「媒介」とは、「他人の間に立って両者を当事者とする法律行為の成立に尽力する事実行為」（高橋康文編「詳解証券取引法の証券仲介業者、主要株主制度等」103頁）をいいます。「媒介」行為としては、たとえば、「取次ぎ」や「勧誘」が認められます。

　「代理」と「媒介」の違いは、代理人は法律行為（契約）の締結権限があるのに対して、媒介人は法律行為（契約）の締結権限がない点です。

　銀行代理業制度導入前は、「代理」行為のみが銀行代理店の対象であり、

銀行のために「媒介」をすることは規制の対象外とされていましたので、「代理」と「媒介」の区別は重要でした。ただし、当局は、実質的にみて代理に近い媒介（特に媒介人が一定の裁量を有する場合）は銀行代理店規制の対象とする傾向がありました。

　銀行代理業制度のもとでは、「代理」だけでなく「媒介」も銀行代理業制度の対象となりましたので、制度導入前と比べて「代理」と「媒介」のいずれに該当するか、ということは従前よりも重要性は低くなりました（ただし、貸付けに係る銀行代理業については兼業の種類によっては「媒介」しか認められない場合もある（Q21参照）ので、「代理」と「媒介」のいずれかに該当するかは依然として重要です）。むしろ、「媒介」に該当するか否か（媒介に至らない行為として銀行代理業の対象とならないといえるか）ということが重要となります。

　監督指針には、「媒介」に至らない行為として、銀行代理業の許可を得る必要がない場合として以下の行為が掲げられています（監督指針Ⅷ-3-2-1-1(3)②)。

① 　商品案内チラシ・パンフレット・契約申込書等の単なる配布・交付（このとき、取扱金融機関名や同金融機関の連絡先等を伝えることはさしつかえないが、配布または交付する書類の記載方法等の説明を要する場合には媒介に当たることがありうることに留意する）

② 　契約申込書およびその添付書類等の受領・回収（このとき、単なる契約申込書の受領・回収または契約申込書の誤記・記載もれ・必要書類の添付もれの指摘を超えて、契約申込書の記載内容の確認等まで行う場合は、媒介に当たることがありうることに留意する）

③ 　金融商品説明会における一般的な銀行取扱商品の仕組み・活用法等についての説明

　なお、貸金業法の解釈についてですが、以下の各行為は、「金銭の貸借の媒介」に該当するとされているのが、参考になります（平成27（2015）年12月1日付金融庁監督局総務課金融会社室長による「金融庁における一般的な法令解釈に係る書面照会手続（回答書）」参照）。

（ⅰ）　契約の締結の勧誘

（ⅱ）　契約の勧誘を目的とした商品説明

（ⅲ）　契約の締結に向けた条件交渉

Q11 顧客に対して銀行を「紹介」する行為は銀行代理業に該当しますか

A 顧客に対して銀行の預金商品やローン商品を勧誘せず、単に銀行を「紹介」する行為は「媒介」にも該当せず、銀行代理業に該当しないと考えられます。もっとも、具体的な行為態様等いかんによっては銀行代理業に該当する場合もありうると考えられます。

解　説

　顧客に対し、銀行の預金商品、ローン商品、為替取引の勧誘をせずに、単に銀行を「紹介」する行為は、「媒介」に至らない行為として、銀行代理業に該当しないと考えられます。

　この点、監督指針には、「媒介」に至らない行為として、銀行代理業の許可を得る必要がない場合として以下の行為が掲げられています（監督指針Ⅷ－3－2－1－1(3)②)。

① 　商品案内チラシ・パンフレット・契約申込書等の単なる配布・交付（このとき、取扱金融機関名や同金融機関の連絡先等を伝えることはさしつかえないが、配布または交付する書類の記載方法等の説明を要する場合には媒介に当たることがありうることに留意する）

② 　契約申込書およびその添付書類等の受領・回収（このとき、単なる契約申込書の受領・回収または契約申込書の誤記・記載もれ・必要書類の添付もれの指摘を超えて、契約申込書の記載内容の確認等まで行う場合は、媒介に当たることがありうることに留意する）

③ 　金融商品説明会における一般的な銀行取扱商品の仕組み・活用法等についての説明

　上記の規定に鑑みれば、預金契約や融資契約等の個別の案件の具体的な内

容に立ち入らずに、単に顧客を銀行に紹介するにとどまる場合には「媒介」に至らない紹介として銀行代理業に該当しないと考えられます。

この点、紹介の対価として銀行から手数料を受領する場合（たとえば、不動産会社が顧客に住宅ローンを提供する銀行を紹介してフィーを受け取る場合）は、紹介者も、紹介の委託をした銀行の預金やローンなどを購入する顧客を獲得しようというインセンティブが働き、実質的には「媒介」に該当する行為をするものと推定される場合もあると考えられます。とりわけ、預金契約やローン契約の成約ベースで報酬が支払われる場合（成功報酬ベース）は、「媒介」に該当すると推定される可能性が高くなると思われます。

金融庁が平成30（2018）年5月30日に公表した「銀行代理業ガイドライン」（Q7参照）2-2においては、経済的対価の性質の判断にあたって、「当該経済的対価の算出方法が銀行取引の成約高（預金残高若しくは口座数、与信残高若しくは件数又は為替取引額若しくは件数など）に連動するとの事実」は、当該経済的対価が銀行代理行為に係る契約の条件の確定または締結に関与する対価であることを推認させることに留意することとされています。

銀行のために、個別の預金契約の締結の代理・媒介や資金の貸付けに係る契約の締結の代理・媒介にはかかわらないものの、顧客紹介行為をする事業者が成約高（預金残高・口座数、与信残高・件数、為替取引額・件数）ベース（いわゆる成功報酬ベース）で報酬を受領する場合には、顧客紹介行為が上記代理または媒介に該当することを推認させるものと考えられます。

ただし、成功報酬ベースで経済的対価が支払われている場合であっても、別途の事情により、預金契約や貸金契約の締結の代理または媒介に当たらないことが明らかな場合には、銀行代理業に該当すると判断されるものではありません（PC263）。

Q12 以下の各行為は銀行代理業に該当しますか（預金・融資契約関係）

　(1)　弁護士が銀行のために個別の預金契約や融資契約を作成すること。

(2)　不動産鑑定士が銀行のために融資の担保となる不動産の鑑定評価を行うこと。

(3)　銀行のために融資契約に顧客の署名を求める行為。

(4)　銀行のために預金契約の申込書を入れたダイレクトメールを送付すること。

(5)　各銀行の預金を比較するウェブサイトを設け、各銀行の預金の申込みページにリンクを設けること。

(6)　銀行から委託を受けたアドバイザーやコンサルタント（「アドバイザー等」）が、借入人との直接の交渉には関与せず、あくまで銀行のアドバイザー等として、貸付けに関連した助言を行うにすぎない場合（たとえば、貸付けに係るストラクチャーの分析や関連資料の作成等）。

(7)　銀行から委託を受けたアドバイザー等が、個別の借入人との交渉にアドバイザー等として同席し、銀行の求めに応じて借入人に対して一定の説明行為（専門的知識を有する者による説明を有する内容に係る説明行為）を行うにすぎない場合。

(8)　銀行から預金やローンに係る顧客の申込みや相談、苦情その他の問合せについて、委託を受けた外部業者が営むコールセンター（顧客電話相談窓口）。

---

　(1)　銀行代理業に該当しないと考えられます。

　(2)　銀行代理業に該当しないと考えられます。

(3)　銀行代理業に該当する可能性があります。

- (4) 銀行代理業に該当しないと考えられます。
- (5) 銀行代理業に該当しないと考えられます。
- (6) 銀行代理業に該当しないと考えられます。
- (7) 銀行代理業に該当しないと考えられます。
- (8) 銀行代理業に該当しないと考えることも可能ですが慎重な検討が必要です。

解　説

　銀行代理業の行為である、「媒介」とは、「他人の間に立って両者を当事者とする法律行為の成立に尽力する事実行為」なので、広く該当するものが考えられます。

　もっとも、ある法律行為について媒介を行ったというためには、他人が当事者として成立することとなる当該法律行為と媒介との間に因果関係が存在する必要があると考えられ、次のような要件を満たしている必要があると考えられます。

- ・当事者となる両者を具体的に特定することに関与していること。
- ・当事者となる両者に直接働きかけを行い、両者もその働きかけについて認識をもっていること。
- ・法律行為の一部に直接かかわる役務を提供すること。
- ・当事者となる両者の間で法律行為が直接成立しうる状況に置くこと。

　また、形式的には「媒介」に該当する行為でも、単純・定型的な行為は銀行代理業における「媒介」には該当しないと考えられます。

　監督指針には、「媒介」に至らない行為として、銀行代理業の許可を得る必要がない場合として以下の行為が掲げられています（監督指針Ⅷ-3-2-1-1(3)②）が、上記の「媒介」の要件を考慮したものと考えられます。

① 商品案内チラシ・パンフレット・契約申込書等の単なる配布・交付（このとき、取扱金融機関名や同金融機関の連絡先等を伝えることはさしつかえないが、配布または交付する書類の記載方法等の説明を要する場合には媒介に当

たることがありうることに留意する）

② 契約申込書およびその添付書類等の受領・回収（このとき、単なる契約申込書の受領・回収または契約申込書の誤記・記載もれ・必要書類の添付もれの指摘を超えて、契約申込書の記載内容の確認等まで行う場合は、媒介に当たることがありうることに留意する）

③ 金融商品説明会における一般的な銀行取扱商品の仕組み・活用法等についての説明

(1) 「弁護士が銀行のために個別の預金契約や融資契約を作成すること」

前提として、銀行のために標準的な預金契約や融資契約のフォームを作成することは、個別具体的な預金契約や融資契約の締結に関与するものではないので、そもそも「媒介」には該当しないと考えられます。

これに対して、銀行のために個別の預金契約や融資契約を作成する場合は、法律行為の一部に直接かかわる役務を提供することでもあるので、「媒介」に該当するか問題となりえますが、「当事者となる両者を具体的に特定することに関与していること」「当事者となる両者に直接働きかけを行い、両者もその働きかけについて認識を持っていること」という「媒介」の要件を満たしていないのが通常なので、銀行の事務の外部委託にすぎず、「媒介」には該当しないと考えられます（もっとも、通常の弁護士業務の範疇を超えて、契約成立に向けて当事者に積極的に働きかけるような場合は注意を要します）。

(2) 「不動産鑑定士が銀行のために融資の担保となる不動産の鑑定評価を行うこと」

かかる行為も「当事者となる両者を具体的に特定することに関与していること」「当事者となる両者に直接働きかけを行い、両者もその働きかけについて認識を持っていること」という「媒介」の要件を満たしていないので、銀行の事務の外部委託にすぎず、「媒介」には該当しないと考えられます。

(3) 「銀行のために融資契約に顧客の署名を求める行為」

「銀行のために融資契約に顧客の署名を求める行為」は、裁量はほとんどない単純な行為ですが、融資契約の締結（サイニング）の際には、借入人が

真に契約を締結するか意思確認が必要であり、顧客の署名を求めるだけでは
すまないこともあると考えられますので、そのような場合には上記の「媒
介」の要件を満たし、「銀行代理業」に該当する可能性があると思われま
す。もっとも、たとえば、銀行のために契約書を作成している弁護士が、借
入人に契約書を発送して署名を求めても、通常は「銀行代理業」には該当し
ないでしょう。

⑷ 「銀行のために預金契約の申込書を入れたダイレクトメールを送付する
　　こと」

　　上記の監督指針のとおり、契約申込書およびその添付書類等の受領・回収
は「媒介」に該当しません。もっとも、このとき、単なる契約申込書の受
領・回収または契約申込書の誤記・記載もれ・必要書類の添付もれの指摘を
超えて、契約申込書の記載内容の確認等まで行う場合は、媒介に当たること
がありうる、とされています。

⑸ 「各銀行の預金を比較するウェブサイトを設け、各銀行の預金の申込み
　　ページにリンクを設けること」

　　かかるサイトは、上記の監督指針の「契約申込書等の単なる配布・交付」
と同視できるので、「媒介」には該当しないと考えられます。

　　なお、銀行代理業ガイドライン2-2②（Q7参照）では、顧客に対して
サービスを提供する者（サービス提供者）が、銀行から経済的対価を受け取っ
ていても、その実質が次に掲げるものと認められる場合は、預金もしくは定
期積金等の受入れ、資金の貸付けもしくは手形の割引または為替取引を内容
とする契約の締結の代理または媒介に係る「契約の条件の確定又は締結に関
与する対価」とは異なることに留意することとされています。

- 銀行に対してサービス提供者のシステムを提供し、顧客等が当該サー
　ビス提供者のシステムを利用して銀行口座にアクセスできる状態を作
　成・維持した対価としてのシステム利用料であると認められる場合
- サービス提供者のウェブサイト上に銀行のサービスを広告したことの
　対価としての広告料であると認められる場合

- サービス提供者が顧客等の承諾を得て、当該サービス提供者によって取得または生成された当該顧客等に関する情報を銀行に提供する対価（情報提供料等）であると認められる場合
- サービス提供者に対する顧客等からの手数料を、利用者利便の観点から、顧客等に説明した上で銀行がまとめて徴収し、サービス提供者に交付していると認められる場合

(6)「銀行から委託を受けたアドバイザー等が、借入人との直接の交渉には関与せず、あくまで銀行のアドバイザー等として、貸付けに関連した助言を行うにすぎない場合」

　かかる行為は、「当事者となる両者に直接働きかけを行い、両者もその働きかけについて認識を持っていること」という「媒介」の要件を満たしていないので、銀行代理業に該当しないと考えられます。

(7)「銀行から委託を受けたアドバイザー等が、個別の借入人との交渉にアドバイザー等として同席し、銀行の求めに応じて借入人に対して一定の説明行為を行うにすぎない場合」

　かかる行為は、当該借入人との交渉が銀行主導でなされており、その後、アドバイザー等が個別の借入人と単独で交渉等を行うことがないことが借入人に明示されているのであれば、銀行が単独で個別の借入人との交渉を行い、当該交渉において、必要に応じてその場に同席していないアドバイザー等に対して助言を求める行為と同一の行為と考えられるため、「銀行代理業」に該当しないと考えられます。もっとも、これに依拠するにしても、実際には単なる助言の範疇を超えないよう注意が必要でしょう。

(8)「銀行から預金やローンに係る顧客の申込みや相談、苦情その他の問合せについて、委託を受けた外部業者が営むコールセンター（顧客電話相談窓口）」

　銀行は、預金やローンに係る顧客の申込みや相談、苦情その他の問合せに対応するコールセンター（顧客電話相談窓口）を行内に設けず、外部業者に外部委託することがあります。外部業者であるコールセンターの職員が、預

金やローンを購入しようと検討している顧客に対して、預金やローンについて説明することは、顧客に対して直接に働きかけがあるので、外形的には、預金契約や貸付契約の締結の媒介に該当しそうです。

　もっとも、コールセンターは、顧客に対して、業務委託をした銀行自体として対応し、顧客も銀行の職員が応対しているものとして電話をしているので、すなわち、第三者が預金契約や貸付契約について説明していると認識していないので（主体についての誤認）、銀行代理業に該当しないと考える余地もあります。しかしながら、行為形態は、銀行代理業に当たるといわざるをえないので、コールセンターが銀行代理業に該当するか否かは今後も慎重に検討していく必要があります。

Q13 住宅販売会社が、銀行と提携し、顧客に対して当該銀行の住宅ローンの契約申込書等の交付書類の記載方法等の説明をしたり、顧客の作成した申込書等の記載内容のチェックを行ったりすることは銀行代理業に該当しますか

A 銀行代理業に該当するか否かは、個別の事例に即して判断することとなります。一般に、単なる契約申込書の誤記・記入もれ、必要書類の添付もれの指摘等であれば銀行代理業に該当しませんが、これを超えて、契約申込書の記載内容の確認等まで行う場合は、銀行代理業の許可が必要となることがありえます。

解　説

　住宅販売会社は、平成18（2006）年4月の銀行代理業制度の導入以前から、顧客に対して当該銀行の住宅ローンの契約申込書等の交付書類の記載方法等の説明や、顧客の作成した申込書等の記載内容のチェック等を行ってきました。かかる行為は、銀行ローンの媒介に該当するところ、銀行ローンの媒介も貸金業法上の貸金業である「金銭の貸借の媒介」（同法2条1項）に該当するので、これを業として行う場合は貸金業の登録（同法3条1項）が必要となる可能性もあります。もっとも、「物品の売買」またはその売買の媒介を業とする者が、その取引に付随して行うものは、貸金業から除外されますので（同法2条1項3号）、不動産が「物品」に該当するのであれば、自分が販売するまたはその媒介を行う物件について「金銭の貸借の媒介」を行ったとしても、貸金業には該当しないと考えられます（新築物件の建築請負代金の融資について、平成21（2009）年10月2日付金融庁監督局総務課金融会社室長による「金融庁における法令適用事前確認手続（回答書）」参照）。

従前の銀行代理店制度のもとでは、銀行ローンの「代理」のみを行うことのみが規制対象で、銀行ローンの「媒介」は規制の対象ではなかったので、かかる行為は銀行法上の問題はありませんでしたが、銀行代理業制度のもとでは、銀行ローンの「代理」だけでなく、「媒介」も規制の対象であるので、「媒介」に該当するか否かが問題となります。

　この点、監督指針には、「媒介」に至らない行為として、銀行代理業の許可を得る必要がない場合として以下の行為が掲げられています（監督指針Ⅷ-3-2-1-1(3)②)。

① 　商品案内チラシ・パンフレット・契約申込書等の単なる配布・交付（このとき、取扱金融機関名や同金融機関の連絡先等を伝えることはさしつかえないが、配布または交付する書類の記載方法等の説明を要する場合には媒介に当たることがありうることに留意する）

② 　契約申込書およびその添付書類等の受領・回収（このとき、単なる契約申込書の受領・回収または契約申込書の誤記・記載もれ・必要書類の添付もれの指摘を超えて、契約申込書の記載内容の確認等まで行う場合は、媒介に当たることがありうることに留意する）

③ 　金融商品説明会における一般的な銀行取扱商品の仕組み・活用法等についての説明

　住宅販売業者が取り扱う提携ローンであっても特別の基準はなく、銀行代理業者としての許可を得ない場合は、上記の行為の範囲内で行う必要があります（平成18（2006）年5月17日付金融庁「銀行法等の一部を改正する法律の施行期日を定める政令（案）、銀行法等の一部を改正する法律の施行に伴う関係政令の整備等に関する政令（案）及び銀行法施行規則等の一部を改正する内閣府令等（案）に対するパブリックコメントの結果について」参照）。

Q14 以下の行為は銀行代理業に該当しますか（銀行または顧客のために行う代理・媒介）

(1) 銀行でなく顧客である「預金者」「借り手」等から委託を受けて、これらの者のために「代理」「媒介」を行う場合

(2) 銀行（A銀行）が他の銀行（B銀行）の預金の預金者または融資の借入人となる場合に、A銀行のために代理をする行為

(3) 銀行および顧客の双方のために預金、融資、為替取引に関する契約の代理・媒介をする場合

A
(1) 銀行代理業に該当しません。
(2) 銀行代理業に該当しません。
(3) 銀行および顧客の双方のために預金、融資、為替取引に関する契約の代理・媒介をすることは原則として認められません。

解 説

　銀行代理業は、「銀行」のために、銀行の固有業務（預金業務・与信業務・為替取引）に関する契約の締結の代理または媒介を営業として行うことをいいます（銀行法2条14項各号）。

　すなわち、「銀行」のために行うことが要件とされています。「銀行のために」とは、銀行から直接または間接的な委託により行う行為であることを意味します（平成18（2006）年5月17日付金融庁「銀行法等の一部を改正する法律の施行期日を定める政令（案）、銀行法等の一部を改正する法律の施行に伴う関係政令の整備等に関する政令（案）及び銀行法施行規則等の一部を改正する内閣府令等（案）に対するパブリックコメントの結果について」参照）。

　また、金融庁の銀行代理業ガイドライン（Q7参照）2-1①では、「銀行

からの直接又は間接的な委託（間接的な委託とは、再委託、再々委託及びその連鎖）に基づき、預金若しくは定期積金等の受入、資金の貸付け若しくは手形の割引又は為替取引を内容とする契約の締結の代理又は媒介に関与するものではない場合」には銀行代理業に該当しないとされています。

したがって、銀行ではなく、顧客である「預金者」「借り手」から委託を受けて、これらの者のために「代理」「媒介」を行う場合は「銀行代理業」に該当しないと解されます（上記(1)）。これは、銀行が顧客の立場に立つ場合も同様であると考えられます（上記(2)）。

「銀行代理業者」は、「商人のためにその平常の営業の部類に属する取引の代理又は媒介をする者で、その商人の使用人でないもの」として商法27条の代理商に該当します。また、銀行からの委託の存在を前提とするので、同法543条の仲立人に該当しないことも明らかです。したがって、銀行および顧客の双方のために預金、融資、為替取引に関する契約の代理・媒介をすることは、それぞれの同意がなければ、認められません。

したがって、原則として、銀行のためのみに銀行代理業者として代理・媒介をするか、顧客のためのみに代理・媒介をしなければなりません（上記(3)）。また、代理商たる銀行代理業者は競業避止義務（商法28条）を負っており、自己または第三者のためにその商人の営業の部類に属する取引をすることが禁じられていますので、この点でも問題となりえますが、いずれにせよ本人である所属銀行の同意があれば競業避止義務の問題も解消できると考えられます。

したがって、「銀行代理業」に該当しないためには、顧客のためのみに預金、融資、為替取引に関する契約の代理または媒介をする必要があります。

この点、監督指針には、以下のとおり記載されています（監督指針Ⅷ-3-2-1-1(3)①）。

「顧客のために、預金等の受入れ等を内容とする契約の代理又は媒介を行う者については、銀行代理業の許可は不要である。ただし、例えば、銀行と当該者との間で合意された契約上又はスキーム上は顧客のために行為することとされている場合でも、当会社が実務上、その契約若しくはスキームに定

められた範囲を超えて又はこれに反し、実質的に銀行のために代理・媒介業
務を行っている場合には、許可が必要となる場合があることに十分留意する
必要がある。（注）「顧客のために」とは、顧客からの要請を受けて、顧客の
利便のために、顧客の側に立って助力することをいう」

　なお、借入人のために銀行ローンの媒介を業として行うためには、（銀行
業免許を受けている銀行等でない限り）貸金業法上の貸金業登録をする必要が
あります。

Q15 以下の行為は銀行代理業に該当しますか（シンジケートローン・証券化取引のアレンジャー等）

(1) シンジケートローンのアレンジャー業務や銀行の融資や預金がスキーム上に含まれている証券化取引のアレンジャー業務は銀行代理業に該当しますか。

(2) シンジケートローンにおけるエージェント業務は銀行代理業に該当しますか。

(3) 銀行（A銀行、広義の資金の借入人）がSPC（形式的な資金の借入人）を組成したうえ、所有する金銭債権等の資産を当該SPCに移転し、当該SPCが金銭債権等を担保に他の銀行（B銀行）から資金の貸付けを受ける場合があります（いわゆるアセットバックローン（ABL））。かかる場合に、証券会社が当該A銀行（またはSPC）との間でアドバイザリー契約を締結し、B銀行からの資金の貸付けのアレンジをする行為は「銀行代理業」に該当しますか。なお、当該SPCの組成にあたり、当該証券会社が受け取る収益は当該A銀行からの手数料による場合と、資金調達に際しての金利スワップ取引による場合（この場合は取引先が当該A銀行の場合と他の金融機関（資金貸出先のB銀行の場合を含む）のそれぞれがありえます）のそれぞれがありえます。

A (1) 「銀行のために」行うのではなく、顧客（借入人や預金者）のためにのみ行うものであれば、銀行代理業に該当しません。

(2) 銀行代理業に該当しないと考えられますが、エージェント業務については一定の留意が必要です。

(3) 借り手がSPCであっても、銀行側からの委託がなく、また銀行から報酬を得なければ、銀行代理業には該当しないと考え

られます。

解　説

1　上記⑴について

　シンジケートローンのアレンジャー業務や、銀行の預金や融資も組み込まれている証券化取引のアレンジャー業務は、顧客である「借入人」や「預金者」から委託を受けている場合は、「借入人のための融資の媒介」や「預金者のための預金の媒介」として、銀行代理業に該当しないと整理できると考えられます。

　この点、金融庁の平成18（2006）年5月17日付の「銀行法等の一部を改正する法律の施行期日を定める政令（案）、銀行法等の一部を改正する法律の施行に伴う関係政令の整備等に関する政令（案）及び銀行法施行規則等の一部を改正する内閣府令等（案）の公表について」のパブリックコメント結果においては、アレンジャー業務の銀行代理業該当性に関する質問について以下のとおり回答しています。

　「「銀行のために」とは、銀行から直接又は間接的な委託により行う行為であることを意味し、銀行からかかる委託を受けることなく行う媒介は銀行代理業には該当しないものと考えます。これに該当するか否かは、個別事情に則して判断することとなりますが、一般に、

①銀行からの直接又は間接的な委託（間接的な委託とは、再委託、再々委託及びその連鎖）に基づき、預金、貸付け、為替取引を内容とする契約の条件の確定又は締結に関与するものではない、

②契約の条件の確定又は締結に関与する対価として、銀行から直接又は間接的に報酬、手数料その他名目のいかんにかかわらず経済的対価を受領するものではない、

場合には、銀行代理業には該当しないものと考えられます」

　これは、金融庁が平成30（2018）年5月30日に公表した「銀行代理業ガイドライン」（Q7参照）2－1に示された基準と同じです。

同基準によれば、「借入人」のために媒介をするというためには、銀行ローンであれば、(ⅰ)銀行からの資金の貸付けに関する委託がないこと、および、(ⅱ)銀行側から報酬を受領しないことが重要な要素となります。

　なお、証券化取引においては、そのアレンジャー業務をする銀行や証券会社は直接当事者から報酬をもらうことはせず、そのスキームに組み込まれたデリバティブ取引で利益を得ることがありますが、「銀行のために」しているとみられる要件として「その他名目のいかんにかかわらず」とされているのは、潜脱的に対価を受領するものを禁止する趣旨であって、キックバック的な取引による間接的な経済的対価は不適切ですが、経済合理性に基づき貸出のヘッジ目的で同時に行う銀行とのデリバティブ等に係る対価までも対象とするものではありませんとパブリックコメント結果では示されています。

　「借入人のために媒介」をしているというためには、アレンジャーが、借入人との間で委託契約等を締結することが考えられます。また、借入人との間で委託契約等を締結しなくても、銀行のためではなく借入人のために媒介を行うものであることを、銀行・借入人の双方に書面等で通知することにより、銀行と借入人の双方に対して明らかにする場合は、「銀行のため」ではないといえる有力な判断材料となると考えられます。もっとも、パブリックコメント結果においては、「アレンジャーが、銀行のためではなく資金需要者のために媒介を行うものであることを、銀行・資金需要者双方に書面等で通知したとしても、実質的に銀行のために媒介していると認められる場合には、銀行代理業に該当することに留意する必要があります」とされています。

　なお、銀行代理業には該当しない媒介であっても、貸金業法上の金銭の貸借の媒介には該当しますので、銀行以外のものが業として行う場合には、貸金業法の登録を行うことが必要となります。

2　上記(2)について

　シンジケートローンのエージェント業務とは、エージェントが参加金融機

関と借入人との間に立ち、資金決済、連絡、担保管理等、契約書上予定されたさまざまな業務を行うことです。エージェントはその担当する業務の種類に応じて、ファシリティエージェント（資金デリバリーに関する通知、契約条項に従った案件管理等を担当）、ペイイングエージェント（ファシリティエージェントの通知に基づき実際に資金デリバリーを担当）、セキュリティエージェント（担保管理を担当）等に分類できます。シンジケートローン契約においては、「貸付人の代理人」であると明記されているのが通常です（たとえば、日本ローン債権市場協会の作成に係る「リボルビング・クレジット・ファシリティ契約書」25条1項には、「エージェントは貸付人の代理人であり、別段の定めのない限り借入人の代理人とはならない」と規定されています）。しかしながら、貸付人のために行う役務の提供としての側面があるとしても、それは貸付契約成立後の事務処理に関するものである限り、銀行代理業の定義である「資金の貸付けを内容とする契約の締結の代理又は媒介をすること」に該当するものではないと考えられます。パブリックコメント結果も、「シンジケートローンのエージェント業務が貸付契約成立後の事務に関するものであれば、「資金の貸付けを内容とする契約の締結の代理又は媒介をすること」には該当せず、銀行代理業に該当しないと考えられます」と記載しています。

　平成18（2006）年5月17日付のパブリックコメント結果では、銀行代理業制度が施行される平成18（2006）年4月以前に契約を締結された銀行のローンのうち、追加融資をすること、または、一定の貸付限度額の範囲内で複数の貸付けを実行することが契約上義務づけられているものであっても、同日以後に、当該銀行のために追加融資や貸付限度内での新たな貸付けの媒介をしても銀行代理業に該当するとされています。この理は、平成18（2006）年4月以後に契約が締結された銀行ローンについても当てはまると思われます。したがって、エージェントが、シンジケートローン契約締結後に、同契約に基づき、実質的に新たな貸付けに該当する行為を媒介することと同視される場合は銀行代理業に該当しうると思われます。ただし、銀行のローンの貸付期限の延長をすることは通常、実質的に新たな貸付けに該当する行為を媒介することには該当しないと思われます。

なお、ペイイングエージェント業務については、銀行代理業に該当するかという問題のほかに、「為替取引」ではないかという問題があります。「為替取引」は、銀行業に該当し（銀行法2条2項3号）、銀行でなければ営むことができないので、銀行はペイイングエージェント業務ができますが、証券会社はこれを営むことはできないのではないことになります。しかしながら、(i)「為替取引を行うこと」とは「顧客から、隔地者間で直接現金を輸送せずに資金を移動する仕組みを利用して資金を移動することを内容とする依頼を受けて、これを引き受けること、またはこれを引き受けて遂行すること」（最高裁平成13年3月12日第三小法廷決定・刑集55巻2号97頁）をいうところ、代理人として金銭を受領する場合は、代理人は為替取引を行う仕向銀行の立場ではなく、顧客（送金依頼人）の立場に立つといえること、また、(ii)投資信託の収益金、償還金または解約金の支払代理業務など、同様の業務が証券会社の付随業務としても認められていますが（金融商品取引法34条1項5号、6号参照）、これらの業務が為替取引とは考えられていないことに鑑みると、ペイイングエージェント業務は「為替取引」に該当しないと考えられますが、個別具体的に判断していく必要があると思われます（すなわち、銀行以外の者がペイイングエージェント業務をする場合には、留意が必要となります）。

3 上記(3)について

銀行代理業は、銀行のために行うものであり、銀行取引の相手方（銀行の顧客）の委託のみにより、当該相手方のために行う行為は銀行代理業に該当しないので、直接の借入人がSPCであっても、貸出人である銀行のためではなく、借入人側（広義の借入人を含む）に立ってアレンジャー業務を行う場合は、銀行代理業に該当しないと考えられます。ただし、証券会社がアドバイザリー契約に基づき、A銀行から受け取る手数料や、金利スワップ取引に関して貸し手であるB銀行から受け取る手数料が、実質的に貸し手である銀行のために行うA銀行への貸付の媒介に対する対価を含んでいると認められる場合には、銀行代理業に該当する可能性があります（平成18（2006）年5月17日付金融庁「銀行法等の一部を改正する法律の施行期日を定める政令（案）、

銀行法等の一部を改正する法律の施行に伴う関係政令の整備等に関する政令（案）及び銀行法施行規則等の一部を改正する内閣府令等（案）に対するパブリックコメントの結果について」参照）。なお、借入人がSPCの場合は、直接の借入人であるSPCだけでなく、その背後のオリジネーター（上記ではA銀行）との間でも委託契約等を締結することも有益な方法であると思われます。

Q16	銀行代理業者の許可申請書にはどのような事項を記載しなければならないのですか。また、申請書にはどのような書類を添付しなければならないのですか

A 許可の申請書には、銀行代理業者の商号や所在地、兼業業務の種類等を記載しなければなりません。申請書の添付書類としては、定款や登記事項証明書、委託契約書等を添付する必要があります。

解　説

1　許可申請書の記載事項（銀行法52条の37第1項、同法施行規則34条の32）

銀行代理業者の許可の申請書には以下の事項を記載する必要があります。

(1)　商号、名称または氏名

*申請者が個人である場合は、当該申請者が商号登記をしているときにはその商号を、屋号を使用しているときにはその屋号を、「商号または名称」として記載する必要があります（監督指針Ⅷ-3-2-1-2-2(1)）。

(2)　法人であるときは、その役員の氏名

(3)　銀行代理業を営む営業所または事務所の名称および所在地

*「営業所または事務所」とは、銀行代理業の全部または一部を営むために開設する一定の施設を指し、銀行代理業に関する営業以外の用に供する施設は除きます（監督指針Ⅷ-3-2-1-2-2(2)）。

(4)　所属銀行の商号

(5)　ほかに業務を営むときは、その業務の種類

*ほかに営む業務の種類は、現に営む事業が属する「統計調査に用いる産業分類並びに疾病、傷害及び死因分類を定める政令の規定に基づき、産業に関す

る分類に名称及び分類表を定める等の件」に定める日本標準産業分類に掲げる中分類（大分類Ｊ－金融・保険業に属する場合にあっては細分類）にのっとって記載する必要があります（監督指針Ⅷ－3－2－1－2－2(4)）。

(6) 個人であるときは、次に掲げる事項

　① 他の法人の常務に従事する場合にあっては、当該他の法人の商号または名称、主たる営業所または事務所の所在地および業務の種類

　② 当該個人に係る次に掲げる法人等（会社、組合その他これらに準ずる事業体（外国におけるこれらに相当するものを含み、国内に営業所、事務所その他これらに準ずるものを有していない者を除く）をいう）の商号または名称、主たる営業所または事務所の所在地、代表者の氏名または名称および業務の種類

　　(i) 当該個人がその総株主等の議決権の100分の50を超える議決権を保有する法人等

　　(ii) (i)に掲げる法人等の子法人等（外国の法人その他の団体であって、国内に営業所、事務所その他これらに準ずるものを有していない者を除く）

(7) 法人であるときは、次に掲げる事項

　① その役員が、他の法人の常務に従事し、または事業を営む場合にあっては、当該役員の氏名、当該他の法人または事業所の商号ならびに名称、主たる営業所または事務所の所在地および業務の種類

　② 当該法人に係る次に掲げる法人等の商号または名称、主たる営業所または事務所の所在地、代表者の氏名ならびに業務の種類

　　(i) 当該法人の子法人等

　　(ii) 当該法人の親法人等（外国の法人その他の団体であって、国内に営業所、事務所その他これらに準ずるものを有していない者を除く）

　　(iii) 当該法人の親法人等の子法人等（(i)に掲げる者を除く）

　＊上記(6)①、(7)①の常務に従事している他の法人等の商号または名称は、たとえば、「㈱○○」等と略さず、「株式会社○○」「○○株式会社」などの正式名称を記載する必要がある（監督指針Ⅷ－3－2－1－2－2(3)）。

(8) 銀行代理業再委託者の再委託を受けるときは、当該銀行代理業再委託者

の商号、名称または氏名および主たる営業所または事務所の所在地

⑼　銀行代理業を再委託するときは、当該再委託を受ける銀行代理業再受託者の商号、名称または氏名および主たる営業所または事務所の所在地

2　許可申請書の添付書類（銀行法52条の37第2項、同法施行規則34条の34）

上記1の申請書には以下に掲げる書類を添付する必要があります。

⑴　法人であるときは、定款および登記事項証明書（これらに準ずるものを含む）

　　＊定款の目的には、銀行代理業に係る業務が定められる必要があります。定款には原本証明が付される必要があります（監督指針Ⅷ-3-2-1-2-3⑴）。定款の目的に、銀行代理業に係る業務が定められていない場合には、当該業務の目的への追加を決議した株主総会の議事録を添付する必要があります。

⑵　銀行代理業の業務の内容および方法について記載した書類

⑶　個人であるときは、履歴書および住民票の抄本（これらの者が外国人であり、かつ、国内に居住している場合には、在留カードの写し、特別永住者証明書の写し、住民票の抄本。以下同じ）またはこれにかわる書面および（銀行法施行規則）34条の37第4号イ～チのいずれにも該当しないことを誓約する書面

⑶-2　個人である申請者の婚姻前の氏名を当該申請者の氏名にあわせて申請書に記載した場合において、前号の住民票の抄本またはこれにかわる書面が当該申請者の婚姻前の氏名を証するものでないときは、当該婚姻前の氏名を証する書面

⑷　法人であるときは、役員の履歴書（役員が法人であるときは、当該役員の沿革を記載した書面を含む）および役員（国内における営業所または事務所に駐在する役員に限る）の住民票の抄本（役員が法人であるときは、当該役員の登記事項証明書を含む）またはこれにかわる書面、（銀行法施行規則）34条の37第5号イ～ハのいずれにも該当しないことを誓約する書面および役員が（銀行法施行規則）34条の37第4号イ～チのいずれにも該当しない者で

あることを当該役員が誓約する書面

＊「履歴書」（上記(3)）、「役員の履歴書」（上記(4)）（監督指針Ⅷ－3－2－1－2－3(3)）

① 「履歴書（申請者が個人の場合）または「役員の履歴書」（申請者が法人の場合）の現住所が住民票の抄本記載の住所と一致しない場合には、その理由を確認するとともに、「履歴書」または「役員の履歴書」に、両住所が併記されているか確認する。

② 「履歴書」または「役員の履歴書」に記載されている氏名に用いられている漢字が、住民票の抄本記載の氏名に用いられている漢字に統一されている必要がある（たとえば、住民票の抄本で用いられている漢字が旧漢字の場合は、「履歴書」または「役員の履歴書」でも旧漢字を用いることとする）。

＊「住民票の抄本」（上記(3)、(4)）（監督指針Ⅷ－3－2－1－2－3(3)）
「住民票の抄本」には、(ⅰ)住所、(ⅱ)氏名、(ⅲ)生年月日、(ⅳ)本籍を記載する必要があります。

＊「第34条の37第4号に該当しないことを誓約する書面」「第34条の37第5号に該当しないことを誓約する書面」「役員が第34条の37第4号イからチまでのいずれにも該当しない者であることを当該役員が誓約する書面」には、それぞれの事項を誓約する旨のほか、「当該誓約が虚偽の誓約であることが判明した場合には、法第52条の56第1項第2号に掲げる事由に該当することを認識している」旨を記載して提出する必要があります（監督指針Ⅷ－3－2－1－2－3(6)、(7)、(8)）。

(4)-2　法人である申請者の役員の婚姻前の氏名を当該役員の氏名にあわせて申請書に記載した場合において、(4)の住民票の抄本またはこれにかわる書面が当該役員の婚姻前の氏名を証するものでないときは、当該婚姻前の氏名を証する書面

(5)　所属銀行の委託を受けて銀行代理業を営むときは、当該所属銀行との間の銀行代理業に係る業務の委託契約書の案

(6)　銀行代理業再委託者の再委託を受けて銀行代理業を営むときは、当該銀行代理業再委託者との間の銀行代理業に係る業務の委託契約書の案および当該銀行代理業再委託者が当該再委託について所属銀行の許諾を得たことを当該所属銀行が誓約する書面

＊「当該銀行代理業再委託者が当該再委託について所属銀行の許諾を得たことを当該所属銀行が誓約する書面」は、所属銀行の代表者印の押印あるものを

提出させることが必要です（監督指針Ⅷ-3-2-1-2-3⑽）。

(7)　銀行代理業に関する能力を有する者の確保の状況および当該者の配置の
　　状況を記載した書面（銀行代理業に関する能力を有する者であることを証する
　　書面を含む）

　　＊監督指針Ⅷ-3-2-1-2-3⑾
　①　「銀行代理業に関する能力を有する者の確保の状況及び当該者の配置の状況
　　を記載した書面」には、以下の事項を記載する必要があります。
　　(ⅰ)　その営む銀行代理業の業務に関する十分な知識を有する者（施行規則34
　　　条の37第3号イ、ロ）およびその知識を有する者が当該知識を習得した方
　　　法（当該知識を有することを証する書面がある場合には当該書面を含む）
　　　ならびに当該者の配置予定先。
　（注1）　その営む銀行代理業の業務に関する十分な知識とは、当該業務を健全
　　　かつ適切に運営するうえで必要となる知識のことをいい、たとえば、そ
　　　の営む銀行代理業の業務の実務に関する知識、銀行法、個人情報保護法、
　　　犯収法、外為法等の法令に関する知識などが考えられます。
　（注2）　その営む銀行代理業の業務に関する十分な知識を有する者は、「その営
　　　む銀行代理業の業務に係る法令等の遵守を確保する業務に係る責任者」
　　　（銀行法施行規則34条の37第3号ロ）、「法令等の遵守の確保を統括管理す
　　　る業務に係る統括責任者」（同）として配置されることから、上記法令等
　　　について専門的な知識が必要となるほか、次に掲げる知識も必要となる
　　　ことに留意する必要があります。
　　　a　「その営む銀行代理業の業務に係る法令等の遵守を確保する業務に係る
　　　　責任者」
　　　　　民法、会社法、刑法等の基本法につき、当該銀行代理業の業務に関連
　　　する部分についての専門的な知識
　　　b　「法令等の遵守の確保を統括管理する業務に係る統括責任者」
　　　　　民法、会社法、刑法等の基本法につき、当該銀行代理業の業務に関連
　　　する部分のみならず広くコンプライアンスにかかわる事項についての専
　　　門的な知識
　　(ⅱ)　その営む銀行代理業の業務に携わった経験を有する者の経歴（当該経験
　　　を有することを証する書面がある場合には当該書面を含む）および当該者
　　　の配置予定先。
　②　その営む銀行代理業の業務に携わった経験を有する者の経歴は、勤務先会
　　社名、部署、役職、配属年月日、在籍期間、担当業務等、当該者の経験を正
　　確に把握するために必要な記載をする必要があります。

(8)　個人であるときは、許可の申請の日を含む事業年度（個人の事業年度は、

１月１日からその年の12月31日までとする。以下同じ）の前事業年度に係る別紙様式第16号により作成した財産に関する調書

＊「財産に関する調書」には、必要に応じ、適宜、預金残高証明書、固定資産税評価証明書その他の財産の額を証する書面を添付する必要があります（監督指針Ⅷ－3－2－1－2－3⑿）。

⑼　法人であるときは、許可の申請の日を含む事業年度の前事業年度に係る貸借対照表またはこれにかわる書面。ただし、許可の申請の日を含む事業年度に設立された法人にあっては、当該法人の設立の時における貸借対照表またはこれにかわる書面

⑽　会計監査人設置会社である場合には、許可の申請の日を含む事業年度の前事業年度の会社法396条１項に規定する会計監査報告の内容を記載した書面

⑾　銀行代理業開始後３事業年度における収支および財産の状況の見込みを記載した書面

⑿　所属銀行（銀行代理業再委託者の再委託を受ける場合は当該銀行代理業再委託者を含む）が保証人の保証を徴するときは、当該保証を証する書面および当該保証人に係る上記⑻または⑼に規定する書面

＊「保証を証する書面」には、たとえば、保証契約書、念書などがあるが、これらの書面に、保証人が法人であるときは法人の代表印の押印が、保証人が個人であるときは自署・押印がされているか確認する必要があります（監督指針Ⅷ－3－2－1－2－3⒀）。

⒀　ほかに業務を営むときは、兼業業務の内容および方法を記載した書面

＊「兼業業務の内容および方法を記載した書面」には、日本標準産業分類に掲げる中分類（大分類Ｊ－金融・保険業に属する場合にあっては細分類）にのっとって兼業業務の分類を記載する必要があります（監督指針Ⅷ－3－2－1－2－3⒁）。

⒁　銀行代理業の運営に関する社内規則等

⒂　銀行代理業を営む営業所または事務所の付近見取図および間取図（防犯カメラの設置状況、警備状況等を含む）ならびに当該営業所または当該事務

所で営む銀行代理業の業務運営を指揮する所属銀行の営業所の名称を記載した書面

⒃　前各号に掲げるもののほか銀行法52条の38第１項に規定する審査をするため参考となるべき事項を記載した書面

*監督指針においては、銀行代理業の許可についての審査（銀行法52条の38第１項）をするため参考となるべき書面には、たとえば、預金残高証明書・固定資産税評価証明書などがあるが、そのほかにも、審査をするために必要な参考書類がある場合には、適宜申請者にその提出を求めることにより、審査を適正かつ迅速に行うよう努める必要がある、とされています（監督指針Ⅷ－3－2－1－2－3⒂）。

3　銀行代理業の業務の内容および方法（銀行法52条の37第２項２号、同法施行規則34条の33）

上記2⑵の「銀行代理業の業務の内容および方法について記載した書類」には以下の事項について記載する必要があります。

⑴　取り扱う銀行法２条14項各号に規定する契約の種類（預金の種類ならびに貸付先の種類および貸付けに係る資金の使途を含む）（銀行法施行規則34条の33第１項１号）

*「預金の種類」として、たとえば、円貨・外貨の区分ごとの当座預金・普通預金・貯蓄預金・通知預金・定期預金・定期積金・譲渡性預金の別を記載する必要があります（監督指針Ⅷ－3－2－1－2－3⑵①イ）。

*「貸付先の種類」として、たとえば、消費者・事業者の別が記載されている必要があります（監督指針Ⅷ－3－2－1－2－3⑵①ロ）。

*「貸付けに係る資金の使途」として、特定の使途がある場合は当該使途（生活費、住宅購入費、自動車購入資金、教育費など）が、使途が特定されていないものについてはその旨が、記載されている必要があります（監督指針Ⅷ－3－2－1－2－3⑵①ハ）。

⑵　取り扱う銀行法２条14項各号に規定する契約の種類ごとに契約の締結の代理または媒介のいずれを行うかの別（代理および媒介のいずれも行う場合はその旨）（同法施行規則34条の33第１項２号）

⑶　銀行代理業の実施体制（銀行法施行規則34条の33第１項３号）

「銀行代理業の実施体制」としては、銀行法52条の45各号に掲げる行為

（銀行代理業に係る禁止行為）その他銀行代理業を適正かつ確実に営むことにつき支障を及ぼす行為を防止するための体制のほか、次の各号に掲げる場合の区分に応じ、当該各号に掲げる体制を含むものとされています（銀行法施行規則34条の33第2項）。

① 銀行代理行為に関して顧客から金銭その他の財産の交付を受ける権限が付与されている場合：当該交付を受ける財産と自己の固有財産とを分別して管理するための体制

② 電気通信回線に接続している電子計算機を利用して銀行代理業を営む場合：顧客が当該銀行代理業者と他の者を誤認することを防止するための体制

③ 兼業業務（銀行代理業および銀行代理業に付随する業務以外の業務をいう）を営む場合：銀行代理行為に関して取得した顧客に関する情報の適正な取扱いのための体制

＊ 「銀行代理業の実施体制」には、上記①ないし③の実施体制を含みますが、それら実施体制の状況を把握するために必要な場合は、銀行法施行規則34条の34第13号の付近見取図および間取図を参考にするほか、適宜、当該実施体制に関する体制図および組織図等の提出を求められることがあります（監督指針Ⅷ-3-2-1-2-3(2)②)。

4 委託契約書の案（銀行法施行規則34条の34第3号、34条の35）

（委託契約書については本書巻末資料①のモデル契約案参照）

上記2(5)の所属銀行との間の銀行代理業に係る業務の委託契約書の案には以下の事項を記載する必要があります。上記2(6)の銀行代理業再委託者と銀行代理業再受託者との間の銀行代理業に係る業務の委託契約書の案に記載すべき事項についても同様の事項を記載することを要します。

① 銀行代理業を営む営業所または事務所の設置、廃止もしくは位置変更に関する事項（1号）

② 銀行代理業の内容（代理または媒介の別を含む。以下同じ）に関する事項（2号）

③ 銀行代理業の営業日および営業時間に関する事項（3号）

④　次に掲げる銀行代理業者の行為を禁ずる規定（4号）

　イ　所属銀行の営業上の秘密または取引先の信用に関する事項を所属銀行および当該取引先以外の者に漏らし、または自己もしくは当該所属銀行および当該取引先以外の者のために利用する行為

　ロ　銀行法52条の45各号（銀行代理業に係る禁止行為）に掲げる行為

⑤　現金、有価証券等の取扱基準およびこれに関連する銀行代理業者の責任に関する事項（5号）

⑥　銀行代理業の再委託に関する事項（6号）

⑦　所属銀行による監督、監査または報告徴収に関する事項（7号）

⑧　契約の期間、更新および解除に関する事項（8号）

⑨　銀行代理業の内容ならびに銀行代理業の営業日および営業時間の店頭掲示に関する事項（9号）

⑩　その他必要と認められる事項（10号）

＊「その他必要と認められる事項」としては、銀行法施行規則34条の63第1項各号所定の措置（下記(i)ないし(ix)に掲げる措置）に関する規定がこれに該当します（監督指針Ⅷ-3-2-1-2-3(9)）。委託契約書には、銀行法施行規則34条の35第1項各号に記載されている事項のほか、同法施行規則34条の63第1項各号に列挙されている事項およびそれらの遵守状況のモニタリングに関する定めが記載されている必要があります（監督指針Ⅷ-5-2-2(2)）。

　(i)　銀行代理業者およびその銀行代理業の従事者に対し、銀行代理業に係る業務の指導、銀行代理業に関する法令等を遵守させるための研修の実施等の措置

　(ii)　銀行代理業者における銀行代理業に係る業務の実施状況を、定期的にまたは必要に応じて確認すること等により、銀行代理業者が当該銀行代理業の業務を的確に遂行しているかを検証し、必要に応じ改善させる等、銀行代理業者に対する必要かつ適切な監督等を行うための措置

　(iii)　銀行代理業の業務の健全かつ適切な運営を確保するため必要があると認めるときには、銀行代理業者との間の委託契約および銀行代理業再委託者と銀行代理業再受託者との間の再委託契約の内容を変更し、または解除するための措置

　(iv)　銀行代理業者が行う銀行法2条14項2号に規定する行為について、必要に応じて自らが審査を行うための措置

　(v)　銀行代理業者に所属銀行から顧客に関する情報を不正に取得させない等、顧客情報の適切な管理を確保するための措置

(vi)　所属銀行の商号、銀行代理業者であることを示す文字および当該銀行代
　　理業者の商号または名称を店頭に掲示させるための措置
(vii)　銀行代理業者の営業所または事務所における銀行代理業に係る業務に関
　　し犯罪を防止するための措置
(viii)　銀行代理業者の銀行代理業を営む営業所または事務所の廃止にあたって
　　は、当該営業所または事務所の顧客に係る取引が所属銀行の営業所、他の
　　金融機関、他の銀行代理業者等へ支障なく引き継がれる等、当該営業所ま
　　たは事務所の顧客に著しい影響を及ぼさないようにするための措置
(ix)　銀行代理業者の銀行代理業に係る顧客からの苦情を適切かつ迅速に処理
　　するために必要な措置

5　社内規則（銀行法施行規則34条の34第12号、34条の37第3号ニ）

（社内規則については本書末尾の社内規則案参照）

　上記2(14)のとおり、銀行代理業者は、銀行代理業に係る社内規則等を定め
る必要がありますが、許可の審査において社内規則の内容を確認するに際し
ては、たとえば、以下の①～⑧について留意することとされています（監督
指針Ⅷ-3-2-2-2(6)）。すなわち、社内規則としては、以下の事項を最低限
記載するのが適当であるといえます。

①　財産の分別管理の方法

　　社内規則に、銀行代理業に係る業務に関して顧客から交付を受ける財産
　の分別管理の方法が具体的に定められており、当該交付を受ける財産が自
　己の固有財産であるか、またはどの所属銀行に係るものであるかが直ちに
　判別できる状態で管理できることとされているか。また、その遵守状況に
　ついて適切に検証する方法等が定められているか。

（注）　金銭については、物理的にも分別管理されていることが望ましいが、少
　　　なくとも勘定上分別管理されていることが必要である。

②　契約の締結の勧誘および契約の内容の明確化の方法

　　社内規則に、顧客への勧誘、契約の内容の明確化および説明ならびに契
　約締結時の書面交付の方法が具体的に定められており、法令等を遵守した
　適切な業務を行うこととしているか。また、それら法令等の遵守状況につ
　いて適切に検証する方法等が具体的に定められているか。

③ 帳簿書類の作成および保存の方法

　　社内規則に、銀行法施行規則34条の58に掲げる帳簿書類の作成および保存の方法が具体的に定められているか。

④ 研修の実施方法

　　社内規則に、法令等を遵守し、金融商品の適切な勧誘、説明および書面交付を顧客に行えるよう営業の担当者等に適切に研修等を実施できる体制整備に関する規定が具体的に定められているか。

⑤ 取引時確認の方法

　　社内規則に、外為法に基づく本人特定事項の確認ならびに犯収法に基づく取引時確認および疑わしい取引の届出が適切に行われる体制整備について具体的に定められているか。

⑥ 内部管理態勢の整備

　　社内規則に、内部管理に関する業務の具体的な運営方法および社内における責任体制が明確に記載されているか。

⑦ 顧客情報の管理

　（ⅰ）　社内規則に、顧客情報を適正に管理するための方法や体制（たとえば、組織・担当者の分離、設備上・システム上の情報障壁の設置、情報の遮断等）その他Ⅲ－3－3－3に準じた取扱いについて、具体的に定められているか。

　（ⅱ）　社内規則に、非公開金融情報および非公開情報（銀行法施行規則34条の48に規定するものをいう）の取扱いに関し、事前に顧客の同意を得るための措置について具体的に定められているか。

⑧ 社内規則の周知方法

　　社内規則の内容を銀行代理業に携わる全役職員に周知徹底することとしているか。

Q17 銀行代理業者としての許可を得るためにはどのような要件を満たさなければならないのですか

A 「銀行代理業」を営むためには、「銀行代理業者」として当局から許可を得る必要があります。

銀行代理業者としての許可を受けるためには、①銀行代理業を遂行するために必要な財産的基礎を有する者であること（財産基準）、②人的構成等に照らして、銀行代理業を的確、公正かつ効率的に遂行するために必要な能力を有し、かつ、十分な社会的信用を有する者であること（人的構成基準）、③ほかに業務を営むことによりその銀行代理業を適正かつ確実に営むことにつき支障を及ぼすおそれがあると認められない者であること（兼業基準）という3つの基準を満たす必要があります。

解　説

1　許可制（銀行法52条の36）

「銀行代理業者」とは、銀行法52条の36第1項の内閣総理大臣の許可を受けて銀行代理業を営む者をいいます。「銀行代理業」は、内閣総理大臣の許可を受けた者でなければ、営むことができません（同項）。

許可を得ずに銀行代理業を営んだ場合、3年以下の懲役または300万円以下の罰金に処せられ、またはこれを併科されます（銀行法61条5号）。

同様の仲介業務を行う保険代理店（生命保険募集人、損害保険代理店）、金融商品仲介業者、信託契約代理店が登録制度とされている（保険業法276条、金融商品取引法66条、信託業法67条）のと比べると銀行代理業制度の許可制は厳しい制度といえます。銀行は日本の金融システムの中核であるので、広く一般事業者に門戸を開放する以上、当局が適格性をチェックする仕組みにしなければならないという考え方に基づいて、登録制よりも厳しい許可制とさ

れました。

2 許可の基準（銀行法52条の38）

　内閣総理大臣は、銀行代理業者としての許可の申請があった場合、申請者が以下の基準に適合するかどうかを審査する必要があります。

① 　銀行代理業を遂行するために必要と認められる内閣府令で定める基準に適合する財産的基礎を有する者であること（財産基準）。

② 　人的構成等に照らして、銀行代理業を的確、公正かつ効率的に遂行するために必要な能力を有し、かつ、十分な社会的信用を有する者であること（人的構成基準）。

③ 　ほかに業務を営むことによりその銀行代理業を適正かつ確実に営むことにつき支障を及ぼすおそれがあると認められない者であること（兼業基準）。

　当局（具体的には内閣総理大臣から権限を委任された金融庁長官や財務局長）は、上記の要件を満たす場合のみ、許可を与えることになります。

3 予備審査（銀行法施行規則34条の38）

　銀行法52条の36第1項の規定による銀行代理業の許可を受けようとする者は、同法52条の37に定めるところに準じた書類を金融庁長官等に提出して予備審査を受けることができます。

4 許可の条件の付加・変更（銀行法52条の38第2項）

　内閣総理大臣は、前項の規定による審査の基準に照らし公益上必要があると認めるときは、その必要の限度において、銀行法52条の36第1項の許可に銀行代理業の業務の内容その他の事項について条件を付し、およびこれを変更することができます。たとえば、預金業務については代理・媒介を認めるが貸付業務については代理・媒介ともに認めないということが考えられます。

5 銀行代理業の許可と所属銀行の委託（銀行法52条の36第2項）

銀行代理業者は、所属銀行の委託を受け、または所属銀行の委託を受けた銀行代理業者の再委託を受ける場合でなければ、銀行代理業を営んではなりません。

6 再委託の許諾（銀行法52条の36第3項）

銀行代理業者は、あらかじめ、所属銀行の許諾を得た場合でなければ、銀行代理業を再委託することができません。

7 変更の届出（銀行法52条の39）

銀行代理業者は、銀行法52条の37第1項各号に掲げる事項（許可申請書の記載事項、Q16の1参照）に変更があったときは、その日から30日以内に、その旨を内閣総理大臣に届け出なければなりません（同法52条の39第1項）。

また、銀行代理業者は、銀行法52条の37第2項2号に掲げる書類（銀行代理業の業務の内容および方法を記載する書類、Q16の3参照）に定められた事項を変更しようとするときは、あらかじめ、その旨を内閣総理大臣に届け出なければなりません（同法52条の39第2項）。

Q18	銀行代理業者となるためにはどのような財産的基準を満たさなければなりませんか

A 純資産（資産－負債）が、①法人については500万円以上であること、②個人については300万円以上であることが必要となります。

解　説

1　銀行代理業者としての許可を得るためには、一定の財産的基準を満たさなければなりません（銀行法52条の38第1項1号）が、純資産（資産－負債）が、①法人については500万円以上、②個人については300万円以上という基準を満たす必要があります（同法施行規則34条の36第1項）。

2　ただし、以下のものは上記の財産的基準を満たさない場合でも、財産的基準を満たすものとみなされます。

① 個人（純資産額が正の値である者に限る）であって所属銀行（当該個人が銀行代理業再委託者の再委託を受けて銀行代理業を営む場合は、当該銀行代理業再委託者を含む）が銀行代理業に係る損害についての保証人（純資産額が上記1の①または②の額以上である者に限る）の保証を徴している者その他上記1の基準と同等以上の財産的基礎を有していると認められる者

② 地方公共団体

3　上記1または2の基準は、許可審査時において、銀行代理業開始後3事業年度を通じて満たすことが見込まれることを要します（銀行法施行規則34条の37第2号）。

Q19 銀行代理業者の許可基準の１つである「人的構成等に照らして、銀行代理業を的確、公正かつ効率的に遂行するために必要な能力を有し、かつ、十分な社会的信用を有する者であること」としては、どのような要件を満たす必要がありますか

A ①必要な知識経験を有する者を確保すること（営業所ごとに配置）、②必要な体制を整備すること（預金・為替業務のオンライン処理等）、③十分な社会的信用を有する者であること（刑事罰や行政処分から５年を経過しない者でないこと等）等の基準を満たす必要があります。

解　説

1　銀行代理業者の許可を受けるためには、「人的構成等に照らして、銀行代理業を的確、公正かつ効率的に遂行するために必要な能力を有し、かつ、十分な社会的信用を有する者であること」（銀行法52条の38第１項２号）を要します。

2　具体的には以下の基準を満たす必要があります（銀行法施行規則34条の37第１号ないし第５号）。

(1)　個人または法人（外国法人で国内に事務所を有しないものを除く）であること（銀行法施行規則34条の37第１号）

(2)　Q18に掲げる財産的基礎を満たし、かつ、銀行代理業開始後３事業年度を通じてかかる基準を満たすと見込まれること（銀行法施行規則34条の37第２号）

(3)　必要な知識経験を有する者を確保すること（銀行法施行規則34条の37第３号イ、ロ）

この要件については、平成30（2018）年6月1日に施行された改正により、銀行代理業等参入要件のうち、法令等遵守のための統括部署および実務経験者の配置について要件が緩和されています。

イ　**申請者が個人（二以上の事務所で銀行代理業を営むものを除く）**

　　申請者が個人（二以上の事務所で銀行代理業を営むものを除く）であるときは、「**その営む銀行代理業の業務に関する十分な知識を有する者であること**」を要します。

　　ただし、「**特別銀行代理行為**」を行う場合においては、次の①または②に掲げる特別銀行代理行為の内容の区分に応じ、当該①または②に定める者であることを要します。

---

　①　**当座預金の受入れを内容とする契約の締結の代理又は媒介**
　　当座預金業務若しくは資金の貸付け業務に従事したことのある者又はこれと同等以上の能力を有すると認められる者であつて、当座預金業務を的確に遂行することができると認められる者

　②　**銀行法2条14項2号に掲げる行為（所属銀行が受け入れたその顧客の預金等又は国債を担保として行う貸付契約に係るもの及び事業以外の用に供する資金に係る定型的な貸付契約であつてその契約の締結に係る審査に関与しないものを除く。）**
　　資金の貸付け業務に従事したことのある者又はこれと同等以上の能力を有すると認められる者であつて、当該業務を的確に遂行することができると認められる者

ロ　**申請者が法人（二以上の事務所で銀行代理業を営む個人を含む）であるとき**

　　申請者が法人（二以上の事務所で銀行代理業を営む個人を含む）である場合は、以下の者を置く必要があります。

①　**「その営む銀行代理業の業務に係る法令等の遵守を確保する業務に係る責任者（当該銀行代理業の業務に関する十分な知識を有するものに限る）」**

当該銀行代理業の業務を営む営業所または事務所（主たる営業所または事務所以外の営業所または事務所（「従たる営業所等」）に他の従たる営業所等における当該銀行代理業の業務を管理する部署を置いた場合においては、当該部署を置いた従たる営業所等）ごとに置く必要があります。

② **「当該責任者を指揮し法令等の遵守の確保を統括管理する業務に係る統括責任者**（当該銀行代理業の業務に関する十分な知識を有するものに限る）」

　主たる営業所または事務所に（従たる営業所等において銀行代理業を営まない場合を除く）配置していることを要します。

　ただし、「特別銀行代理行為」を行う場合は、これらの「責任者」または「統括責任者」のうちそれぞれ一名以上は、次の①または②に掲げる「特別銀行代理行為」の内容の区分に応じ、当該①または②に定める者であること。

---

①　**当座預金の受入れを内容とする契約の締結の代理又は媒介**
　当座預金業務若しくは資金の貸付け業務に従事したことのある者又はこれと同等以上の能力を有すると認められる者であつて、当座預金業務を的確に遂行することができると認められる者

②　**銀行法 2 条14項 2 号に掲げる行為（所属銀行が受け入れたその顧客の預金等又は国債を担保として行う貸付契約に係るもの及び事業以外の用に供する資金に係る定型的な貸付契約であつてその契約の締結に係る審査に関与しないものを除く。）**
　資金の貸付け業務に従事したことのある者又はこれと同等以上の能力を有すると認められる者であつて、当該業務を的確に遂行することができると認められる者

　上記イ、ロの**「特別銀行代理行為」**とは、「当座預金の受入れを内容とする契約の締結の代理・媒介」または「銀行法 2 条14項 2 号に掲げる行為（貸付契約の締結の代理・媒介）（所属銀行が受け入れたその顧客の預金等又は

国債を担保として行う貸付契約に係るもの及び事業以外の用に供する資金に係る定型的な貸付契約であつてその契約の締結に係る審査に関与しないものを除く。)」をいいます。

すなわち、「当座預金以外の預金契約・為替取引契約に係る銀行代理業」および「貸付契約に係る銀行代理業」のうち、「所属銀行が受け入れたその顧客の預金等又は国債を担保として行う貸付契約に係るもの」および「事業以外の用に供する資金に係る定型的な貸付契約であつてその契約の締結に係る審査に関与しないもの」は、「特別銀行代理行為」に該当せず、その人的要件が適用されません。

上記イ、ロの「特別銀行代理行為」の人的要件である、**「資金の貸付け業務に従事したことのある者」**とは、たとえば、金融機関や貸金業者等において融資業務に従事したことのある者のことをいいます。なお、「資金の貸付け業務」とは単に書類の取次等のみを行うことを指すものではなく、申請者が銀行代理業として取り扱う貸付業務に応じた内容である必要があります（監督指針Ⅷ−3−2−2−2(4)①）。

上記イ、ロの「特別銀行代理行為」の人的要件である、**「資金の貸付け業務に従事したことのある者と同等以上の能力を有すると認められる者」**については、たとえば、公認会計士、税理士、財務コンサルタント、投資銀行業務担当者、商工会議所等の経営相談員等などとして企業財務の分析等に従事した経験を有する者はこれに該当すると判断できる場合があります。また、申請者が銀行代理業として取り扱う貸付業務に応じた知識および経験について資格・業務経歴に照らして判断する必要があります（監督指針Ⅷ−3−2−2−2(4)②）。

「資金の貸付け業務に従事したことのある者」および**「これらの者と同等以上の能力を有すると認められる者」**であっても、当該銀行代理業の業務に関する十分な知識を有する必要があります（監督指針Ⅷ−3−2−2−2(4)③）。

○銀行代理業の人的要件

	特別銀行代理行為以外	特別銀行代理行為
申請者が個人（二以上の事務所で銀行代理業を営むものを除く。）	その営む銀行代理業の業務に関する十分な知識を有する者であること	①当座預金の受入れを内容とする契約の締結の代理又は媒介 当座預金業務若しくは資金の貸付け業務に従事したことのある者又はこれと同等以上の能力を有すると認められる者であつて、当座預金業務を的確に遂行することができると認められる者 ②銀行法2条14項2号に掲げる行為（所属銀行が受け入れたその顧客の預金等又は国債を担保として行う貸付契約に係るもの及び事業以外の用に供する資金に係る定型的な貸付契約であつてその契約の締結に係る審査に関与しないものを除く。） 資金の貸付け業務に従事したことのある者又はこれと同等以上の能力を有すると認められる者であつて、当該業務を的確に遂行することができると認められる者
申請者が法人（二以上の事務所で銀行代理業を営む個人を含む。）であるとき	①その営む銀行代理業の業務に係る法令等の遵守を確保する業務に係る責任者（当該銀行代理業の業務に関する十分な知識を有するものに限る。） 当該銀行代理業の業務を営む営業所又は事務所（従たる営業所等に他の従たる営業所等における当該銀行代理業の業務を管理する部署を置いた場合においては、当該部署を置いた従たる営業所等）ごとに置く。 ②当該責任者を指揮し法令等の遵守の確保を統括管理する業務に係る統括責任者（当該銀行代理業の業務に関する十分な知識を有するものに限る。） 主たる営業所又は事務所に（従たる営業所等において銀行代理業を営まない場合を除く。）配置していること。	

平成30（2018）年6月1日に改正規則が施行される前は、「事業の用に供する資金に係る規格化された貸付商品」については、営業所等の責任者等の実務経験について「資金の貸付け業務に1年以上従事した者またはこれと同等以上の能力を有すると認められる者であること」が必要であり、「(i)事業以外の用に供する資金の貸付けの代理・媒介（預金等担保貸付けおよび定型的な貸付契約であつてその契約の締結に係る審査に関与しないものを除く。）、および(ii)事業の用に供する資金の貸付けの代理・媒介（預金等担保貸付け及び規格化された貸付商品であつてその契約の締結に係る審査に関与しないものを除く。）」については、「資金の貸付け業務に3年以上従事した者またはこれと同等以上の能力を有すると認められる者であること」が必要でしたが、この実務経験年数要件が原則として「当該銀行代理業の業務に関する十分な知識を有するもの」という要件に緩和されました。

(4) 必要な体制の整備（銀行法施行規則34条の37第3号ハ）

預金および為替取引に係る銀行代理業を営む場合は、所属銀行との間でオンラインの整備がなされていることその他の適切な方法により処理するなど銀行代理業の業務の態様に応じ必要な事務処理の体制を整備する必要があります。

(5) 社内規則等の整備（銀行法施行規則34条の37第3号ニ）

銀行代理業に関する社内規則等を定め、これに基づく業務の運営の検証がされるなど法令等を遵守した運営を確保する必要があります。

(6) 銀行代理業の的確、公正かつ効率的な遂行（銀行法施行規則34条の37第3号ホ）

人的構成、資本構成または組織等により、銀行代理業を的確、公正かつ効率的に遂行することについて支障が生じるおそれがあると認められないことが必要となります。

業務遂行能力に関する審査を行うに際しては、その人的構成または組織等に鑑み、当該申請者に重大な影響力を及ぼしている法人または個人の有無、その影響力の程度等についても勘案して許可の可否を判断することとされています。

たとえば、申請者に親会社がある場合や、申請者の取締役の過半数を派遣している会社がある場合などは、申請者に重大な影響力を及ぼしている法人があると認められる場合の典型例ですが、これらに限りません（監督指針Ⅷ-3-2-2-2(7)）。

(7)　十分な社会的信用を有する者であること（銀行法施行規則34条の37第4号、5号）

①　申請者が個人である場合

　以下のいずれにも該当しないことが必要となります（銀行法施行規則34条の37第4号）。

(ⅰ)　成年後見人もしくは被保佐人または外国の法令上これらと同様に取り扱われている者

(ⅱ)　破産者で復権を得ていないものまたは外国の法令上これらと同様に取り扱われている者

(ⅲ)　禁錮以上の刑（これに相当する外国の法令による刑を含む）に処せられ、その刑の執行を終わり、またはその刑の執行を受けることがなくなった日から5年を経過していない者

(ⅳ)　銀行の免許が取り消された場合や銀行主要株主や銀行持株会社の認可が取り消された場合や銀行代理業者の許可が取り消された場合や他の業態の金融機関において同様の処分を受けた場合で、その取消しの日前30日以内にその法人の取締役もしくは執行役、会計参与、監査役等もしくはこれらに準ずる者または日本における代表者であった者でその取消しの日から5年を経過していない者

(ⅴ)　銀行主要株主の認可が取り消された場合その他の業態の金融機関において同様の処分を受けた場合や貸金業法上の貸金業の登録の更新が拒否され、または登録が取り消された場合において、その取消しの日から5年を経過していない者

(ⅵ)　外国の法令において上記(ⅴ)と同様の処分を受けた場合で、その取消しの日から5年を経過していない者

(ⅶ)　銀行法に基づき、当局から解任を命ぜられた、銀行または銀行持株

会社の取締役、執行役、会計参与、監査役、これらに類する職にある者、日本における代表者または銀行代理業者の役員、または他の業態の金融機関において同様の処分を受けた場合

(viii) 銀行法その他の業法またはこれらに相当する外国の法令の規定に違反し、罰金の刑（これらに相当する外国の法令による刑を含む）に処せられ、その刑を終わり、またはその刑の執行を受けることがなくなった日から5年を経過しない者

② 申請者が法人である場合

以下のいずれにも該当しないことが必要となります（銀行法施行規則34条の37第5号）。

(ⅰ) 上記①(iv)に該当する場合において、その取消しの日から5年を経過していない者

(ⅱ) 上記①(viii)に規定する法令の規定に違反し、罰金の刑（これらに相当する外国の法令による刑を含む）に処せられ、その刑を終わり、またはその刑の執行を受けることがなくなった日から5年を経過しない者

(ⅲ) 役員のうちに上記①(ⅰ)ないし(viii)のいずれかに該当する者のある者

Q20 銀行代理業者としての許可の申請の際には、兼業を営むことについて考慮されますか

A 銀行代理業およびこれに付随する業務以外の他業の兼業により、銀行代理業の適正かつ確実な遂行につき支障を及ぼすおそれがあると認められないことが考慮されます。

解　説

　銀行代理業者としての許可の申請の際には、銀行代理業およびこれに付随する業務以外の他業の兼業により、銀行代理業の適正かつ確実な遂行につき支障を及ぼすおそれがあると認められないことが必要となります（銀行法52条の38第1項3号）。

　「他に業務を営むことによりその銀行代理業を適正かつ確実に営むことに支障を及ぼすおそれ」がないというためには次の要件を満たす必要があります（同法施行規則34条の37第6号イ、ロ、ニ、ホ）。

① 　兼業業務の内容が法令に抵触するものでないこと（イ）

② 　兼業業務の内容が銀行代理業者として社会的信用を損なうおそれがないこと（ロ）

③ 　兼業業務により取引上の優越的地位を不当に利用して、銀行代理業に係る顧客の保護に欠ける行為が行われるおそれがあると認められないこと（ニ）

④ 　その他銀行代理業の内容に照らして兼業業務を営むことが顧客の保護に欠け、または所属銀行の業務の健全かつ適切な遂行に支障を及ぼす行為が生じるおそれがあると認められないこと（ホ）

　＊「兼業業務の内容が銀行代理業者として社会的信用を損なうおそれがないこと」（上記②）について、兼業業務の内容が銀行代理業者としての社会的信用を損なうおそれがある場合とは、たとえば、銀行代理業者が、善良な風俗や

公共の平穏を損なうおそれのある業務、公序良俗に反する業務および反社会的な業務などを兼業する場合が考えられますが、その判断は、当該兼業業務の性質および態様、取引の相手方ならびに社会に与える影響などを総合的に勘案して行われます（監督指針Ⅷ-3-2-2-4(4)）。

* 「兼業業務により取引上の優越的地位を不当に利用」する行為については、「金融機関の業態区分の緩和及び業務範囲の拡大に伴う不公正な取引方法について」（平成16（2004）年12月1日：公正取引委員会）も参考としますが、たとえば、次に掲げる行為は、兼業業務による取引上の優越的地位を不当に利用する行為に該当しえます（監督指針Ⅷ-3-2-2-4(6)）。

① 顧客に対し、銀行代理業として代理または媒介する預金の受入れを内容とする契約（その他銀行法2条14項各号に掲げる行為についても同様。以下②〜④において同じ）の締結に応じない場合には兼業業務に係る取引を取りやめる旨または兼業業務に関し不利な取扱いをする旨を示唆し、預金の受入れを内容とする契約を締結することを事実上余儀なくさせること

② 顧客に対する兼業業務の取引を行うにあたり、銀行代理業として代理または媒介する預金の受入れを内容とする契約の締結を要請し、これに従うことを事実上余儀なくさせること

③ 顧客に対し、銀行代理業に係る業務として行う業務の競争者とし取引する場合には兼業業務の取引を取りやめる旨または兼業業務に関し不利な取扱いをする旨を示唆し、自己の競争者（銀行および銀行代理業者を含む。④において同じ）と預金の受入れを内容とする契約を締結することを妨害すること

④ 顧客に対する兼業業務の取引を行うにあたり、自己の競争者と預金の受入れを内容とする契約を行わないことを要請し、これに従うことを事実上余儀なくさせること

このほか、「他に業務を営むことによりその銀行代理業を適正かつ確実に営むことに支障を及ぼすおそれ」がないというためには、Q21に掲げるとおり、兼業業務との関係で営むことができる銀行代理業自体の範囲が制約されることになります。

Q21 銀行代理業者が営む銀行代理業の業務範囲には制限があるのですか。また、銀行代理業者は複数の銀行のために銀行代理業を営むことができますか

A 兼業基準との関係で以下のとおり制限があります。
　(1)　預金・為替取引に係る銀行代理業については制限がありません。
(2)　消費者向けの貸付けの代理・媒介については特段の制限がありません。しかしながら、消費者金融業者や信用保証会社が銀行代理業者となる場合は、原則として、①購入物品・購入物件担保貸付でかつ、1000万円以下の定型ローンの媒介しか営むことが認められていません。
(3)　事業者向けの貸付けについては、原則として、①預金等担保貸付の代理・媒介および②1000万円以下の定型ローンの媒介しか営むことが認められていません。ただし、①銀行代理業者が兼業を営まない場合（専業の銀行代理業者となる場合）および②保険会社等が銀行代理業者となる場合は、事業者向けの貸付けの代理・媒介を制限なく営むことができます。また、銀行代理業者は複数の銀行のために銀行代理業を営むことができますが、各所属銀行の同意が必要です。

解　説

　「銀行代理業」とは、所属銀行のために①預金、②貸付け、③為替取引に係る契約の締結の代理・媒介をすること（銀行法2条14項）です。ただし、貸付けに係る銀行代理業については、監督当局から許可を得て「銀行代理業者」（同条15項）として営むことができる業務については、その営む兼業の種類により一定の制限があります。

また、銀行代理業者は「商人のためにその平常の営業の部類に属する取引の代理又は媒介をする者で、その商人の使用人でないもの」として商法27条の代理商に該当します。かかる代理商として銀行代理業者は競業避止義務（同法28条）を負い、自己または第三者のためにその商人の営業の部類に属する取引をすることが禁じられていると考えられます。したがって、銀行代理業者が複数の所属銀行のために銀行代理業を営むことは、この競業避止義務に違反しますので、これを避けるには各所属銀行の同意が必要になると考えられます。もっとも、この同意は、事前の包括的なものでも足りると考えられます。なお、顧客に対しては、銀行代理業者は複数の所属銀行のために銀行代理業を営むことにつき説明義務を負います。

1　預金・為替取引に係る銀行代理業

　所属銀行のために預金または為替取引に係る契約の締結の代理または媒介をすることについては、兼業による利益相反行為が生ずる蓋然性が低いため、いかなる銀行代理業者がこれを営む場合においても特段制限が設けられていません。

2　貸付けに係る銀行代理業

⑴　銀行代理業専業業者

　銀行代理業を専業する業者については、兼業との利益相反行為が生ずることがありませんので、貸付けに係る銀行代理業にも制限がありません。すなわち、消費者向け貸付けの代理および媒介、ならびに、事業者向け貸付けの代理および媒介を制限なく営むことができます。

⑵　保険会社

　保険会社については、銀行代理業制度の導入前（平成16（2004）年3月以前）より、銀行の貸付けに係る代理をすることが認められていました。銀行代理業制度のもとでも、制限なく、貸付けに係る銀行代理業を営むことができます。すなわち、消費者向け貸付けの代理および媒介、ならびに、事業者向け貸付けの代理および媒介を制限なく営むことができます。

(3) 一般事業者

　所属銀行のために消費者向け貸付けに係る契約の締結の代理または媒介をすることについては、兼業による利益相反行為等の弊害が生ずる蓋然性が低いため、特段制限はありません。

　これに対して、所属銀行のために事業者向け貸付けに係る契約の締結の代理または媒介をすることについては、兼業との間で利益相反行為等の弊害が生ずる可能性があるので、基本的に認められていません。ただし、利益相反がないと認められる、①預金等担保貸付け（預金・定期積金等・国債を担保とする貸付契約）の締結の代理・媒介、②「規格化された貸付商品」（資金需要者に関する財務情報の機械的処理のみにより、貸付けの可否および貸付条件が設定されることがあらかじめ決められている貸付商品）に係る契約の締結の媒介（与信審査に関与しない場合で、かつ、上限1000万円のものに限る）については、銀行代理業者として営むことができます（銀行法施行規則34条の37第6号ハ、監督指針別紙6）。

　「規格化された貸付商品」とは、資金需要者に関する財務情報の機械的な処理のみにより、貸付けの可否および貸付条件が設定されることがあらかじめ決められている貸付商品をいいますが、ここにいう「財務情報」とは、財務諸表の各勘定項目など、資金需要者の財務に関連するデータで、融資担当者の裁量の働く余地のないものを指します（監督指針Ⅷ-3-2-2-4(2)）。

　「事業の用に供するための資金の貸付け」（銀行法施行規則34条の37第6号ハ）とは、事業者（個人事業主を含む）に対する資金使途が事業資金であるものをいいます。「事業の用に供するための資金の貸付け」か否かは、事業者であるか、個人であるかはメルクマールとしておらず、資金用途の目的、反復継続性、貸付けの態様等個別事例に即して判断されると考えられます（平成18（2006）年5月17日付金融庁「銀行法等の一部を改正する法律の施行期日を定める政令（案）、銀行法等の一部を改正する法律の施行に伴う関係政令の整備等に関する政令（案）及び銀行法施行規則等の一部を改正する内閣府令等（案）に対するパブリックコメントの結果について」参照）。したがって、地主が銀行からローンを借りて、アパートを建ててそれを賃貸する場合も、場合によっ

図表１－21－１　主たる兼業業務と銀行代理業との関係

○…銀行代理業として行えるもの
×…銀行代理業として行えないもの

		銀行代理業者の銀行						
		預　金		為替取引		資金の貸付け・手形の		
						消費向け		
						代理		
		代理	媒介	代理	媒介	預金等担保貸付	左記以外の貸付	預金等担保貸付
銀行代理業専業業者		○	○	○	○	○	○	○
銀行代理業者の主たる兼業業務の内容	保険会社	○	○	○	○	○	○	○
	一般事業者	○	○	○	○	○	○	○
						(所属銀行が必要に応じ与信審査		
	貸付等を主たる業務とする者 ・貸金業者 ・クレジット業者 ・保証業者	○	○	○	○	○	×	○

［定義等］＊貸付資金で購入する物件等を担保として行う貸付……該当例：住宅ローン・自
＊規格化された貸付商品……資金需要者に関する財務情報の機械的処理のみによ
［考え方］①　銀行代理業専業業者、保険会社については制限なし。
②　預金、為替取引については制限なし。
③　預金担保等貸付については制限なし。
④　一般事業者が行う消費向け貸付については制限なし。ただし、必要に応じ所
⑤　兼業業者（保険会社を除く）が事業向け貸付の代理または媒介を行うことは
万円）の媒介（与信審査を除く）のみ可。
⑥　貸付等を主たる業務とする者が貸付の代理または媒介を行うことは原則不
担保として行う貸付の媒介（与信審査を除く）のみ可。

（出所）「主要行等向けの総合的な監督指針」別紙６

代理業務の内容						
割引・債務の保証または手形の引受けその他の信用の供与を行う業務						
		事業向け				
媒介		代理		媒介		
規格化された貸付商品で、かつ、貸付資金で購入する物件等を担保として行う貸付	左記以外の貸付	預金等担保貸付	左記以外の貸付	預金等担保貸付	規格化された貸付商品	左記以外の貸付
○	○	○	○	○	○	○
○	○	○	○	○	○	○
○ を実施する必要あり）	○	○	×	○	○ （与信審査は×）ただし、上限1000万円	×
○ （与信審査は×）	×	○	×	○	×	×

動車ローンなど。
り、貸付の可否および貸付条件が設定されることがあらかじめ決められている貸付商品。

属銀行が与信審査を実施する必要あり。
原則不可。（預金等担保貸付のほか）一般事業者が行う規格化された貸付商品（上限1000

可。（預金担保貸付のほか）規格化された貸付商品で、かつ貸付資金で購入する物件等を

ては「事業者向け貸付け」に該当するのではないかと思われます。

(4) 貸付けを主たる業務とする業者（貸金業者・クレジット業者・保証業者）

「主たる兼業業務の内容が資金の貸付け、手形の割引、債務の保証または手形の引受けその他の信用の供与を行う業務」である者（すなわち、貸金業者・クレジット業者・保証業者）については、兼業との間で利益相反行為等の弊害が生ずる可能性があるので、基本的に貸付けに係る銀行代理業は認められていません。

例外的に、消費者向け貸付けについては、①預金等担保貸付の代理または媒介をすること、および、②規格化された貸付商品で、かつ、貸付資金で購入する物品または物件を担保として行う貸付けの媒介（与信審査を除く）をすることのみ認められています。事業者向け貸付けについては、預金等担保貸付の代理または媒介のみしか認められていません（銀行法施行規則34条の37第7号、監督指針別紙6）。

「主たる」兼業業務に該当するか否かは、当該業務に係る費用・売上げ・収益、従事する人員の役職・人数および当該業務に要する時間など当該兼業業務の規模を総合的に勘案して判断されます（監督指針Ⅷ-3-2-2-4(5)）。

この点、証券会社（有価証券関連業を行う第一種金融商品取引業者）は貸金業登録をしている場合がありますが、証券会社の主たる業務は証券業なので、かかる業者には該当せず、上記(3)の一般事業者として扱われます（平成18（2006）年5月17日付金融庁「銀行法等の一部を改正する法律の施行期日を定める政令（案）、銀行法等の一部を改正する法律の施行に伴う関係政令の整備等に関する政令（案）及び銀行法施行規則等の一部を改正する内閣府令等（案）に対するパブリックコメントの結果について」参照）。また、リース業者については、多くのリース業者は、クレジットや割賦、ローン等を同時に営んでおり、貸金業登録をしていますが、「主たる業務」が物品賃貸業である総合リース業である場合は、「利益が相反する取引が行われる可能性があると認められるものでない」場合に該当し、上記(3)の一般事業者として扱われると考えられます（上記パブリックコメント結果同旨）。

「貸付資金で購入する物品または物件を担保として行う貸付契約」とは、

たとえば、住宅ローン（貸付資金で購入する住宅に抵当権を設定）や自動車ローン（貸付資金で購入する自動車に譲渡担保権を設定、または所有権を留保する等）などが含まれます（監督指針Ⅷ-3-2-2-4(3)）。

(5)　銀行等の預金取扱金融機関

　銀行等の預金取扱金融機関は銀行代理業者としての許可を得ずに銀行代理業を営むことができる（銀行法52条の61第1項）ので、貸付けに係る銀行代理業に係る上記の制約を受けません。

A 銀行代理業者は、銀行代理業および銀行代理業に付随する業務のほか、監督当局の承認を受けた業務を営むことができます。

解　説

1　銀行代理業に付随する業務

　「銀行代理業に付随する業務」（銀行法52条の42第1項）とは、所属銀行のために行う銀行が営む付随業務（同法10条2項各号）の代理・媒介が該当します。ただし、付随業務自体を行う場合、当該行為が他の法令において許認可等の開業規制の対象となるもの（たとえば、金融商品仲介業等）は兼業承認を要する他業として取り扱われます。

2　兼業承認制

　銀行代理業者は、銀行代理業および銀行代理業に付随する業務のほか、財務局長等の承認を受けた業務（兼業）を営むことができます（銀行法52条の42第1項）が、これらの業務以外は営むことはできません（同条3項）。銀行代理業者としての許可の申請書に記載されている銀行代理業および銀行代理業に付随する業務以外の業務は、当該申請者が許可を受けたときには、当該業務について兼業の承認を受けたものとみなされます（同条4項）。

　財務局長等は、兼業の承認の申請があった場合には、当該申請に係る業務を営むことが銀行代理業を適正かつ確実に営むことについて支障を及ぼすおそれがあると認められるときに限り、承認しないことができます（銀行法52条の42第2項）。

3　兼業の承認の範囲

　銀行代理業者の兼業の承認は、すでに営んでいる兼業と異なる日本標準産業分類に掲げる中分類（大分類Ｊ－金融・保険業にあっては細分類）に属する事業を営もうとする場合に必要となります（監督指針Ⅷ-3-4-1-1）。

Q23 「貸金業」と銀行代理業の関係について、次の(1)〜(3)の場合はどのようになるか、教えてください
(1) 銀行代理業者として、所属銀行のために資金の貸付けに係る代理・媒介をする場合、貸金業法に基づく貸金業登録をする必要がありますか。
(2) 貸金業法上の貸金業登録をしていれば銀行代理業者としての許可を得なくても銀行のために資金の貸付けに係る代理・媒介をすることができますか。
(3) 銀行代理業者としての許可を得た場合、所属銀行以外のために貸金業を営むことができますか。

A (1) 所属銀行のために資金の貸付けに係る代理・媒介をする場合、銀行代理業者としての許可を得ていれば、貸金業法上の貸金業の登録をする必要はありません。
(2) 貸金業登録をしていても銀行代理業者としての許可を取得しなければ銀行のために資金の貸付けに係る代理・媒介をすることはできません。
(3) 銀行代理業者としての許可を得ても、所属銀行以外のために貸金業を営むためには貸金業登録をする必要があります。

解 説

「貸金業」とは、金銭の貸付けまたは金銭の貸借の媒介（手形の割引、売渡担保その他これらに類する方法によってする金銭の交付または当該方法によってする金銭の授受の媒介を含む）を業として行うものをいいます（貸金業法2条1項）。貸金業を営むためには貸金業の登録をする必要があります（同法3条1項）。

所属銀行のために資金の貸付けの代理・媒介をする銀行代理業も上記の

「貸金業」の定義に該当しますが、銀行代理業者が、所属銀行のために資金の貸付けの代理・媒介を行う場合は、貸金業法2条1項2号の「貸付けを業として行うにつき他の法律に特別の規定のある者が行うもの」に該当するものとして、貸金業に該当せず、貸金業登録は不要です。

　所属銀行のために資金の貸付けの代理・媒介をするためには、銀行代理業者としての許可を取得しなければならず、貸金業法に基づく貸金業登録（貸金業法3条1項）をしていてもこれを営むことはできません。

　反対に、所属銀行以外のために貸金業を営むためには貸金業登録をする必要があり、銀行代理業者としての許可を取得してもこれを営むことはできません。

　銀行からの借入人のために資金の貸付けの代理・媒介をする場合は銀行代理業に該当しませんが、銀行以外のものが業として行う場合には、貸金業法上の貸金業登録が必要となります。

＊証券会社の銀行ローンの媒介
　　証券会社（現在は有価証券関連業を行う第一種金融商品取引業者がこれに相当）は銀行代理業制度の施行前、銀行のローンの媒介（特に事業性ローンの媒介が多い）を貸金業登録をすることにより行っていました。平成18（2006）年4月の銀行代理業制度の導入により、銀行のために資金の貸付けの媒介をすることは銀行代理業に該当するので、銀行代理業者としての許可を得なければ、たとえ貸金業登録をしても行うことができないことになります。
　　しかしながら、証券会社による銀行代理業としての「資金の貸付けの媒介」は、消費者向け貸付けは制限なく認められうるものの、事業者向け貸付けは、預金等担保貸付や1000万円以下の定型ローン以外は原則として認められません。そうすると、証券会社は従前の銀行の事業者向けの貸付けの媒介は、銀行代理業者としての許可をとっても行えないことになりました。
　　なお、「銀行のための媒介」ではなく「借入人のための媒介」であれば、銀行代理業に該当せずに、貸金業登録をしていれば営むことができます。

Q24	銀行代理業者は標識やその名義についてどのような義務を負いますか

A	銀行代理業者は標識の掲示義務を負うとともに、名義貸しが禁止されます。

解　説

1　標識の掲示（銀行法52条の40）

　銀行代理業者は、銀行代理業を営む営業所または事務所ごとに、公衆のみやすい場所に、下記の様式の標識を掲示する必要があります（銀行法施行規則34条の40、別紙様式第17号）。二以上の所属銀行がある場合は、すべての所

図表1-24-1　銀行代理業者の標識

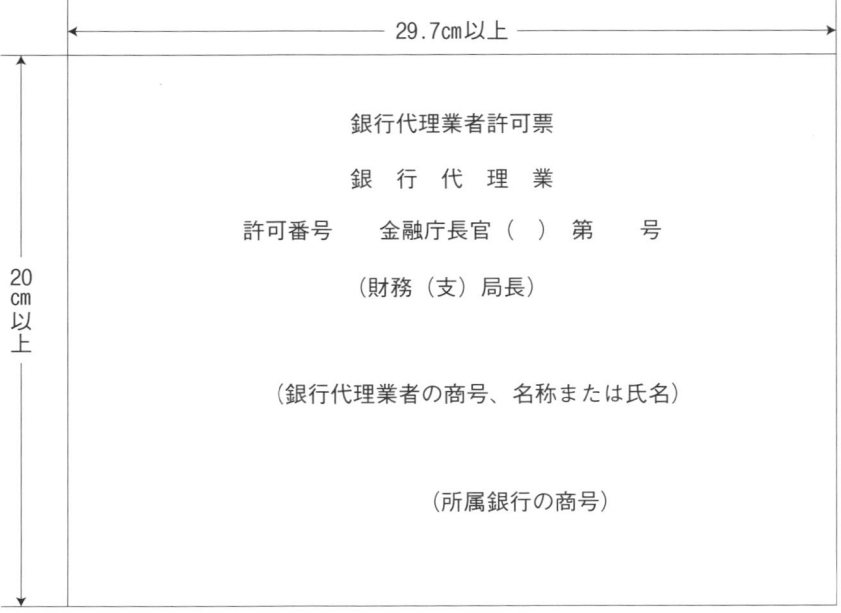

属銀行の商号を記載する必要があります。銀行代理業者以外の者は、かかる標識またはこれに類似する標識を掲示してはなりません。

> ＊銀行代理業者による標識の掲示については、標識の形状・大きさおよび記載されている文字の明瞭さならびに標識が掲示されている状況等から、顧客をして誤認混同ならしめるおそれがないかどうかについて留意することとされています（監督指針Ⅷ-4-2-4）。

2　名義貸しの禁止（銀行法52条の41）

銀行代理業者は、自己の名義をもって、他人に銀行代理業を営ませてはなりません。

> ＊「自己の名義」に該当するか否かの判断に際しては、たとえば、当該銀行代理業者の略称等の使用を許可している場合であっても「自己の名義」に該当することに留意することとされています（監督指針Ⅷ-4-2-7-1）。

銀行代理行為に関して顧客から受領した金銭は、銀行代理業者の自己の固有財産と物理的に分別管理しなければなりませんか

A 金銭については、物理的に分離されていることが望ましいですが、少なくとも勘定上分離されていることが必要となります。

解　説

　銀行代理業者は、銀行代理業（銀行法2条14項各号）に掲げる行為（「銀行代理行為」）に関して顧客から金銭その他の財産の交付を受けた場合には、管理場所を区別することその他の方法により銀行代理行為に関して顧客から交付を受けた金銭その他の財産が自己の固有財産であるか、またはいずれの所属銀行に係るものであるかが直ちに判別できる状態で管理しなければなりません（同法52条の43、同法施行規則34条の42）。

　金銭については、物理的に分離されていることが望ましいですが、少なくとも勘定上分離されていることが必要となります（監督指針Ⅷ-3-2-2-2(6)①（注））。

Q26 銀行代理業者の義務や情報提供等について、次の(1)～(4)の場合はどのようになるか、教えてください

(1) 銀行代理業者は、銀行代理行為を行うときに、事前に顧客に対してどのような事項を説明する必要がありますか。

(2) 二以上の所属銀行がある場合、銀行代理業者は事前に顧客に対してどのような事項を説明する必要がありますか。

(3) 銀行代理業者は預金者等へどのような事項の情報提供をしなければなりませんか。

(4) 銀行代理業者は預金以外の金融商品を取り扱う場合、どのような事項に留意する必要がありますか。

A (1) 銀行代理業者は、所属銀行の商号や、銀行代理行為のうち、契約の締結を代理するか、または、媒介するかの別などを説明する必要があります。

(2) 銀行代理業者は、顧客が締結しようとする銀行代理行為に係る契約と同種の契約の締結の代理または媒介を他の所属銀行のために行っているときは、その旨を説明する必要があります。

(3) 銀行代理業者は預金者等に対して、取り扱う預金等の金利や手数料等、預金者の保護に資する情報の提供をする必要があります。

(4) 銀行代理業者は、預金との誤認を防止するため、預金ではないこと、預金保険の対象とならないこと、元本が保証されていないこと等を説明する必要があるとともに、誤認を防止するための体制を整備する必要があります。

解　説
···

1　銀行代理業者の事前説明義務（銀行法52条の44第1項各号、同法施行規則34条の43第1項1号）

　銀行代理業者は、銀行代理行為を行うときに、事前に顧客に対して以下の事項を説明する必要があります（下記2の場合を除く）。

①　所属銀行の別

②　銀行代理業（銀行法2条14項各号）に規定する契約の締結を代理するか、または媒介をするかの別

③　銀行代理行為に関して顧客から金銭その他の財産の交付を受けるときは、当該交付を受けることについての所属銀行からの権限の付与がある旨

2　二以上の所属銀行がある場合の銀行代理業者の事前説明義務（銀行法施行規則34条の43第1項2号〜4号、34条の46、監督指針Ⅷ-4-2-5-1）

　二以上の所属銀行がある場合、銀行代理業者は以下の事項を事前に説明する義務があります。その説明方法は、たとえば書面を活用するなど、できる限り顧客が理解しやすいよう説明するための態勢を整備する必要があります。

① 　所属銀行が二以上ある場合において、顧客が締結しようとする銀行代理行為に係る契約につき顧客が支払うべき手数料と、当該契約と同種の契約につき他の所属銀行に支払うべき手数料が異なるときは、その旨

② 　所属銀行が二以上ある場合において、顧客が締結しようとする銀行代理行為に係る契約と同種の契約の締結の代理または媒介を他の所属銀行のために行っているときは、その旨

③ 　顧客の求めに応じ、②の同種の契約の内容その他顧客に参考となるべき情報

④ 　最終的に顧客の取引の相手方となる所属銀行の商号

3　顧客への情報提供義務（銀行法52条の44第2項）

　銀行代理業者は、預金契約または定期積金の受入れを内容とする契約の締結の代理または媒介（銀行法2条14項1号）に関し、預金者等の保護に資するため、預金または定期積金等に係る契約の内容その他預金者等に参考となるべき情報の提供を行わなければなりません。

　具体的には、以下の事項を説明する必要があります（銀行法52条の44、同法施行規則34条の44、13条の3第1項各号）。

①　主要な預金等の金利の明示

②　取り扱う預金等に係る手数料の明示

③　取り扱う預金等のうち預金保険法53条に規定する保険金の支払の対象であるものの明示

④　商品の内容に関する情報のうち次に掲げる事項（「商品情報」）を記載した書類を用いて行う預金者等の求めに応じた説明およびその交付

（ⅰ）　名称（通称を含む）

（ⅱ）　受入れの対象となる者の範囲

（ⅲ）　預入期間（自動継続扱いの有無を含む）

（ⅳ）　最低預入金額、預入単位その他の預入れに関する事項

（ⅴ）　払戻しの方法

（ⅵ）　利息の設定方法、支払方法、計算方法その他の利息に関する事項

（ⅶ）　手数料

（ⅷ）　付加することのできる特約に関する事項

（ⅸ）　預入期間の中途での解約時の取扱い（利息および手数料の計算方法を含む）

（ⅹ）　次に掲げる場合の区分に応じ、それぞれ次に定める事項

　　a　指定紛争解決機関が存在する場合　当該銀行が手続実施基本契約を締結する措置を講ずる当該手続実施基本契約の相手方である指定紛争解決機関の商号または名称

　　b　指定紛争解決機関が存在しない場合　当該銀行の苦情処理措置および紛争解決措置の内容

(xi) その他預金等の預入れに関し参考となると認められる事項

⑤ 次に掲げるものと預金等との組合せによる預入れ時の払込金が満期時に全額返還される保証のない商品を取り扱う場合には、預入れ時の払込金が満期時に全額返還される保証のないことその他当該商品に関する詳細な説明

　(i) 市場デリバティブ取引または外国市場デリバティブ取引のうち有価証券関連デリバティブ取引に該当するもの以外のもの

　(ii) 金融等デリバティブ取引

　(iii) 先物外国為替取引

　(iv) 有価証券関連デリバティブ取引（金融商品取引法2条21項1号に掲げる取引および外国金融商品市場における同条21項1号に掲げる取引と類似の取引を除く）

　(v) 金融商品取引法2条21項1号に掲げる取引または外国金融商品市場における同号に掲げる取引と類似の取引（同条1項1号および2号に掲げる有価証券ならびに同項3号および5号に掲げる有価証券（政府が元本の償還および利息の支払について保証しているものに限る）（「国債証券等」）ならびに同法2条1項17号に掲げる有価証券のうち同項1号の性質を有するものに係るものに限る）

⑥ 変動金利預金の金利の設定の基準となる指標および金利の設定の方法が定められている場合にあっては、当該基準および方法ならびに金利に関する情報の適切な提供

4　預金等との誤認防止（銀行法施行規則34条の45、13条の5第1項、2項、4項）

　銀行代理業者は、金融商品の販売等（金融商品の販売等に関する法律2条1項に規定する金融商品の販売等をいい、預金契約等の締結の代理や媒介を除く）を行う場合には、業務の方法に応じ、顧客の知識、経験、財産の状況および取引を行う目的をふまえ、顧客に対し、書面の交付その他適切な方法より、預金等との誤認を防止するための説明を行うとともに、①預金等ではないこ

と、②預金保険の対象とならないこと、③元本が保証されていないこと、④契約の主体、⑤その他預金等との誤認防止に関し参考となると認められる事項を書面の交付その他適切な方法より説明しなければなりません（銀行法施行規則34条の45第1項、13条の5第1項、2項）。

　少なくとも個人に対しては、書面の交付による対面説明、書面への双方の署名・捺印、一定期間の記録保管等の措置を講ずることが必要になると考えられます（銀行の第三者割当増資に係る勧誘の場合の預金誤認防止措置に関する監督指針Ⅲ-3-1-5-2(2)②ニ（注）参照）。

　かかる説明は銀行代理行為を行わない窓口には適用ありません（銀行法施行規則34条の45第3項）。

　したがって、たとえば、保険会社が銀行代理業者となった場合は、銀行代理行為を行う窓口においては、保険商品を販売する場合においても上記の説明が必要となります。平成18（2006）年5月17日付のパブリックコメント結果においては、保険会社の銀行代理業の内容が貸付業務の代理または媒介に限定されている場合においても、非預金商品を預金商品と誤認するおそれも排除しえないため、当該規制の適用を受けるとされています。

　また、銀行代理業者は、銀行代理行為を行う営業所または事務所の窓口には、銀行代理行為を行う旨を顧客の目につきやすいように掲示しなければなりません（銀行法施行規則34条の45第2項）。銀行代理業者は、顧客に対し、その営業所または事務所の銀行代理行為を行わない窓口を銀行代理行為を行う窓口と誤認させないための措置を講じなければなりません（同条4項）。

Q27 銀行代理業者には、金融商品取引法のどのような規定が準用されますか

A 銀行代理業者が行う銀行代理業に係る特定預金等契約の締結の代理または媒介については、広告規制、契約締結前交付書面の交付義務、適合性の原則等の金融商品取引法の規定が準用されます。

解　説

1 銀行代理業者についての金融商品取引法の準用（銀行法52条の45の２）

　銀行代理業者が行う銀行代理業に係る特定預金等契約の締結の代理または媒介については、金融商品取引法の規定が準用されることとされています。

　「特定預金等契約」とは、特定預金等の受入れを内容とする契約をいいます（銀行法13条の４）。「特定預金等」は、銀行法施行規則14条の11の４で定められていますが、「預金等のうち、外国通貨で表示されるもの」（同条２号）が含まれるので、銀行代理業者が所属銀行のために代理・媒介する外貨建て預金はすべて特定預金等に該当し、本規定に基づき、金融商品取引法上の行為規制の適用を受けることになります。

　具体的には金融商品取引法上の以下の制度・規定が（一部を除き）読替えのうえ、準用されることになります（銀行法施行規則34条の53の２～34条の53の17の２）。

① 特定投資家制度

　(i) 特定投資家への告知義務（金融商品取引法34条）

　(ii) 一般投資家への移行制度（同法34条の２）

　(iii) 特定投資家への移行制度（同法34条の３、34条の４）

　(iv) 政令への委任（同法34条の５）

(ⅴ)　特定投資家の特例（同法45条）
②　広告規制（同法37条）
③　契約締結前交付書面（同法37条の3）
④　契約締結時交付書面（同法37条の4）
⑤　禁止規定（同法38条）
⑥　損失補てん等の禁止（同法39条）
⑦　適合性の原則（同法40条）

Q28 銀行代理業者は顧客の情報を保護するためにどのような措置を講ずる必要がありますか

A 銀行代理業者は、銀行と同様に、顧客の個人情報の安全管理措置等を講ずるとともに、返済能力情報や特別の非公開情報の取扱いを行わなければなりません。また、顧客情報を使用するためには書面による同意を得る必要があります。

解　説
....

1　個人情報の取扱い（銀行法施行規則34条の47、同法施行規則13条の6の5、13条の6の6、13条の6の7）

　銀行代理業者は顧客の個人情報について以下の措置を講ずる必要があります。

① 　個人顧客情報の安全管理措置等……銀行代理業者は、その取り扱う個人である顧客に関する情報の安全管理、従業者の監督および当該情報の取扱いを委託する場合にはその委託先の監督について、当該情報の漏えい、滅失または毀損の防止を図るために必要かつ適切な措置を講じなければなりません。

② 　返済能力情報の取扱い……銀行代理業者は、信用情報に関する機関（資金需要者の借入金返済能力に関する情報の収集および銀行に対する当該情報の提供を行うものをいう）から提供を受けた情報であって個人である資金需要者の借入金返済能力に関するものを、資金需要者の返済能力の調査以外の目的のために利用しないことを確保するための措置を講じなければなりません。

③ 　特別の非公開情報の取扱い……銀行代理業者は、その取り扱う個人である顧客に関する人種、信条、門地、本籍地、保健医療または犯罪経歴についての情報その他の特別の非公開情報（その業務上知りえた公表されていな

い情報をいう）を、適切な業務の運営の確保その他必要と認められる目的
以外の目的のために利用しないことを確保するための措置を講じなければ
なりません。

2 顧客情報の使用に係る書面による同意等（銀行法施行規則34条の48）

① 銀行代理業者は、銀行代理業において取り扱う顧客に関する非公開金融
情報（その役員または使用人が職務上知りえた顧客の預金等、為替取引または
資金の借入れに関する情報その他の顧客の金融取引または資産に関する公表さ
れていない情報（上記1③の特別の非公開情報を除く）をいいます）が、事前
に書面その他の適切な方法により当該顧客の同意を得ることなく兼業業務
（保険募集に係る業務を除く。以下同じ）に利用されないことを確保するた
めの措置を講じなければなりません（銀行法施行規則34条の48第1項）。

② 銀行代理業者は、兼業業務において取り扱う顧客に関する非公開情報
（その兼業業務上知りえた公表されていない情報（上記1②の返済能力情報およ
び上記1③の特別の非公開情報を除く）をいう。以下同じ）が、事前に書面そ
の他の適切な方法により当該顧客の同意を得ることなく銀行代理業および
銀行代理業に付随する業務に利用されないことを確保するための措置を講
じなければなりません（銀行法施行規則34条の48第2項）。

③ 銀行代理業者は、兼業業務において取り扱う顧客に関する非公開情報
が、事前に書面その他の適切な方法により当該顧客の同意を得ることなく
所属銀行に提供されないことを確保するための措置を講じなければなりま
せん（銀行法施行規則34条の48第3項）。

＊上記のとおり、銀行代理業者は、銀行代理業で得た顧客の非公開金融情報を
事前に顧客の書面の同意がなければ兼業業務に利用してはならず（①）、兼業
業務で得た顧客の非公開情報を、事前に顧客の書面の同意がなければ自らの
銀行代理業務に利用すること、および、所属銀行に提供することが禁止され
ます（②、③）。これに対して、銀行代理業で得た顧客の非公開情報を当該所
属銀行に提供することについては、顧客の同意が推定でき、あるいは銀行か
ら委託を受けたものとして、書面による同意は不要であると考えられます。

＊上記の非公開金融情報および非公開情報（なお、顧客の属性に関する情報（氏名、住所、電話番号、性別、生年月日および職業）は個人情報ですが、非公開金融情報および非公開情報に含まれません）の取扱いに関する事前の同意については、たとえば以下のような適切な方法により事前に当該顧客の同意を得るための措置を講じているかについて確認する必要があります（監督指針Ⅷ-4-2-3(3)②）。
（ⅰ）　対面の場合……事前に、書面による説明を行い、契約申込みまでに書面による同意を得る方法
（ⅱ）　郵便による場合……事前に、説明した書面を送付し、所属銀行への提供の前に、同意した旨の返信を得る方法
（ⅲ）　電話による場合……事前に、口頭による説明を行い、その後すみやかに当該提供について説明した書面を送付（電話での同意取得後対面にて顧客と応対する場合には交付でも可とする）し、契約申込みまでに書面による同意を得る方法
（ⅳ）　インターネット等による場合……事前に、電磁的方法による説明を行い、電磁的方法による同意を得る方法

3　銀行代理業者が二以上の所属銀行等から銀行代理業を受託している場合（監督指針Ⅷ-4-2-5-2）

　銀行代理業者が二以上の所属銀行等から銀行代理業を受託している場合は、一の所属銀行の銀行代理業で得た顧客情報が顧客の同意なくその他の所属銀行の銀行代理業に流用されることのないよう、顧客情報を適正に管理するための方法や体制（たとえば、組織・担当者の分離、設備上・システム上の情報障壁の設置、情報の遮断に関する社内規則の制定および研修等社員教育の徹底等の顧客情報管理体制）の整備を行う必要があります。

4　金融分野ガイドライン

　銀行代理業者は、金融分野における個人情報取扱事業者として、「個人情報の保護に関する法律」ならびに金融庁の「金融分野における個人情報保護に関するガイドライン」および「金融分野における個人情報保護に関するガイドラインの安全管理措置等についての実務指針」に基づく個人データの安全管理措置も講ずる必要があります。

Q29 本人確認や疑わしい取引の届出、個人情報の保護について教えてください

(1) 銀行代理業者は、「犯罪による収益の移転防止に関する法律」(「犯収法」)上の取引時確認義務や疑わしい取引の届出義務を負いますか。

(2) 銀行代理業者は、その銀行代理行為に関連して取得した個人顧客の個人情報を当該顧客の事前の書面による同意なしに所属銀行に提供できますか。

A (1) 銀行代理業者自体は、犯収法上の取引時確認義務や疑わしい取引の届出義務を負いません。しかし、監督指針上、銀行に課されているこれらの義務を銀行にかわって行うことが求められています。

(2) 個人顧客の事前の同意なしに所属銀行に提供できると考えられます。

解 説

1 取引時確認義務・疑わしい取引の届出義務

銀行代理業者自体は、犯収法上の特定事業者に該当しないので、(他の業務により特定事業者に該当しない限り)同法上は本人確認義務を負わず、また、疑わしい取引の届出義務も負いません。

しかしながら、監督指針上は以下のとおり、銀行代理業者が取引時確認や疑わしい取引の届出を銀行にかわって事実上行うことが求められています。銀行代理業者がこれらの義務を事実上履行することにより、銀行はこれらの義務を果たしたことになると考えられます。

①銀行代理業者の許可申請書の添付書類である「銀行代理業に関する能力を有する者の確保の状況及び当該者の配置の状況を記載した書面」(銀行法

施行規則34条の34第5号）においては、犯収法の知識等を有する者を確保することが求められています（監督指針Ⅷ-3-2-1-2-3⑾（注1））。また、②銀行代理業者の社内規則には、取引時確認の方法として、外国為替及び外国貿易法（外為法）に基づく本人特定事項の確認ならびに犯収法に基づく取引時確認および疑わしい取引の届出が適切に行われる体制整備について具体的に定めることが求められています（銀行法施行規則34条の37第3号ニ、監督指針Ⅷ-3-2-2-2⑹⑤）。さらに、③取引時確認、疑わしい取引の届出義務に関して、不祥事件等届出書等により、取引時確認義務および疑わしい取引の届出義務を確実に履行するための内部管理態勢または反社会的勢力との関係を遮断するための態勢に問題があると認められる場合には、必要に応じ銀行法52条の53に基づき報告を求められ、重大な問題があると認められる場合には、同法52条の55に基づき、業務改善命令等を発出される可能性もあります。また、取引時確認義務および疑わしい取引の届出の履行を怠るなど法令に違反し、または著しく公益を害したと認められる場合には、同法52条の56に基づき、業務停止命令等を発出される可能性もあります。反社会的勢力との関係を認識しているにもかかわらず適切な対応を行わなかった結果、法令に違反しまたは著しく公益を害したと認められる場合も同様です（監督指針Ⅷ-4-2-2）。

2 個人情報の提供

　個人情報の保護に関する法律（「保護法」）上、個人情報取扱事業者が、個人データを第三者に提供するには、原則として本人の事前の同意が必要となります（同法23条1項）。

　しかしながら、銀行代理業者は所属銀行のために銀行代理行為を行っており、顧客もそのことを認識しているので、銀行代理業者が所属銀行に対して当該顧客の個人データを提供することについては同意が推定されると解されます。また、銀行代理業者は、所属銀行から個人データの取扱いの委託を受けたものとして、個人顧客の同意を得ずに、所属銀行に対して当該個人顧客の個人データを提供できるものとも考えられます（保護法23条5項1号）。

銀行代理業者は、銀行代理業に関し、どのような行為が禁止されますか

A 顧客に対して、虚偽のことを告げる行為や取引上の優越的地位を不当に濫用する行為等が禁止されます。

解　説

1　銀行代理業者の禁止行為（銀行法52条の45、同法施行規則34条の53）

　銀行代理業者は、銀行代理業に関し、以下の行為をすることが禁じられています。

① 　顧客に対し、虚偽のことを告げる行為

② 　顧客に対し、不確実な事項について断定的判断を提供し、または確実であると誤認させるおそれのあることを告げる行為

③ 　顧客に対し、銀行代理業者または銀行代理業者の子会社その他銀行代理業者の所属銀行の特定関係者（銀行法13条の2第1項に規定する特定関係者をいい、銀行代理業者の子会社を除く）（以下「密接関係者」という）の営む業務に係る取引を行うことを条件として、資金の貸付けまたは媒介をする行為（銀行代理業者が不当に取引を行うことを条件として、信用を供与し、または信用の供与を約する行為ではないものを除く）

④ 　当該銀行代理業者の密接関係者に対し、取引の条件が所属銀行の取引の通常の条件に照らして当該所属銀行に不利益を与えるものであることを知りながら、その通常の条件よりも有利な条件で資金の貸付けまたは手形の割引を内容とする契約の締結の代理または媒介をする行為（所属銀行が銀行法13条の2ただし書の規定による承認を受けた取引または行為に係るものを除く）

⑤ 　顧客に対し、その営む銀行代理業の内容および方法に応じ、顧客の知

識、経験および財産の状況をふまえた重要な事項について告げず、または誤解させるおそれのあることを告げる行為

⑥　顧客に対し、不当に、自己または自己の指定する事業者と取引を行うことを条件として、銀行法2条14項各号に規定する契約の締結の代理または媒介をする行為（上記③に掲げる場合を除く）

⑦　銀行代理業者としての取引上の優越的地位を不当に利用して、取引の条件または実施について不利益を与える行為

⑧　顧客に対し、不当に、銀行法2条14項各号に規定する契約の締結の代理または媒介を行うことを条件として、自己または自己の指定する事業者と取引をする行為

⑨　顧客に対し、兼業業務における取引上の優越的地位を不当に利用して、銀行代理業に係る取引の条件または実施について不利益を与える行為

⑩　所属銀行に対し、銀行代理行為に係る契約の締結の判断に影響を及ぼすこととなる重要な事項を告げず、または虚偽のことを告げる行為

2　虚偽のことを告げ、または重要な事項を告げないこと（銀行法52条の45第1号、上記1①）

　銀行法52条の45第1号の「虚偽のことを告げる」行為があった場合において、顧客以外の者（銀行または銀行代理業者を含む）の利益を図り、または顧客に損害を与える目的で当該違反行為をした者は、1年以下の懲役もしくは100万円以下の罰金に処し、またはこれを併科されます（同法63条の2第1号）。同法52条の45に列挙されたそれ以外の行為は直接的には罰則の対象にはなりません（ただし、行政処分等の対象にはなりえます）。

　そこで、「虚偽のことを告げる行為」の意義が問題となりますが、「顧客に対し、銀行代理行為に係る契約の締結の判断に影響を及ぼすこととなる虚偽のことを告げること」をいうものと考えられます。なお、虚偽のことを告げる意図はなかったが、結果として誤ったことを告げてしまった場合においては、その内容によっては違反行為とまではいえないこともありうるものと考えられます。

3 抱合せ販売の禁止（銀行法52条の45第 3 号、上記 1 ③）

　銀行法52条の45第 3 号は、顧客に対し、銀行代理業者またはその密接関係者の営む業務に係る取引を行うことを条件として、資金の貸付けまたは媒介をする行為、すなわち、抱合せ販売を禁止しています。もっとも、かかる行為に該当しても、銀行代理業者が不当に取引を行うことを条件として、信用を供与し、または信用の供与を約する行為ではないものは禁止行為から除外されています。たとえば、銀行代理業として貸し付けた相手に銀行代理業者が本業のほうでポイント加算をすることは、片方がほしくないものに、当該片方の商品・サービスを取得することを条件にもう片方の商品・サービスを提供するというものではなく、両方の商品・サービスがほしいものに提供するものであるので、本号で禁止される抱合せ販売には該当しません。

4 情実融資の禁止（銀行法52条の45第 4 号、上記 1 ④）

　銀行法52条の45第 4 号は、当該銀行代理業者の密接関係者に対し、取引の条件が所属銀行の取引の通常の条件に照らして当該所属銀行に不利益を与えるものであることを知りながら、その通常の条件よりも有利な条件で資金の貸付けまたは手形の割引を内容とする契約の締結の代理または媒介をする行為（所属銀行が銀行法13条の 2 ただし書の規定による承認を受けた取引または行為に係るものを除く）を禁止しています。本号は、所属銀行の健全性の観点から定められたものです。

　銀行も銀行代理業者に対して情実融資ができません（銀行法13条の 2 ）（アームズ・レングス・ルール）。

5 銀行代理業者としての取引上の優越的地位を不当に利用する行為（銀行法施行規則34条の53第 3 号、上記 1 ⑦）

　銀行代理業者としての取引上の優越的地位を不当に利用する行為については、「金融機関の業態区分の緩和及び業務範囲の拡大に伴う不公正な取引方法について」（平成16（2004）年12月 1 日：公正取引委員会）も参考にされますが、たとえば次に掲げる行為は、銀行代理業者としての優越的地位を不当に

利用する行為に該当しえます（なお、下記のうち①および②は、銀行法施行規則34条の53第2号（上記1⑥）の「顧客に対し、不当に、自己又は自己の指定する事業者と取引を行うことを条件として、法第2条第14項各号に規定する契約の締結の代理又は媒介をする行為」にも該当しえます）（監督指針Ⅷ－4－2－1(1)）。

① 顧客に対し、自己が兼業業務として業務を行う業務について自己と取引しない場合には資金の貸付けを内容とする契約（その他銀行法2条14項各号に掲げる行為を含む。以下②～④において同じ）の代理または媒介を取りやめる旨または資金の貸付けを内容とする契約の代理または媒介に関し不利な取扱いをする旨を示唆し、兼業業務で取り扱う商品を購入することを事実上余儀なくさせること

② 顧客に対する資金の貸付けを内容とする契約の代理または媒介にあたり、兼業業務で取り扱う商品の購入を要請し、これに従うことを事実上余儀なくさせること

③ 顧客に対し、自己が兼業業務として行う業務の競争者と取引する場合には資金の貸付けを内容とする契約の代理または媒介を取りやめる旨または資金の貸付けを内容とする契約の代理または媒介に関し不利な取扱いをする旨を示唆し、自己の兼業業務における競争者からの商品の購入を妨害すること

④ 顧客に対する資金の貸付けを内容とする契約の代理または媒介を行うにあたり、自己の兼業業務における競争者からの商品の購入を行わないことを要請し、これに従うことを事実上余儀なくさせること

6 兼業業務における取引上の優越的地位を不当に利用する行為（銀行法施行規則34条の53第5号、上記1⑨、監督指針Ⅷ－4－2－1(2)、Ⅷ－3－2－2－4(6)）

兼業業務における取引上の優越的地位を不当に利用する行為については、「金融機関の業態区分の緩和及び業務範囲の拡大に伴う不公正な取引方法について」（平成16（2004）年12月1日：公正取引委員会）も参考にされますが、

たとえば、以下に掲げる行為は、兼業業務における取引上の優越的地位を不当に利用する行為に該当しえます（このうち①および②は、銀行法施行規則34条の53第4号の「顧客に対し、不当に、法第2条第14項各号に規定する契約の締結の代理又は媒介を行うことを条件として、自己又は自己の指定する事業者と取引をする行為」にも該当しえます）。

① 顧客に対し、銀行代理業として代理または媒介する預金の受入れを内容とする契約（その他銀行法第2条第14項各号に掲げる行為についても同様。以下②～④において同じ）の締結に応じない場合には兼業業務に係る取引を取りやめる旨または兼業業務に関し不利な取扱いをする旨を示唆し、預金の受入れを内容とする契約を締結することを事実上余儀なくさせること

② 顧客に対する兼業業務の取引を行うにあたり、銀行代理業として代理または媒介する預金の受入れを内容とする契約の締結を要請し、これに従うことを事実上余儀なくさせること

③ 顧客に対し、銀行代理業に係る業務として行う業務の競争者とし取引する場合には兼業業務の取引を取りやめる旨または兼業業務に関し不利な取扱いをする旨を示唆し、自己の競争者（銀行および銀行代理業者を含む。④において同じ）と預金の受入れを内容とする契約を締結することを妨害すること

④ 顧客に対する兼業業務の取引を行うにあたり、自己の競争者と預金の受入れを内容とする契約を行わないことを要請し、これに従うことを事実上余儀なくさせること

7 態勢整備（監督指針Ⅷ－4－2－1(3)）

上記1（銀行法52条の45、同法施行規則34条の53）の銀行代理業者の禁止行為を防止するための態勢整備に関しては、以下の点に留意する必要があります。

① 禁止行為を防止するための措置を講ずる責任を有する部署または担当者を配置し、かつ、それらの部署または担当者によって禁止行為の防止措置が適切に講じられているかを検証するための内部管理態勢が整備されてい

るか。

② 禁止行為を防止するために必要な研修の実施等の体制、顧客からの苦情に対応するための体制等に関する社内規則の作成および社内周知が行われているか。

③ 禁止行為を防止するため、銀行代理業に関する法令についての知識および実務経験を有する者による定期的かつ必要に応じて適宜研修を実施しているか。

④ 禁止行為に係る顧客からの苦情受付窓口の明示、苦情処理担当部署の設置、苦情案件処理手順等の策定等の苦情対応態勢が整備されているか。

8 その他（監督指針Ⅷ-4-2-1(4)）

　上記5〜7のほか、不適切な取引等の防止に関しては監督指針Ⅲ-3-1-6（不適切な取引等）に準ずるものとされています。

Q31 銀行代理業者はどのような経理上の義務を負いますか

A 銀行代理業者は、帳簿書類を作成・保存するとともに、銀行代理業に関する報告書の提出・縦覧や所属銀行のディスクロージャー誌を縦覧に供する義務を負います。

解　説

1 銀行代理業に関する帳簿書類（銀行法52条の49、同法施行規則34条の58）

銀行代理業者は以下に掲げる帳簿書類を所属銀行ごとに作成し、以下に掲げる期間保存する義務を負います（ただし、銀行法2条14項各号の行為の媒介のみしか営まない銀行代理業者は③に掲げる帳簿書類のみの作成義務を負います）。

① 総勘定元帳……作成の日から5年間

② 銀行代理勘定元帳……作成の日から10年間

③ 銀行代理業に係る顧客に対して行った銀行法2条14項各号に規定する契約の締結の媒介の内容を記録した書面……当該媒介を行った日から5年間

2 銀行代理業に関する報告書（銀行法52条の50）

銀行代理業者は、事業年度ごとに銀行代理業に関する報告書を作成し、当局に提出しなければなりません。監督当局は、かかる報告書のうち顧客の秘密を害するおそれのある事項または銀行代理業者の業務の遂行上不当な不利益を与えるおそれのある事項を除き、公衆の縦覧に供しなければなりません。

3 所属銀行のディスクロージャー誌の縦覧（銀行法52条の51）

銀行代理業者は、その所属銀行または当該所属銀行を子会社とする銀行持

株会社の事業年度ごとに、当該所属銀行または当該所属銀行を子会社とする銀行持株会社のディスクロージャー誌を、当該所属銀行のために銀行代理業を営むすべての営業所または事務所に備え置き、公衆の縦覧に供しなければなりません（1項）。

　説明書類が電磁的記録をもって作成されているときは、銀行代理業を営むすべての営業所または事務所において当該説明書類の内容である情報を電磁的方法により不特定多数の者が提供を受けることができる状態に置く措置として「電磁的記録に記録された事項又は当該電磁的記録に記録された事項を掲載したウェブサイトのアドレス（二次元コードその他のこれに代わるものを含む。）を紙面又は映像面に表示する方法」をとることができます。この場合においては、同項に規定する説明書類を公衆の縦覧に供したものとみなされます（銀行法52条の51第2項、同法施行規則34条の60第5項）。

Q32 銀行代理業者は営業所の施設外で、銀行代理行為をすることはできますか

A 銀行代理業制度のもとでは、営業所の施設外で銀行代理行為をすることができます。

解　説

　平成18（2006）年３月以前の銀行代理店制度のもとでは、いわゆる代理店告示（「銀行法施行規則第９条第３項第２号等の規定に基づき代理店契約書の案を定める件」（平成11年金融庁告示第10号））において、銀行代理店は、代理店契約書に定められた施設以外の場所で代理業務を営むことが禁じられていました。

　これに対して、平成18（2006）年４月施行の銀行代理業制度のもとでは、かかる制約はなく、銀行代理業者は、その営業所等の外においても、営むことが認められた銀行代理業に係る行為（たとえば、銀行のローンや預金の勧誘等）が認められます。

　なお、保険会社や証券会社等の金融商品の販売等に関する法律上の金融商品の販売等を行う者が銀行代理業を行う場合には、預金等との誤認を防止するための措置を講じなければなりません（銀行法施行規則34条の45第１項）。また、銀行代理業者は、営業所等の窓口に銀行代理行為を行う旨を掲示し、銀行代理行為を行わない窓口を銀行代理行為と誤認させないための措置を講じなければなりません（銀行法施行規則34条の45第２項、４項）（Q26参照）。

　文言上からも、また掲示が要求されていることからも、ここでいう「窓口」とは、営業所等の施設内のみを指すものと解釈できるように思われますが、広く顧客との接点を指すという解釈もありうるかもしれません。いずれにせよ、当該営業員が、預金等の勧誘のほか、保険商品や有価証券等も販売する場合には顧客に預金等との誤認混同を生じさせないよう留意する必要があると思われます。

Q33

所属銀行は、銀行代理業者の業務の適切性等を確保するためにどのような措置をとる必要がありますか。また、銀行代理業再委託者（銀行代理業を再委託する銀行代理業者をいう）は、銀行代理業再受託者（銀行代理業再委託者からの再委託を受けて銀行代理業を営む銀行代理業者をいう）の業務の適切性等を確保するためにどのような措置をとる必要がありますか

A

所属銀行や銀行代理業再委託者は、研修の実施、監督、委託契約を解除・変更するための措置等を講ずる義務を負います。

解　説

1　所属銀行による銀行代理業者の業務の適切性等を確保するための措置（銀行法52条の58第１項、同法施行規則34条の63第１項）

　所属銀行とは、銀行代理業者が行う代理または媒介によって締結された、①預金または定期積金等の受入れを内容とする契約、②資金の貸付けまたは手形の割引を内容とする契約、③為替取引を内容とする契約において、これらの行為を行う銀行のことをいいます（銀行法２条16項）。

　所属銀行は、銀行代理業者が営む銀行代理業に関し、以下の措置を講ずる義務を負います。銀行法が、銀行代理業者のみならず、所属銀行にこのような責任を負わせた趣旨は、銀行代理業者が営む銀行代理業に係る業務の健全かつ適切な運営の確保の責任は、第一義的に所属銀行が果たさなければならないということを宣言したものです（監督指針Ⅷ-5-1(2)）。

(1)　銀行代理業者の選定等に係る留意点（監督指針Ⅷ-5-2-1）

①　銀行代理業を委託する銀行は、銀行代理業を委託する契約を締結する（委託した銀行代理業を再委託することについて許諾することを含む）に際し

て、経営管理上の位置づけや業務を委託することに伴う各種リスクの把握およびリスク管理の方法等について、十分に検討を行う必要があります。

② 銀行代理業を委託しようとする者が、法令上の許可の基準に適合するものであるかについて、十分に検討を行う必要があります。特に、銀行代理業を委託しようとする者が兼業業務を行う場合にあっては、当該兼業業務の内容について、銀行法施行規則34条の37第6号ロの規定（兼業業務の内容が銀行代理業者としての社会的信用を損なうおそれがないこと）をふまえた検討を行うことにとどまらず、銀行のレピュテーション等の観点からも十分な検討が行われる必要があります。

③ 銀行代理業を委託しようとする者が反社会的勢力であるか、または反社会的勢力との関係を遮断する措置をとっているものであるかについて、「企業が反社会的勢力による弊害を防止するための指針について」（平成19（2007）年6月19日犯罪対策閣僚会議幹事会申合せ）の趣旨に鑑み、十分な検討が行われる必要があります。

(2) **銀行代理業者の監督のための内部管理態勢の整備（監督指針Ⅷ-5-2-2⑴）**

① 銀行代理業に係る業務の健全かつ適切な運営を確保するための措置を講ずる責任を有する部署を設置し、または担当者を配置する等、銀行代理業者の適切な監督を行うための体制を整備する必要があります（銀行代理業者に対する業務監査体制を含む）。

② それらの部署または担当者によって各銀行代理業者の銀行代理業に係る業務の適切性等を確保するための措置が適切に講じられているかを検証するための内部管理態勢を整備する必要があります。

③ 銀行代理業の再委託を行う場合、特に、いわゆるフランチャイズ形式などにより多数または広範囲に業務を展開する場合には、関係者が多くなること等から、所属銀行により適切な指導監督等が図られているかについてより留意する必要があります。また、所属銀行には、銀行代理業再委託者において銀行代理業再受託者に対する適切な指導監督態勢等が整備されているかを検証する必要があることに留意する必要があります。

(3) 銀行法施行規則34条の63第1項各号

銀行法施行規則34条の35第1項各号（「委託契約書の案の記載事項」）のほか、34条の63第1項各号（下記①～⑨）に列挙されている事項およびそれらの遵守状況のモニタリングに関する定めを委託契約の内容とする必要があります（監督指針Ⅷ-5-2-2(2)）。

① 銀行代理業者およびその銀行代理業の従事者に対し、銀行代理業に係る業務の指導、銀行代理業に関する法令等を遵守させるための研修の実施等の措置（銀行法施行規則34条の63第1項1号）……以下の措置が監督指針上求められます（監督指針Ⅷ-5-2-2(3)）。

　(ⅰ) 銀行代理業に関する法令等の規定を遵守させるために、銀行法、犯収法、個人情報保護法その他関係法令および銀行代理業者の社内規則等について網羅的に研修が行われているか。

　(ⅱ) 研修においては、銀行代理業に関する法令についての知識および実務経験を有する者が講師として指導にあたることとしているか。

　(注) 研修の講師は、知識および実務経験を有する限り、所属銀行または銀行代理業者の役職員であると否とを問わない。

　(ⅲ) 定期的な研修の実施により、銀行代理業者およびその銀行代理業に従事する者が適時その業務遂行能力等を維持・向上できる態勢がとられているか。

　(ⅳ) 実施した研修の内容に対し、銀行代理業者およびその銀行代理業に従事する者が適切に業務を遂行するため必要な範囲で、その内容を理解しているかの検証を行っているか。

② 銀行代理業者における銀行代理業に係る業務の実施状況を、定期的にまたは必要に応じて確認すること等により、銀行代理業者が当該銀行代理業の業務を的確に遂行しているかを検証し、必要に応じ改善させる等、銀行代理業者に対する必要かつ適切な監督等を行うための措置（銀行法施行規則34条の63第1項2号）……以下の措置が監督指針上求められます（監督指針Ⅷ-5-2-2(4)）。

　(ⅰ) 本②（施行規則34条の63第1項2号）に基づく監督等が適切に実施さ

れ、その実施状況についてモニタリングが行われているか。

(ⅱ) 上記モニタリングの結果等について、行内の責任ある部署において検証が行われ、必要に応じて経営陣に報告が行われ、銀行の適切な業務指導や銀行代理業者の適切な業務運営に反映させるなどの態勢整備が図られているか。

③ 銀行代理業の業務の健全かつ適切な運営を確保するため必要があると認めるときには、銀行代理業者との間の委託契約および銀行代理業再委託者と銀行代理業再受託者との間の再委託契約の内容を変更し、または解除するための措置（銀行法施行規則34条の63第1項3号）……以下の措置が監督指針上求められます（監督指針Ⅷ-5-2-2(5)）。

銀行代理業者に対するモニタリングの結果、問題が発見された場合には、銀行代理業者への指導、委託契約の解除等適切な措置を講じる態勢が整備されているか。また、委託契約の解除を行う際には、適切な顧客保護が図られる態勢が整備されているか。

④ 銀行代理業者が行う銀行法2条14項2号に規定する行為（資金の貸付けまたは手形の割引を内容とする契約の締結の代理または媒介）について、必要に応じて自らが審査を行うための措置（同法施行規則34条の63第1項4号）……以下の措置が監督指針上求められます（監督指針Ⅷ-5-2-2(6)）。

銀行代理業者が行う資金の貸付けまたは手形の割引の審査について、必要に応じて所属銀行自らが審査を行うことのできるよう、所属銀行への事前報告・承認等を必要とする場合の基準および態勢等が整備されているか。

⑤ 銀行代理業者に所属銀行から顧客に関する情報を不正に取得させない等、顧客情報の適切な管理を確保するための措置（銀行法施行規則34条の63第1項5号）……以下の事項が監督指針上求められます（監督指針Ⅷ-5-2-2(7)）。

(ⅰ) 銀行代理業者における顧客情報の適正な管理を確保するための体制整備および銀行代理業者の営業所または事務所における銀行代理業に係る業務に関する犯罪防止措置については、たとえば、物的設備、人員の配

置およびシステムのセキュリティ対策等、所属銀行が自らの顧客情報管理および自行の営業所等における犯罪防止に関し講じているのと同程度の態勢整備を行うことができるよう、適切な指導やノウハウの提供等が行われているか。

(ii) 銀行代理業者に対して、犯収法および外為法の規定の理解を慫慂するとともに、預金口座等が組織犯罪等に利用されることを防止する態勢が整備されているか。

⑥ 所属銀行の商号、銀行代理業者であることを示す文字および当該銀行代理業者の商号または名称を店頭に掲示させるための措置（銀行法施行規則34条の63第1項6号）

⑦ 銀行代理業者の営業所または事務所における銀行代理業に係る業務に関し犯罪を防止するための措置（銀行法施行規則34条の63第1項7号）

⑧ 銀行代理業者の銀行代理業を営む営業所または事務所の廃止にあたっては、当該営業所または事務所の顧客に係る取引が所属銀行の営業所、他の金融機関、他の銀行代理業者等へ支障なく引き継がれる等、当該営業所または事務所の顧客に著しい影響を及ぼさないようにするための措置（銀行法施行規則34条の63第1項8号）……以下の事項が監督指針上求められます（監督指針Ⅷ-5-2-2(8)）。

銀行代理業者の銀行代理業を営む営業所または事務所の廃止にあたり、顧客に係る取引を所属銀行の営業所、他の金融機関または他の銀行代理業者等へ支障なく引き継ぐためのスケジュールや業務移管の方法、顧客への通知方法その他の顧客に著しい影響を及ぼさないための処理を円滑に実施するための態勢整備が行われているか。

⑨ 銀行代理業者の銀行代理業に係る顧客からの苦情を適切かつ迅速に処理するために必要な措置（銀行法施行規則34条の63第1項9号）……以下の事項が監督指針上求められます（監督指針Ⅷ-5-2-2(9)）。

銀行代理業者が行う銀行代理業に係る顧客からの苦情受付窓口の明示、苦情処理担当部署の設置、苦情案件処理手順等の策定等の苦情対応態勢が整備されているか。

2 銀行代理業再委託者の銀行代理業再受託者の業務の適切性等を確保するための措置（銀行法52条の58第2項、同法施行規則34条の63第2項）

銀行代理業再委託者（銀行代理業を再委託する銀行代理業者をいう）は、銀行代理業再受託者（銀行代理業再委託者からの再委託を受けて銀行代理業を営む銀行代理業者をいう）が営む銀行代理業に関し、下記の銀行代理業に係る業務の指導その他の健全かつ適切な運営を確保するための措置を講じなければなりません。

① 銀行代理業再受託者およびその再委託を受けて営む銀行代理業の従事者に対し、再委託を受けて営む銀行代理業に係る業務の指導、再委託を受けて営む銀行代理業に関する法令等を遵守させるための研修の実施等の措置

② 銀行代理業再受託者における再委託を受けて営む銀行代理業に係る業務の実施状況を、定期的にまたは必要に応じて確認すること等により、銀行代理業再受託者が当該再委託を受けて営む銀行代理業の業務を的確に遂行しているかを検証し、必要に応じ改善させる等、銀行代理業再受託者に対する必要かつ適切な監督等を行うための措置

③ 再委託を受けて営む銀行代理業の業務の健全かつ適切な運営を確保するため必要があると認めるときには、銀行代理業再受託者との間の再委託契約の内容を変更し、または解除するための措置

④ 銀行代理業再受託者に所属銀行から顧客に関する情報を不正に取得させない等、顧客情報の適切な管理を確保するための措置

⑤ 所属銀行の商号、銀行代理業再受託者であることを示す文字および当該銀行代理業再受託者の商号または名称を店頭に掲示させるための措置

⑥ 銀行代理業再受託者の営業所または事務所における再委託を受けて営む銀行代理業に係る業務に関し犯罪を防止するための措置

⑦ 銀行代理業再受託者の再委託を受けて営む銀行代理業に係る顧客からの苦情を適切かつ迅速に処理するために必要な措置

3 銀行代理業者の原簿（銀行法52条の60）

　所属銀行は、当該所属銀行に係る銀行代理業者に関する原簿を、当該所属銀行の営業所（無人の営業所その他の内閣府令で定める営業所を除く）に備え置かなければなりません（銀行法52条の60第1項）。

　預金者等その他の利害関係人は、必要があるときは、所属銀行に対して、原簿の閲覧を求めることができます（銀行法52条の60第2項）。所属銀行はかかる場合、それが営業時間内である限り、原簿を汚損・破損するおそれがある場合または他の預金者等に迷惑を及ぼすおそれがある場合等、当該原簿の管理を含む当該所属銀行の業務に支障を及ぼす場合などを除いては、原則として閲覧に応じる必要があります（監督指針Ⅷ-5-2-3）。

Q34 所属銀行は、銀行代理業者がその銀行代理行為について顧客に加えた損害を賠償する責任を負いますか。また、銀行代理業再委託者は、銀行代理業再受託者が行う銀行代理行為について顧客に加えた損害を賠償する責任を負いますか

A 所属銀行は、銀行代理業者がその銀行代理行為について顧客に加えた損害について原則として賠償する責任を負います。また、銀行代理業再委託者は、銀行代理業再受託者が行う銀行代理行為について顧客に加えた損害について原則として賠償する責任を負います。

解　説

1　所属銀行の損害賠償責任（銀行法52条の59第１項、２項）

　所属銀行は、以下に掲げる場合以外は、銀行代理業者がその銀行代理行為について顧客に加えた損害について賠償する責任を負います。

① 所属銀行の委託を受けた銀行代理業者が行う銀行代理行為については、所属銀行が当該委託をするについて相当の注意をし、かつ、当該銀行代理業者が行う銀行代理行為について顧客に加えた損害の発生の防止に努めたとき

② 銀行代理業再受託者が行う銀行代理行為については、所属銀行が当該銀行代理業再受託者に対する再委託の許諾を行うについて相当の注意をし、かつ、当該銀行代理業再受託者の行う銀行代理行為について顧客に加えた損害の発生の防止に努めたとき

　かかる責任は、民法715条の使用者責任と同様に、立証責任を転換したものであり、厳格な責任となっています。

2 銀行代理業再委託者の責任（銀行法52条の59第3項）

　銀行代理業再委託者は、銀行代理業再受託者が行う銀行代理行為について顧客に加えた損害を賠償する責任を負います。ただし、当該銀行代理業再委託者が再委託をするについて相当の注意をし、かつ、当該銀行代理業再受託者の行う銀行代理行為について顧客に加えた損害の発生の防止に努めたときは、この限りではありません。

3 求償権（銀行法52条の59第4項）

　上記1において、所属銀行は、銀行代理業者に対する求償権を行使することができます。また、上記2においては、銀行代理業再委託者は銀行代理業再受託者に対して求償権を行使することができます。

4 損害賠償の期間の制限（銀行法52条の59第5項、民法724条）

　上記1および2の損害賠償請求権は、被害者またはその法定代理人が損害および加害者を知った時から3年間行使しないときは、時効によって消滅します。銀行代理業者または銀行代理業再受託者が損害を与えた時から20年を経過したときも、同様です。

Q35 銀行は銀行代理業を営むことができますか。この場合、銀行代理業者としての許可を得る必要がありますか

A 銀行は銀行代理業者としての許可を得ずに銀行代理業を営むことができます。ただし、かかる場合銀行は、銀行代理業者とみなされ、銀行代理業者に関する規定の一部が準用されます。

解　説

1　許可制の適用除外（銀行法52条の61第1項、同法施行令16条の8）

　銀行等（銀行、長期信用銀行、信用金庫・信用金庫連合会、信用協同組合・協同組合連合会、労働金庫・労働金庫連合会、農業共同組合・農業共同組合連合会、漁業協同組合・漁業協同組合連合会、水産加工業共同組合・水産加工業共同組合連合会、農林中央金庫）は、銀行法52条の36の銀行代理業者としての許可を得ずに銀行代理業を営むことができます。

2　銀行代理業者の規制の準用（銀行法52条の61第2項）

　銀行等が銀行代理業を営む場合は、当該銀行等を銀行代理業者とみなして、以下の規定の適用があります。

① 特殊関係者との取引等（銀行法13条の2）
② 銀行代理業者に対する報告または資料の提出（同法24条）
③ 銀行代理業者への立入検査（同法25条）
④ 廃業等の公告と銀行代理業者への通知（同法38条）
⑤ 外国銀行支店を所属銀行とする銀行代理業者の資料の提出（同法48条）
⑥ 銀行代理業の委託・再委託、再委託の許諾（同法52条の36第2項、3項）

⑦　銀行代理業者の変更届出（同法52条の39）

⑧　銀行代理業者の標識の掲示（同法52条の40）

⑨　銀行代理業者の名義貸しの禁止（同法52条の41）

⑩　銀行代理業者の分別管理義務（同法52条の43）

⑪　銀行代理業者の顧客に対する説明義務等（同法52条の44）

⑫　銀行代理業に係る禁止行為（同法52条の45）

⑬　特定銀行代理業者の休日および営業時間（同法52条の46）

⑭　特定銀行代理業者の臨時休業（同法52条の47）

⑮　所属銀行の廃業等の掲示義務（同法52条の48）

⑯　銀行代理業に関する帳簿書類（同法52条の49）

⑰　銀行代理業に関する報告書（同法52条の50）

⑱　所属銀行の説明書類等の縦覧（同法52条の51）

⑲　銀行代理業者の廃業の届出（同法52条の52）

⑳　銀行代理業者による報告または資料の提出（同法52条の53）

㉑　銀行代理業者に対する立入検査（同法52条の54）

㉒　銀行代理業者に対する業務改善命令等（同法52条の55）

㉓　銀行代理業者に対する監督上の処分（同法52条の56）

㉔　所属銀行の銀行代理業者に対する指導等（同法52条の58）

㉕　所属銀行の賠償責任（同法52条の59）

㉖　所属銀行による銀行代理業者の原簿の設置（同法52条の60）

㉗　銀行代理業開始の届出（同法53条4項）

㉘　銀行代理業者の銀行代理業の全部または一部の停止（同法56条11号）

㉙　財務大臣への資料の提出等（同法57条の7第2項）

㉚　罰則（第9章）

3　事前届出（銀行法52条の61第4項）

　銀行等は、銀行代理業を営もうとするときは、事前に、銀行法52の37第1項各号に掲げる事項（銀行代理業者の許可申請書の記載事項）を記載した書類および銀行代理業の業務の内容および方法を記載した書類を内閣総理大臣に

提出しなければなりません。

4　シンジケートローン

　シンジケートローンのエージェント業務は、貸付契約成立後の事務に関するものであれば、「資金の貸付けを内容とする契約の締結の代理又は媒介をすること」には該当せず、銀行代理業に該当しません（Q15参照）が、「契約の締結の代理または媒介」にかかわる場合は銀行代理業に該当すると考えられます。

　かかる場合でも、上記1のとおり、銀行等は銀行代理業者としての許可を得ないで銀行代理業を営むことができますが、上記2の銀行代理業者に関する規定が適用されること、および上記3のとおり事前届出が必要であることに鑑みると、シンジケートローンについて銀行代理業としてのエージェント業務を営むことは現実的ではないと思われます。

Q36 所属銀行は、銀行代理業者に銀行代理業を営ませる場合に、当局に対して許認可手続をとる必要がありますか

A 銀行代理業を委託する旨の契約を締結し、当該契約を変更し、または当該契約を終了した場合には、当局に事後届出をする必要があります。

解　説

　銀行代理業を委託する旨の契約を締結し、当該契約を変更し、または当該契約を終了した場合（委託した銀行代理業を再委託することについて許諾を行った場合を含む）には、当局に事後届出をする必要があります（銀行法53条1項8号、同法施行規則35条1項6号の3）。

　なお、銀行の付随業務（銀行法10条2項各号）を受託する契約の締結の代理または媒介を委託する旨の契約を締結し、または契約を終了した場合も当局に事後届出をする必要があります（同法53条1項8号、35条1項6号の4）。

　銀行は、銀行代理業に該当する行為を外国において委託する旨の契約を締結しようとするとき、または当該契約を終了しようとするときは、事前認可を得る必要があります（銀行法8条3項）。

Q37 銀行代理業者はどのような監督・検査上の義務を負い、また、処分を受けますか

A 銀行代理業者は各種の届出義務を負うとともに、監督当局の報告徴求・立入検査に応じなければなりません。また、業務改善命令や業務の全部または一部の停止などの処分を受けることがあります。

解　説

1　届出義務（銀行法52条の52、53条4項、同法施行規則35条4項、8項、9項）

　銀行代理業者は、廃業等の事由が生じた場合は、その日から30日以内に、その旨を内閣総理大臣に届け出なければなりません。

　また、銀行代理業者は、業務を開始したとき、定款等の定めを変更した場合、銀行代理業に係る委託契約書または再委託契約書を変更した場合、銀行代理業に関する不祥事件が発生した場合などは、その旨を内閣総理大臣に届け出る必要があります（銀行代理業に関する不祥事件が発生した場合は知った日から30日以内）。

2　報告徴求（銀行法52条の53）

　内閣総理大臣は、銀行代理業者の銀行代理業の健全かつ適切な運営を確保するため必要があると認めるときは、当該銀行代理業者に対し、その業務または財産の状況に関し報告または資料の提出を求めることができます。

　なお、内閣総理大臣は、銀行の業務の健全かつ適切な運営を確保する必要があると認めるときにも、当該銀行を所属銀行とする銀行代理業者に対して報告または資料の提出を求めることができます（銀行法24条）。

3　立入検査（銀行法52条の54）

　内閣総理大臣は、銀行代理業者の銀行代理業の健全かつ適切な運営を確保するため必要があると認めるときは、当該職員に当該銀行代理業者の営業所ならびに事務所その他の施設に立ち入らせ、その業務もしくは財産の状況に関し質問させ、または帳簿書類その他の物件を検査させることができます。

　内閣総理大臣は、銀行の業務の健全かつ適切な運営を確保する必要があると認めるときにも、当該銀行を所属銀行とする銀行代理業者に対して立入検査できます（銀行法25条）。

4　業務改善命令等（銀行法52条の55）

　内閣総理大臣は、銀行代理業者の業務または財産の状況に照らして、当該銀行代理業者の銀行代理業の健全かつ適切な運営を確保するため必要があると認めるときは、当該銀行代理業者に対し、その必要の限度において、業務の内容および方法の変更その他監督上必要な措置を命ずることができます。

5　銀行代理業者に対する監督上の処分（銀行法52条の56）

(1)　内閣総理大臣は、銀行代理業者が次の各号のいずれかに該当するときは、当該銀行代理業者に対し、銀行代理業者の許可を取り消し、または期限を付して銀行代理業の全部もしくは一部の停止を命ずることができます。

①　許可の3基準（銀行法52条の38第1項各号）に適合しなくなったとき

②　不正の手段により銀行代理業者としての許可（銀行法52条の36第1項）を受けたことが判明したとき

③　銀行代理業者の許可に付した条件に違反したとき

④　法令または法令に基づく内閣総理大臣の処分に違反したとき

⑤　公益を害する行為をしたとき

(2)　内閣総理大臣は、銀行代理業者の役員が、上記(1)③～⑤のいずれかに該当することとなったときは、当該銀行代理業者に対し当該役員の解任を命ずることができます。

6　許可の失効（銀行法52条の57）

　銀行代理業者が以下のいずれかに該当するときは、銀行代理業者の許可（銀行法52条の36第1項）は効力を失います。

① 　廃業等の届出事由（銀行法52条の52各号）のいずれかに該当することとなったとき

② 　所属銀行がなくなったとき

③ 　当該許可を受けた日から6カ月以内に銀行代理業を開始しなかったとき（やむをえない理由がある場合において、あらかじめ内閣総理大臣の承認を受けたときを除く）

Q38 当座預金の受入れを内容とする契約の締結の代理を行う場合はどのような規制が設けられていますか

A 当座預金の受入れを内容とする契約の締結の代理（特定銀行代理行為）を営む銀行代理業者（特定銀行代理業者）は、休日や営業時間等について銀行同様の制約が設けられます。

解　説

1　特定銀行代理業者の休日

⑴　原則（銀行法52条の46、同法施行令16条の7第1項、5条1項）

　当座預金の受入れを内容とする契約の締結の代理（特定銀行代理行為）を営む銀行代理業者（特定銀行代理業者）の休日は、土曜日、日曜日、国民の祝日に関する法律に規定する休日、および12月31日～翌年の1月3日の日とされます。

⑵　その他の休日（銀行法施行令16条の7第2項）

　上記1の日のほか、特定銀行代理業者は、次に掲げる営業所または事務所（「営業所等」）の区分に応じ、当該区分に応じて当該営業所等の休日とすることができます。

---

① 特定銀行代理業者の特定銀行代理行為を行わない営業所等（特定銀行代理行為を行う営業所等の当該特定銀行代理行為を行う施設以外の施設を含む）（1号）

　➡上記1に定める日以外の日を休日とすることができます。

② 特定銀行代理行為を行う営業所等（当該特定銀行代理行為を行う施設以外の施設を除く）（2号）

　➡当該営業所等の設置場所の特殊事情その他の事情により、当該営業所等の休日としても銀行代理業の健全かつ適切な運営を妨げるおそ

> れがないものとして当該営業所等につき金融庁長官が承認した日

　上記②の場合、特定銀行代理業者は、上記②に定める日をその営業所等の休（新設）日とするときは、その旨を当該営業所等の店頭に掲示しなければなりません（銀行法施行令16条の7第3項）。

　金融庁長官は、特定銀行代理業者の休日の承認の申請について以下の基準に適合するかどうか審査することになります（銀行法施行規則34条の54の2第2項）。

> ①　金融機関相互間の内国為替取引を通信回線を用いて処理する制度の運営に支障を及ぼすおそれがないこと
> ②　当該申請に係る営業所または事務所の顧客の利便を著しく損なわないこと

　平成28（2016）年8月16日に施行された銀行法施行令の改正の前は、特定銀行代理行為を営まない営業所に限り、土曜、日曜、祝日、12月31日〜翌年の1月3日以外の日も休日とすることができましたが、特定銀行代理行為を営む営業所については、その他の日を休日とすることができませんでした。平成28（2016）年8月16日に施行された改正により、金融庁長官の承認を得れば、特定銀行代理行為を営む営業所でもその他の日を休日とすることができるようになりました。

2　特定銀行代理業者の営業時間（銀行法52条の46第2項、同法施行規則34条の55）

　特定銀行代理業者の営業時間は、午前9時〜午後3時です（銀行法52条の46第2項、同法施行規則34条の55第1項）。

　この営業時間は、営業の都合により延長することができます（銀行法施行規則34条の55第2項）。特定銀行代理業者の特定銀行代理行為を行わない営業所または事務所の営業時間については、かかる規制を受けません。

特定銀行代理業者は、その営業所または事務所が次のいずれにも該当する場合（営業の都合により延長する場合を除く）は、当該営業所または事務所について営業時間の変更をすることができます（銀行法施行規則34条の55第3項）。

---

①　当該営業所または事務所の所在地または設置場所の特殊事情その他の事情により原則的な営業時間（午前9時〜午後3時）とは異なる営業時間とする必要がある場合
②　当該営業所または事務所の顧客の利便を著しく損なわない場合

　なお、銀行代理業者は、銀行代理業を営む営業所または事務所ごとに、公衆のみやすい場所に、休日および営業時間を掲示しなければなりません（銀行法施行規則34条の55第6項）。

3　臨時休業等（銀行法52条の47、同法施行規則34条の56）

　特定銀行代理業者は、業務の全部または一部の停止を命じられた場合等を除き、天災その他やむをえない理由によりその特定銀行代理行為に係る業務を行う営業所または事務所において臨時に当該業務の全部または一部を休止するときは、直ちにその旨を理由を付して当局に届け出るとともに、当該営業所または事務所の店頭に掲示しなければなりません。特定銀行代理業者が休止した営業所または事務所において当該業務の全部または一部を再開するときも同じです。

Q39 銀行代理業に関する規制違反に関してはどのような罰則が設けられていますか

A 銀行代理業者としての許可を得ないで銀行代理業を営んだ場合等について罰則が設けられています。

解 説

銀行代理業に関する規制違反に関しては以下の罰則が設けられています。

1 次のいずれかに該当する者は、3年以下の懲役もしくは300万円以下の罰金に処し、またはこれを併科する（銀行法61条）。

① 銀行法52条の36第1項の規定に違反して、許可を得ないで銀行代理業を営んだ者（5号）

② 不正の手段により銀行法52条の36第1項の許可を受けた者（6号）

③ 銀行法52条の41の規定に違反して、他人に銀行代理業を営ませた者（7号）

2 次のいずれかに該当する者は、2年以下の懲役または300万円以下の罰金に処する（銀行法62条）。

① 銀行法52条の38第2項の規定により付した条件に違反する者（1号）

② 銀行法52条の56第1項の規定による業務の全部または一部の停止の命令に違反した者（2号）

3 次のいずれかに該当する者は、1年以下の懲役または300万円以下の罰金に処する（銀行法63条）。

① 銀行法52条の50第1項の規定に違反して、この規定に規定する書類を提出せず、またはこれらの書類に記載すべき事項を記載せず、もしくは虚偽

の記載をしてかかる書類を提出した者（1号）

② 銀行法52条の51第1項の規定に違反して、この規定に規定する書類を公衆の縦覧に供せず、またはこれらの書類に記載すべき事項を記載せず、もしくは虚偽の記載をしてこの書類を公衆の縦覧に供した者（1号の3）

③ 銀行法52条の53の規定による報告もしくは資料の提出をせず、または虚偽の報告もしくは資料の提出をした者（2号）

④ 銀行法52条の54第1項の規定による当該職員の質問に対して答弁をせず、もしくは虚偽の答弁をし、またはこれらの規定による検査を拒み、妨げ、もしくは忌避した者（3号）

⑤ 銀行法52条の37第1項の規定による申請書または同条2項の規定によりこれに添付すべき書類に虚偽の記載をして提出した者（8号）

⑥ 銀行法52条の42第1項の規定による承認を受けないで銀行代理業および銀行代理業に付随する業務以外の業務を営んだ者（9号）

4 顧客に対し虚偽のことを告げる行為をした場合（銀行法52条の45第1号）で、顧客以外の者（銀行または銀行代理業者を含む）の利益を図り、または顧客に損害を与える目的で当該違反行為をした者は、1年以下の懲役または100万円以下の罰金に処し、またはこれを併科する（同法63条の2第1項）。

5 次のいずれかに該当する者は30万円以下の罰金に処する（銀行法63条の3）。

① 銀行法52条の39第2項もしくは52条の52の規定による届出をせず、または虚偽の届出をした者（2号）

② 銀行法52条の40第1項の規定に違反した者（3号）

③ 銀行法52条の40第2項の規定に違反して、同条1項の標識またはこれに類似する標識を掲示した者（4号）

6 法人（法人でない団体で代表者または管理人の定めのあるものを含む）の代表者または法人もしくは人の代理人、使用人その他の従業者が、その法人ま

たは人の業務または財産に関し、次に掲げる違反行為をしたときは、その行
為者を罰するほか、その法人に対して当該各号に定める罰金刑を、その人に
対して各本条の罰金刑を科する（銀行法64条）。

① 上記2の違反行為……3億円以下の罰金刑
② 上記3①〜⑤または上記4の違反行為……2億円以下の罰金刑
③ 上記1、3⑥または上記5の違反行為……各規定の罰金刑

7 次のいずれかに該当する場合は、銀行代理業者（銀行代理業者が法人で
あるときは、その取締役、執行役、会計参与、監査役、理事、監事、代表者、業
務を執行する社員または清算人）は、100万円以下の過料に処する（銀行法65
条）

① 銀行法52条の39第1項、52条の47第1項、52条の48、52条の61第3項ま
たは53条4項の規定による届出、公告もしくは掲示をせず、または、虚偽
の届出、公告もしくは掲示をしたとき
② 銀行法52条の55の規定による命令に違反したとき
③ 銀行法52条の43の規定により行うべき財産の管理を行わないとき
④ 銀行法52条の49の規定による帳簿書類の作成もしくは保存をせず、また
は虚偽の帳簿書類を作成したとき
⑤ 銀行法8条3項に違反したとき

8 準用金融商品取引法に関する罰則
そのほか、特定預金等契約の締結の代理・媒介に該当する場合（銀行法52
条の45の2）に関する罰則も置かれています（同法63条の2の2〜63条の2の
5等）。

Q40 銀行代理業に係る監督官庁はどこですか

A 　銀行代理業の許可や銀行代理業者の兼業の承認、銀行代理業者への報告徴求・立入検査権限、業務改善命令・監督上の処分の権限等は銀行代理業者の主たる営業所または事務所の所在地を管轄する財務局長に権限が委任されています。ただし、銀行代理業者への報告徴求・立入検査は金融庁長官が自ら行うことができます。

解　説

1　銀行法上、銀行代理業の許可（同法52条の36第1項）や銀行代理業者の兼業の承認（同法52条の42第1項）、銀行代理業者への報告徴求・立入検査（同法52条の53、52条の54）、業務改善命令・監督上の処分の権限（同法52条の55、52条の56）等は内閣総理大臣の権限として規定されています。

　しかしながら、銀行代理業に係る内閣総理大臣の権限は金融庁長官に委任されており（銀行法59条1項）、さらに、以下の権限は銀行代理業者の主たる営業所または事務所の所在地を管轄する財務局長（当該所在地が福岡財務支局の管轄区域内にある場合にあっては、福岡財務支局長）に権限が委任されています。ただし、⑦および⑧の権限は、金融庁長官自ら行うことができます（同法施行令17条の4第1項）。

①　銀行代理業の許可（銀行法52条の36第1項）

②　銀行代理業に係る許可の条件の付加およびこれの変更（銀行法52条の38第2項）

③　やむをえない理由がある場合で、許可を受けた日から6カ月以内に銀行代理業を開始しない場合の承認（銀行法52条の57第3号）

④　銀行代理業者の兼業の承認（銀行法52条の42第1項）

⑤　届出および書類の受理（銀行法52条の39、52条の47、52条の52、52条の61第3項、53条4項、52条の37第1項、52条の50第1項）

⑥　銀行代理業に関する報告書の公衆への縦覧（銀行法52条の50第2項）

⑦　報告および資料の提出命令（銀行法52条の53）

⑧　質問および立入検査（銀行法52条の54第1項）

⑨　業務改善命令等（銀行法52条の55）

⑩　銀行代理業者に対する監督上の処分（銀行法52条の56）

2　上記1⑦および⑧に掲げる権限で銀行代理業者の主たる営業所等以外の営業所または事務所その他の施設（「従たる営業所等」）に関するものについては、財務局長または福岡財務支局長のほか、当該従たる営業所等の所在地を管轄する財務局長（当該所在地が福岡財務支局の管轄区域内にある場合は、福岡財務支局長）も行うことができます。この場合、銀行代理業者の従たる営業所等に対して報告もしくは資料の提出の求めまたは質問もしくは立入検査（「検査等」）を行った財務局長または福岡財務支局長は、当該銀行代理業者の主たる営業所等または当該従たる営業所等以外の従たる営業所に対して検査等の必要を認めたときは、当該主たる営業所等または当該従たる営業所等以外の従たる営業所等に対し、検査等を行うことができます（銀行法施行令17条の4第2項、3項）。

3　上記1、2は、上記1に掲げる長官権限のうち、金融庁長官が告示により指定したものには適用がありません。これを廃止し、または変更した場合も同様です（銀行法施行令17条の4第4項、5項）。

Q41 銀行代理業制度は、実務的にどのように利用されることが考えられますか

A 預金業務・与信業務・為替取引という銀行のサービスについて、顧客への対面でのサービスを提供することが可能となる点に主な意義があります。

解　説

　銀行代理業制度は、預金業務・与信業務・為替取引という銀行のサービスについて、顧客への対面でのサービスを提供することが可能となる点に主な意義があります。

　これにより、銀行の営業所の拠点がない地域においてサービスを提供することが可能となり、販売チャネル（アクセス）が拡大し、顧客利便の向上に資することになります。

　また、他のサービスを提供する事業者が銀行代理業者となることにより、当該他のサービスとともに預金・銀行ローンの提供が可能となります。他の事業者にとっては、本業との相乗効果が期待できます。

　実務的には、以下のような利用方法が考えられます。

①　地域の百貨店、量販店、生協等の店内に代理店カウンターを設けて、銀行口座の開設等を行えるようにする。

②　自動車販売店を代理店として、自動車ローンの勧誘・取次を行えるようにする。

③　住宅展示場に出店している宅建業者を代理店として、住宅ローンの勧誘・取次を行えるようにする。

④　ホテルのフロントに代理店カウンターを設けて、高額の預金・送金取引等を行えるようにする。

⑤　旅行代理店のカウンターで代理店を兼ねて、外貨預金や両替を行えるよ

うにする。

⑥　既存の支店の維持がむずかしい地域において、地域のスーパー等に代理
　　店を委託して、小口・定型的な預金・送金・貸付業務をできるようにし、
　　地域の顧客のアクセスを維持する。

　なお、従前（銀行代理業制度される前）より、コンビニエンスストア等にあ
るATMにおいて、銀行の預金の払出し、送金、カードローンができましたが、これはATMに出店している各銀行の共同出張所という扱いであり、コンビニエンスストア等が、銀行代理業者として銀行から委託を受けているわけではありません。

　監督指針上も、銀行から委託を受けて、営業所または事務所内にATMを設置する行為については、当該ATMが銀行法施行規則35条1項4号の「無人の設備」に該当する場合には、銀行代理業の許可は不要であるとされています（監督指針Ⅷ－3－2－1－1(3)③）。

Q42 銀行代理業と銀行の業務の第三者への委託（「外部委託」）はどのような点が異なりますか

A 銀行代理業は、銀行の固有業務（預金業務・与信業務・為替取引）の契約の締結に関する事項を委託する場合ですが、外部委託は銀行が第三者に銀行代理業に該当する事項以外の業務を委託する場合です。外部委託には、銀行の固有業務以外の業務（付随業務など）を委託する場合も含まれます。

解　説

「銀行代理業」とは、銀行のために①預金または定期積金等の受入れを内容とする契約の締結の代理または媒介、②資金の貸付けまたは手形の割引を内容とする契約の締結の代理または媒介、③為替取引を内容とする契約の締結の代理または媒介、のいずれかを行う営業をいい（銀行法2条14項）、銀行の固有業務（預金業務・与信業務・為替取引）の契約の締結に関する事項を委託する場合をいいます。

これに対して、銀行の業務の第三者への委託（「外部委託」）は銀行が第三者に銀行代理業に該当する事項以外の業務を委託する場合をいいます（監督

図表1-42-1　銀行代理業と外部委託

	固有業務（預金業務・与信業務・為替取引）		付随業務・他業証券業務・法定他業	
契約の締結に関する業務の委託	契約の締結権限を有するもの（代理）	契約の締結権限を有しないもの（媒介）	契約の締結権限を有するもの（代理）	契約の締結権限を有しないもの（媒介）
	銀行代理業	銀行代理業	外部委託	外部委託
契約の締結に関するもの以外の業務の委託	外部委託	外部委託	外部委託	外部委託

指針Ⅲ-3-3-4-1（注2））。すなわち、外部委託とは、①銀行の固有業務については、契約の締結権限に関する事項以外の業務を第三者に委託する場合、②銀行の付随業務については、契約の締結権限に関する事項も含めて業務を第三者に委託する場合をいいます。

　なお、銀行は、預金、資金の貸付けに係る金銭の受入れまたは払出しに関する事務を第三者に委託することができますが（銀行法施行規則13条の6の4）、かかる業務も銀行の事務の外部委託であり、銀行代理業には該当しません。

PART 2

電子決済等代行業

電子決済等代行業制度が設けられた背景・経緯について教えてください

A 電子決済等代行業制度は、オープンAPIをめぐる状況下で問題となっていた、スクレイピングの問題を解決するとともに、電子決済等代行業者にセキュリティやシステムについての体制整備を求める登録制を定め、銀行等の金融機関側との契約締結義務を定めるものです。

解　説

1　電子決済等代行業制度の成立

　平成29（2017）年6月2日に公布された「銀行法等の一部を改正する法律」（平成29年法律第49号、以下「改正銀行法」という）に基づき、銀行等の金融機関が、家計簿アプリ等に代表される口座管理や電子送金サービスをする電子決済代行業者に対して、API（Application Programming Interface）を開放（以下「オープンAPI」という）する場合の基準や電子決済等代行業者の登録要件や行為規制等が設けられ、平成30（2018）年6月1日に施行されました。

2　従前の課題

　改正前の銀行法では、銀行の委託を受けて、預金・融資・為替に関する契約の締結の代理・媒介を行う者は、銀行代理業に係る規制の適用を受けることになり（銀行法2条14項、第7章の4）、また、銀行の委託を受けて、その他の行為を行う者は、銀行の外部委託先として銀行による委託先管理義務の対象とされていました（同法12条の2第2項、銀行法施行規則13条の6の8）。これに対して、銀行等と顧客との間で、顧客から委託を受けて、決済・預金・融資に関して仲介を行う者については、そうした制度的枠組みは存在し

図表2-1-1　銀行法改正前のAPI連携のあり方

〈銀行法改正前〉

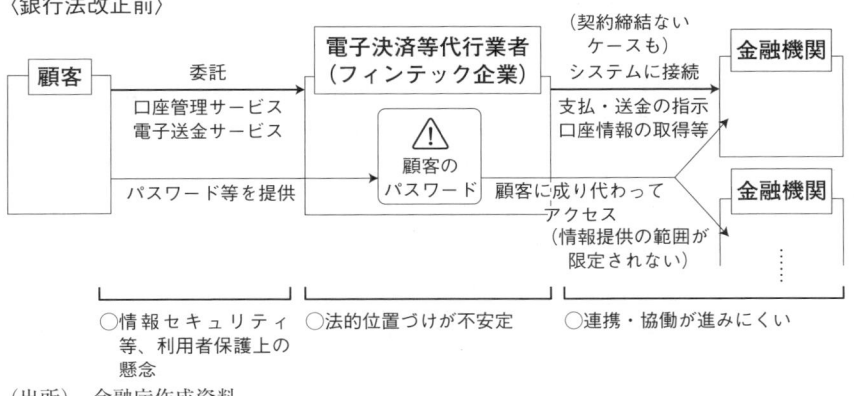

(出所)　金融庁作成資料

ませんでした。

　オープンAPIをめぐる状況下では、スクレイピング（顧客から預かったパスワード等を使って、金融機関との間で契約締結等の明確な法的関係を構築することなく、銀行システムにアクセスする方法）の利用により、銀行口座に関するパスワードといった重要な認証情報を電子決済等代行業者に取得・保有させることになりますが、顧客情報の漏えい、認証情報を悪用した不正送金等、セキュリティ上の問題が生じないかということが懸念されました。

3　電子決済等代行業制度の創設

　銀行法の改正により、平成30（2018）年6月1日より、オープンAPIに関する制度的枠組みが整備されました。電子決済等代行業者について登録制が設けられ、利用者に対する説明義務や銀行等との契約締結義務などが定められました。

　銀行等は、電子決済等代行業に係る契約を締結するにあたって電子決済等代行業者に求める事項の基準を作成し、インターネット等により公表することが求められ、この基準を満たす電子決済等代行業者に対して、不当に差別的な取扱いを行ってはならないこととされます。電子決済等代行業者は、ス

図表2-1-2　銀行法改正後のAPI連携のあり方

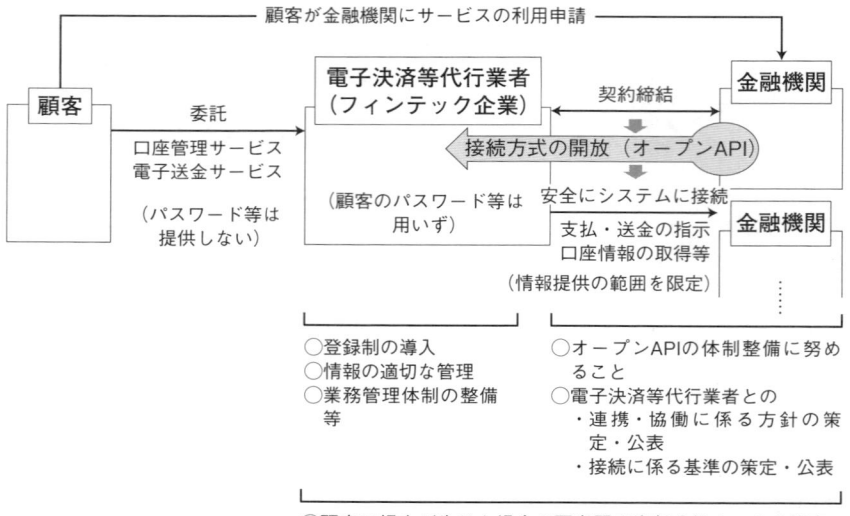

(出所)　金融庁作成資料

クレイピングによらなくても、すなわち、顧客からIDやパスワードを取得しなくても、オープンAPIにより、支払・送金の指示、口座情報の取得ができることになりました。

Q2 電子決済等代行業制度の施行期日・経過規定について教えてください

A 電子決済等代行業制度は、一部の規定を除き、平成30 (2018) 年6月1日に施行されました。1号業務（更新系API業務）の登録義務について6カ月の猶予期間がありました。2号業務（参照系API業務）については、施行後2年以内の政令で定める日（政令として定めることが可能な最終日は令和2 (2020) 年5月31日）までは契約締結義務が猶予されます。

解　説

電子決済等代行業制度に関する規定は、一部の規定を除き、平成30 (2018) 年6月1日に施行されました（銀行法附則1条、施行期日政令）。

金融機関は、平成30 (2018) 年3月1日までに電子決済等代行業者との連携および協働に関する方針を策定・公表しなければならないこととされていました（銀行法附則10条）。

平成30 (2018) 年6月1日時点ですでに電子決済等代行業を行っている者は、1号業務（更新系API業務）の登録義務について6カ月の猶予期間がありました（平成30 (2018) 年12月1日まで）（銀行法附則2条1項）。

金融機関と電子決済等代行業者は、2号業務（参照系API業務）については、施行後2年以内の政令で定める日（政令として定めることが可能な最終日は令和2 (2020) 年5月31日）までは契約締結義務が猶予されます（銀行法附則2条4項）。

また、金融機関は、施行後2年以内の政令で定める日（政令として定めることが可能な最終日は令和2 (2020) 年5月31日）までに、スクレイピングによらないオープンAPIの導入に係る体制整備の努力義務を負います（銀行法附則11条）。

図表 2 - 2 - 1　電子決済等代行業の施行期日・経過規定

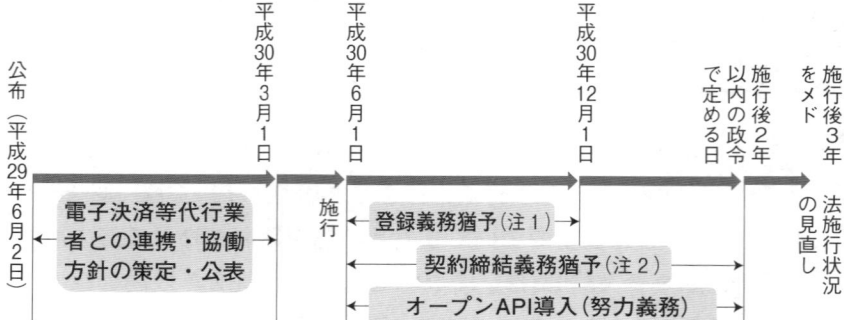

（注１）　施行時点ですでに電子決済等代行業を行っている者に限る。登録義務が猶予される場合、金融機関との契約締結義務および金融機関によるAPI接続の基準作成・公表等の規定も適用除外となる。
（注２）　口座情報の取得・提供のみを行う者に限る。
（出所）　「金融サービスのオープン・イノベーションに向けた環境整備―銀行法等改正をめぐる議論を中心に―」（笠井彰吾　参議院財政金融委員会調査室）

　電子決済等代行業制度については、施行後3年（令和3（2021）年5月31日）をメドとして法施行状況の見直しを検討することとされています（銀行法附則21条）。

A 　①預金者の委託を受けて、インターネット経由で、口座に係る資金を移動させる為替取引を行うことを指図する等の業務（1号業務・更新系API業務）と、②預金者の委託を受けて、インターネット経由で、銀行から口座に係る情報を取得し、これを預金者に提供する等の業務（2号業務・参照系API業務）があります。

解　説

1　電子決済等代行業とは（銀行法2条17項）

「電子決済等代行業」とは、次に掲げる、1号業務（更新系API業務）（銀行法2条17項1号）と2号業務（参照系API業務）（同項2号）のいずれかを行う営業です。ただし、同条17項1号に該当する行為のうち、「電子決済等代行業務に該当しない行為」（同法施行規則1条の3の3各号）に該当する場合には、電子決済等代行業には該当しません（Q4参照）。

電子決済等代行業該当性については、まず、銀行または預金者のどちらの委託を受けているのかを判断し、預金者の委託を受けていると評価される場合には、銀行法2条17項各号に該当し、かつ、同法施行規則1条の3の3各号に該当しないときに、電子決済等代行業に該当するものと考えられます（金融庁「「銀行法施行令等の一部を改正する政令等（案）」に対するパブリックコメントの結果（平成30年5月30日）」（以下「PC」という）17）。

① 　1号業務（更新系API業務、銀行法2条17項1号、同法施行規則1条の3の4）

銀行に預金の口座を開設している預金者の委託（二以上の段階にわた

る委託を含む。）を受けて、電子情報処理組織を使用する方法により、当該口座に係る資金を移動させる為替取引を行うことの当該銀行に対する指図（当該指図の内容のみを含む。）の伝達（当該指図の内容のみの伝達については、預金者の使用に係る電子機器の映像面に当該預金者が当該銀行に開設している口座に係る資金を移動させる為替取引を行うことについて当該銀行に対する指図を行うための画像を表示させることを目的として、当該為替取引の相手方及び金額に係る情報を当該銀行に対して伝達する方法によるものに限る。）を受け、これを当該銀行に対して伝達すること。

② 2号業務（参照系API業務、銀行法2条17項2号）

　銀行に預金又は定期積金等の口座を開設している預金者等の委託（二以上の段階にわたる委託を含む。）を受けて、電子情報処理組織を使用する方法により、当該銀行から当該口座に係る情報を取得し、これを当該預金者等に提供すること（他の者を介する方法により提供すること及び当該情報を加工した情報を提供することを含む。）。

　「2号業務（参照系API業務）」は、①銀行に預金または定期積金等の口座を開設している預金者等からの委託（二以上の段階にわたる委託を含む）を受けていること、および、②電子情報処理組織を使用する方法により、③当該銀行から当該口座に係る情報を取得し、これを当該預金者等に提供すること（他の者を介する方法により提供することおよび当該情報を加工した情報を提供することを含む）、という3つの要件を満たす営業をいいます。

　「1号業務（更新系API業務）」は、「2号業務（参照系API業務）」の上記の①および②の要件に加えて、(i)預金者等から当該口座に係る資金を移動させる為替取引を行うことの当該銀行に対する指図の伝達を受け、これの全部を当該銀行に対して伝達すること、または、(ii)（銀行に対する指図の全部を伝達するのではなく、指図の内容のみを伝達する場合には）、預金者の使用に係る電子機器の映像面（たとえばスマートフォン、パソコンの画面）に当該銀行に対する指図を行うための画像を表示させることを目的として、当該為替取引の相手方および金額に係る情報を当該銀行に対して伝達すること、という要件

を満たす営業をいいます（銀行法２条17項１号、同法施行規則１条の３の４）。

　「**営業**」（銀行法２条17項柱書、１号業務、２号業務共通）とは、営利性をもって、一定の目的をもって、反復継続的に行われる行為をいいます（PC１）。

　「**電子情報処理組織を使用する方法**」（銀行法２条17項１号、２号、１号業務、２号業務共通）とは、たとえば、インターネットによるデータ伝送や電子メール等を使用する方法などを指すものです。これに対して、磁気テープやMO等の記憶媒体を使用する方法は、「電子情報処理組織を使用する方法」には該当しません（PC２）。なお、これは、銀行に対する指図の伝達（１号業務）または口座情報の取得・提供（２号業務）に係る要件であり、「委託」行為自体は、「電子情報処理組織を使用する方法」により行われるものに限定されません（井上俊剛監修「逐条解説 2017年銀行法等改正」商事法務、2018年、18頁）。

　「**当該口座に係る資金を移動させる為替取引を行うことの当該銀行に対する指図**」（銀行法２条17項１号）には、「振込人登録」や「振込限度額変更」のみを行う場合は一般的に該当しません。これに対して、「為替取引の反対取引又は取消を目的とした組戻しの指図」については、当該反対取引等における出金元の口座の預金者の委託を受けて銀行に対し指図を行う場合には、当該指図は、「当該口座に係る資金を移動させる為替取引を行うことの当該銀行に対する指図」に該当します（PC８）。

2　電子決済等代行業に該当する方法（銀行法施行規則１条の３の４）

　「１号業務（更新系API業務）」に係る（銀行に対する指図の全部を伝達するのではなく、指図の内容のみを伝達する場合には）「**預金者の使用に係る電子機器の映像面に当該銀行に対する指図を行うための画像を表示させることを目的として、当該為替取引の相手方及び金額に係る情報を当該銀行に対して伝達すること**」（上記１(ii)の要件）（銀行法２条17項１号、同法施行規則１条の３の４）は、いわゆる「**画面遷移型**」といわれるような、事業者が銀行に対し、支払先および支払額という決済のために必要な情報を銀行のインターネットバンキングの画面に引き継ぎ、最終的な振込実行が預金者によって行われる

方法を想定したものです（PC89）。

Pay-easyネットワークの活用の有無を問わず、銀行に対して、電子情報処理組織を使用して、かかる方法により決済指図の内容のみの伝達を行う場合には、原則として、１号業務（更新系API業務）に該当します（PC86）。

3　１号業務（更新系API業務）に関する具体的事例

(1)　銀行・銀行子会社の行う行為

銀行が自行の顧客に対して、（自分自身の）預金業務や為替業務といった銀行法10条１項各号の業務として行っていると認められる行為については、同法施行規則１条３の３各号に該当するか否かを問わず、電子決済等代行業に該当しません（PC38）。

なお、銀行の子会社は、金融関連業務として電子決済等代行業に係る業務およびこれに付帯する業務を営むことができます（銀行法16条の２第２項２号、同法施行規則17条の３第２項２号の３、同項39号）（PC90）。

(2)　グループ会社のキャッシュマネジメントサービス（CMS）

グループ会社のキャッシュマネジメントサービス（CMS）とは、グループ企業内の資金効率化のため、グループ中核会社等が、他のグループ会社から委託を受けて、グループ会社の預金口座から他のグループ会社の預金口座に残高を移動させる取引のことです。

グループ会社のCMSは、原則として、顧客の委託を受けて他行に開設した子会社の預金口座や支店の預金口座の残高を確認する行為を営業として行う場合（参照系CMS）は２号業務（参照系API業務）であり、親会社である顧客の委託を受けて子会社が他行に開設した預金口座の残高を顧客が自行に開設した口座に送金するよう他行に指図する行為を営業として行う場合（更新系CMS）は１号業務（更新系API業務）に該当します（PC６）。

ただし、（後述の）定期的な支払等の「電子決済等代行業に該当しない行為」（銀行法施行規則１条の３の３各号）のみに限定できるのであれば、電子決済等代行業の規制は適用されません。

なお、CMS契約において、グループ会社からの個別の指図を受けずに、

一定のプロトコルに従い、グループ会社の口座残高を参照しつつ、グループ会社に具体的な情報を伝達せずに、銀行に対して送金指図を出す場合には、個別の為替取引に関する指図がないものとして、電子決済等代行業には該当しないものと考えられます（落合孝文・谷崎研一「改正銀行法下における電子決済等代行業者との取引時の実務対応」（金融法務事情2099号（2018年10月19日号）48頁）。また、下記(3)でも説明しますが、グループ会社からグループ中核企業への指図が「電子情報処理組織を使用する方法」以外の方法による場合も、電子決済等代行業には該当しないものと考えられます。

(3) SPC等からの管理業務の委託

特別目的会社（SPC）等より管理業務の委託を受けている場合で、もっぱら銀行のインターネットバンキングを利用し、委託者よりパスワード等の開示を受けたうえで、①当該委託者の保有する口座より資金の移動・振込みを行う行為、②当該委託者の口座に係る情報を取得し、これを委託者に提供する行為も、上記の要件を満たす限り、電子決済等代行業務に該当しますので、要注意です。SPC等より管理業務の委託を受けていることによって当該判断が変わるものではありません（PC 7）。ただし、（後述の）定期的な支払等の「電子決済等代行業に該当しない行為」（同法施行規則1条の3の3各号）のみに限定できるのであれば、電子決済等代行業の規制は適用されません。

この点、「電子情報処理組織を使用する方法」（銀行法2条17項1号）という要件について、顧客からの指図を「電子情報処理組織を使用する方法」により受け、かつ、事業者から銀行に対する個々の指図の伝達が「電子情報処理組織を使用する方法」により行われる場合に、当該事業者は電子決済等代行業に該当するものとされています（PC12）。そこで、SPCからの指図またはSPC管理事務委託先から銀行に対する指図の伝達のいずれか一方について「電子情報処理組織を使用する方法」以外の方法で行われる場合には、電子決済等代行業に該当しないことになるものと考えられます（落合孝文・谷崎研一「改正銀行法下における電子決済等代行業者との取引時の実務対応」（金融法務事情2099号（2018年10月19日号）47頁）。

「電子情報処理組織を使用する方法」以外の方法としては、たとえば、磁

気テープやMO等の記憶媒体を使用する方法があります（PC 2）。

(4) 決済代行業者の行為

　決済代行業者が、非対面の手段（インターネットが主）により消費者に対し商品・サービスを提供する事業者（例：ECショップの運営者）に対し、クレジットカード決済、コンビニ決済、Pay-easyやネットバンク決済をはじめとする銀行決済、その他の決済手段を個別または包括的に提供するサービスを加盟店（当該決済サービスの利用のために当該決済代行業者と契約を締結した事業者）に対し提供している場合において、原則として、電子決済等代行業（1号業務・更新系API業務）に該当するのは、預金者→加盟店経由で、預金者からの銀行決済（例：Pay-easyサービス）の指図の内容の伝達を受けて銀行に当該指図の内容を伝達する決済代行業者だけであり、加盟店は電子決済等代行業者に該当しません（PC13）。

　また、このような決済代行業者が他の決済代行業者から委託を受けて、預金者→加盟店→他の決済代行業者経由で、預金者からの銀行決済（例：Pay-easyサービス）の指図の内容の伝達を受けて銀行に当該指図の内容を伝達する場合、原則として、電子決済等代行業（1号業務・更新系API業務）に該当するのは、（銀行に当該指図の内容を伝達する）当該決済代行業者だけであり、加盟店や他の決済代行業者は電子決済等代行業者に該当しません（PC13、14）。

　なお、日本マルチペイメントネットワーク推進協議会および日本マルチペイメントネットワーク運営機構が提供するPay-easyサービスのうち、「情報リンク方式」により、決済代行業者や収納代行業者が、ネットワーク（電子情報処理組織）を介して行う預金者からの指図の受領および銀行への伝達は、電子決済等代行業に該当するものの、「オンライン方式」「一括伝送方式」や「ダイレクト方式」は該当しないとされています（PC19）。

(5) 収納代行業者の行為

　為替取引の指図の伝達業務については、当該為替取引の結果として金銭を受領する受取人（たとえば、携帯電話会社が、契約者に通信サービスを提供し、その対価として電話料金を為替取引により受領する場合）やその代理人的地位に

あるいわゆる収納代行会社は、原則として、（預金者の取引の相手方の側であるものの）銀行法2条17項1号の規定に該当する場合には、「電子決済等代行業に該当しない行為」（同法施行規則1条の3の3各号）に該当しない限り、電子決済等代行業に該当するものであり、（預金者から）代金回収の委託を受けている等の事情によって判断は変わりません（PC9）。

　すなわち、銀行法2条17項における「預金者の委託（二以上の段階にわたる委託を含む）」については、たとえば、預金者と事業者が口座引落しに関する契約を締結し、収納代行業者は当該事業者を代理して収納代行を行っていることが一般的ですが、収納代行業者が顧客の銀行口座からお金を引き落とすことに関しては、当該顧客からの指示に基づくことによるものであるため、このような点から「預金者の委託」に該当することになります（PC10）。

　具体的には、収納代行業者が、①預金者の口座から自身の名義の預金口座に資金を移動させた後に（この時点で預金者の債務は消滅）、②収納代行業者の委託元である他の事業者（預金者の債権者）に当該資金を移動させる行為について、②は「電子決済等代行業」に該当しませんが、①が「電子決済等代行業」に該当するため、結果として当該収納代行業者の行っている行為は「電子決済等代行業」に該当します（PC11）。ただし、後述（Q4の2⑴）のように、伝統的な口座振替代行サービスによる定期的な口座引落し、公金の支払に係る指図の伝達または自己債権等の回収のための伝達など「電子決済等代行業に該当しない行為」（銀行法施行規則1条の3の3各号）に該当することによって、電子決済等代行業の規制が適用されないことも実際には多いのではないかと思われます。

　なお、「銀行に預金の口座を開設している預金者の委託」が「電子情報処理組織を使用する方法」によるものでない場合であっても、預金口座に係る資金を移動させる為替取引を行うこと等の個々の指図を銀行に伝達する事業者が、当該指図を「電子情報処理組織を使用する方法」によって受け、かつ、当該事業者から銀行に対する個々の指図の伝達が「電子情報処理組織を使用する方法」によって行われる場合には、当該事業者の行為は電子決済等代行業に該当します（PC12）。

(6) 銀行に対して指図を行う際に使用するデータの作成に携わっただけの
事業者

「電子決済等代行業」に該当しうるのは、最終的に「銀行に対する指図の
伝達」を行う事業者のみであり、たとえば、当該事業者が銀行に対して指図
を行う際に使用するデータの作成に携わっただけであり、「銀行に対する指
図の伝達」を行っていないのであれば、当該データ作成行為は電子決済等代
行業には該当しません（PC15）。

(7) 別の事業者が情報を単純に伝達するだけのいわば導管である場合

また、「銀行に対する指図の伝達」を行うとは、自ら主導的に、銀行に対
して為替取引に係る指図の伝達を行うことをいい、銀行または他の事業者に
対し、指図の伝達のために利用する電子情報処理組織を提供するにすぎない
場合はこれに含まれません（「逐条解説 2017年銀行法等改正」19頁）。したがっ
て、収納代行業者と銀行の間に介在する別の事業者が、たとえば通信サービ
スを受託するにすぎない電話会社やインターネットプロバイダー、電子決済
等代行業者にAPIを提供するシステムベンダー、電子決済等代行業者が伝達
する電文を各銀行の仕様に変換するサービス提供者であれば、原則として、
当該別の事業者は電子決済等代行業を行っていないものと考えられ、当該別
の事業者を通じて銀行に決済指図の伝達を行っている事業者が電子決済等代
行業者に該当するものと考えられます（PC16）。

(8) 弁護士による資金移動に係る指図

弁護士が依頼者から資金を預かり、自らの銀行口座に当該資金を預けたう
え、依頼者の依頼どおりに為替取引に係る指図を行う場合、銀行からみて、
利用者は銀行口座を保有する弁護士自身であり、銀行に対して自らの指図を
行うにすぎないので電子決済等代行業には該当しません（「逐条解説 2017年
銀行法等改正」25頁）。

4　2号業務（参照系API業務）に関する具体的事例

(1) 「口座に係る情報」

口座番号、利用履歴、残高に関する情報は、「口座に係る情報」に該当

し、住所や成人フラグなどの属性情報は、それ自体では「口座に係る情報」に該当しないものと考えられます（PC25、26）。

　また、銀行の預金、積金以外の口座、たとえば投資信託、保険契約、クレジットカードの明細等の金融商品の口座ないし契約に関する情報は「口座に係る情報」に該当しません（PC27）。

(2)　「当該情報を加工した情報」における「加工」

　銀行法2条17項2号の「当該情報を加工した情報」における「加工」とは、当該情報をもとに預金者等の利便性を高めるため、当該情報の形式（たとえば、明細情報であれば明細としての形式、特定時点の特定口座の残高であればその形式をいう）を保ったままに電子決済等代行業者または電子決済等代行業再委託者において、プライマリキーや仕訳データなどを付加するかたちの加工だけでなく、電子決済等代行業者または電子決済等代行業再委託者にて当該情報の形式そのものを加工すること（たとえば、各明細から、1日の取引の集計を行い新たな形式のデータとすることや、匿名加工情報を作成することなど）も含まれると考えられます（PC28）。

(3)　「銀行から当該口座に係る情報を取得し」

　「銀行から当該口座に係る情報を取得し」とは、自ら主導的に、銀行から口座情報の取得を行うことをいい、銀行または他の事業者に対し、銀行から口座情報を取得するために利用する電子情報処理組織を提供するにすぎない場合（電話会社、インターネットプロバイダー等）はこれに含まれません。また、「取得」とは銀行から直接情報を取得することに限定されます（「逐条解説 2017年銀行法等改正」21頁）。

5　銀行代理業にも該当する行為

　銀行代理業は銀行からの委託を受けて行われる営業である一方、電子決済等代行業は預金者からの委託を受けて行われる営業です。このため、銀行代理業と電子決済等代行業の双方の定義に該当する行為があることも考えられます（PC33）。

　たとえば、銀行が当該銀行を所属銀行とする銀行代理業者に対して、預金

（円貨普通預金口座）の受入れを内容とする契約締結の媒介を委託している場合において、当該銀行代理業者が営業として当該銀行の預金者（媒介の対象でない者を含む）の委託を受けて銀行法2条17項2号の行為（その対象は円貨普通預金口座に限られない）を行う場合には、銀行代理業者と電子決済等代行業者それぞれの規制が適用されることになると考えられます。たとえば、銀行代理業者が電子決済等代行業を営む場合には、電子決済等代行業の登録を受けるとともに、銀行代理業に関し兼業の届出が必要となります（PC33、208）。

　なお、もっぱら顧客または利用者（「顧客等」）のためだけに行う営業は銀行代理業に該当しません。「銀行のために」行うものかどうかは、個別事情に即して判断されますが、「銀行法等に関する留意事項について（銀行法等ガイドライン）」（平成30（2018）年5月、金融庁総務企画局）では、①銀行からの直接または間接的な委託（再委託、再々委託およびその連鎖）に基づき預金もしくは定期積金等の受入れ、資金の貸付けもしくは手形の割引または為替取引を内容とする契約の締結の代理または媒介に関与するものでない場合、または②契約の条件の確定または締結に関与する対価として、銀行から直接または間接的に報酬、手数料その他名目のいかんにかかわらず経済的対価（手数料収入その他の対価）を受領するものでない場合は、銀行代理業に該当しないとされ（2−1）、さらに、顧客等からの委託を受けて、顧客等に対してサービスを提供する者（以下「サービス提供者」という）が、銀行から経済的対価を受け取っていても、その実質が次に掲げるものと認められる場合は、預金もしくは定期積金等の受入れ、資金の貸付けもしくは手形の割引または為替取引を内容とする契約の締結の代理または媒介に係る「契約の条件の確定又は締結に関与する対価」とは異なる（ただし、経済的対価の性質の判断にあたって、その算出方法が銀行取引の成約高（預金残高もしくは口座数、与信残高もしくは件数または為替取引額もしくは件数等）に連動する場合は、当該経済的対価が銀行代理行為に係る契約の条件の確定または締結に関与する対価であることが推認される）とされています（2−2）。

・銀行に対してサービス提供者のシステムを提供し、顧客等が当該サービス

図表2-3-1 電子決済等代行業への該当性

━━━━▶ ：YES   ─────▶ ：NO

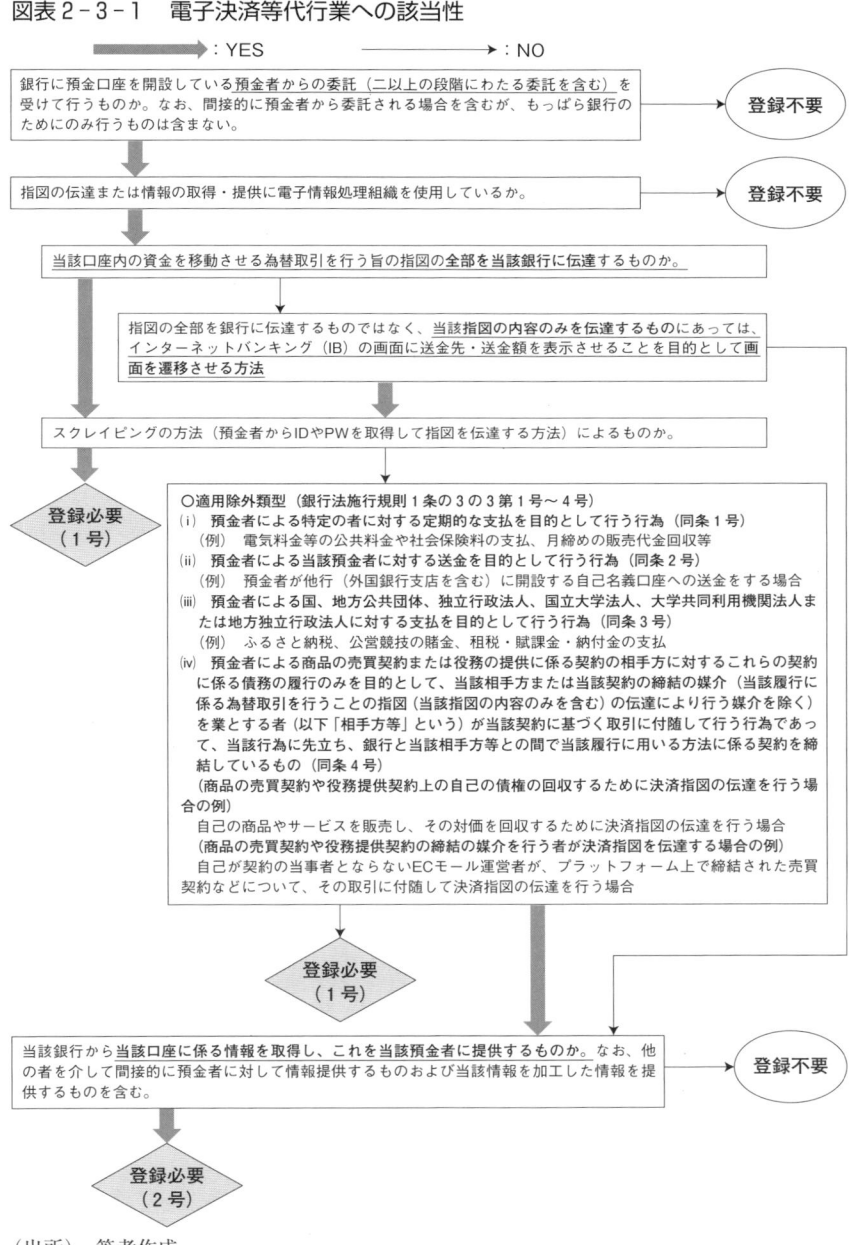

銀行に預金口座を開設している預金者からの委託（二以上の段階にわたる委託を含む）を受けて行うものか。なお、間接的に預金者から委託される場合を含むが、もっぱら銀行のためにのみ行うものは含まない。 → 登録不要

指図の伝達または情報の取得・提供に電子情報処理組織を使用しているか。 → 登録不要

当該口座内の資金を移動させる為替取引を行う旨の指図の全部を当該銀行に伝達するものか。

指図の全部を銀行に伝達するものではなく、当該指図の内容のみを伝達するものにあっては、インターネットバンキング（IB）の画面に送金先・送金額を表示させることを目的として画面を遷移させる方法

スクレイピングの方法（預金者からIDやPWを取得して指図を伝達する方法）によるものか。

登録必要（1号）

○適用除外類型（銀行法施行規則1条の3の3第1号～4号）
(i) 預金者による特定の者に対する定期的な支払を目的として行う行為（同条1号）
　　（例）　電気料金等の公共料金や社会保険料の支払、月締めの販売代金回収等
(ii) 預金者による当該預金者に対する送金を目的として行う行為（同条2号）
　　（例）　預金者が他行（外国銀行支店を含む）に開設する自己名義口座への送金をする場合
(iii) 預金者による国、地方公共団体、独立行政法人、国立大学法人、大学共同利用機関法人または地方独立行政法人に対する支払を目的として行う行為（同条3号）
　　（例）　ふるさと納税、公営競技の賭金、租税・賦課金・納付金の支払
(iv) 預金者による商品の売買契約または役務の提供に係る契約の相手方に対するこれらの契約に係る債務の履行のみを目的として、当該相手方または当該契約の締結の媒介（当該履行に係る為替取引を行うことの指図（当該指図の内容のみを含む）の伝達により行う媒介を除く）を業とする者（以下「相手方等」という）が当該契約に基づく取引に付随して行う行為であって、当該行為に先立ち、銀行と当該相手方等との間で当該履行に用いる方法に係る契約を締結しているもの（同条4号）
　　（商品の売買契約や役務提供契約上の自己の債権の回収するために決済指図の伝達を行う場合の例）
　　　自己の商品やサービスを販売し、その対価を回収するために決済指図の伝達を行う場合
　　（商品の売買契約や役務提供契約の締結の媒介を行う者が決済指図を伝達する場合の例）
　　　自己が契約の当事者とならないECモール運営者が、プラットフォーム上で締結された売買契約などについて、その取引に付随して決済指図の伝達を行う場合

登録必要（1号）

当該銀行から当該口座に係る情報を取得し、これを当該預金者に提供するものか。なお、他の者を介して間接的に預金者に対して情報提供するものおよび当該情報を加工した情報を提供するものを含む。 → 登録不要

登録必要（2号）

（出所）　筆者作成

提供者のシステムを利用して銀行口座にアクセスできる状態を作成・維持した対価としてのシステム利用料であると認められる場合

・サービス提供者のウェブサイト上に銀行のサービスを広告したことの対価としての広告料であると認められる場合

・サービス提供者が顧客等の承諾を得て、当該サービス提供者によって取得または生成された当該顧客等に関する情報を銀行に提供する対価（情報提供料等）であると認められる場合

・サービス提供者に対する顧客等からの手数料を、利用者利便の観点から、顧客等に説明したうえで銀行がまとめて徴収し、サービス提供者に交付していると認められる場合

Q 4 1号業務（更新系API業務）の行為に該当しても、電子決済等代行業に該当しないものとしてはどのようなものがありますか

A 1号業務（更新系API業務）に該当する行為のうち、「預金者による特定の者に対する定期的な支払を目的として行う行為」「預金者による当該預金者に対する送金を目的として行う行為」「預金者による国、地方公共団体、独立行政法人、国立大学法人、大学共同利用機関法人又は地方独立行政法人に対する支払を目的として行う行為」「商品の売買契約や役務提供契約上の自己の債権を回収するために決済指図の伝達を行う場合」「商品の売買契約や役務提供契約の締結の媒介を行う者が決済指図を伝達する場合」が適用除外とされます。ただし、スクレイピングの方法を使用している場合にはこれらの行為に該当する場合でも、1号業務（更新系API業務）に該当します。

解　説

1　銀行法施行規則1条の3の3各号の行為

　1号業務（更新系API業務）の行為に該当した場合であっても、以下の4つの類型の業務は適用除外され同業務の登録は不要です（銀行法施行規則1条の3の3）。

　ただし、スクリーン・スクレイピングの方法（「当該預金者に係る識別符号」（インターネットバンキングにおける顧客から預かったIDおよびパスワード）を使って、金融機関との間で契約締結等の明確な法的関係を構築することなく、銀行システムにアクセスする方法）による場合は以下の4つの類型のいずれかに該当しても1号業務（更新系API業務）として登録することを要します（PC34〜36）。

また、これらの適用除外業務に該当した場合であっても、2号業務（参照系API業務）の要件を満たす場合には、1号業務（更新系API業務）に該当しなくても、2号業務（参照系API業務）の登録は必要となることに留意が必要です。

○銀行法施行規則1条の3の3各号の行為
① 預金者による特定の者に対する定期的な支払を目的として行う行為（1号）
② 預金者による当該預金者に対する送金を目的として行う行為（2号）
③ 預金者による国、地方公共団体、独立行政法人、国立大学法人、大学共同利用機関法人又は地方独立行政法人に対する支払を目的として行う行為（3号）
④ 預金者による商品の売買契約又は役務の提供に係る契約の相手方に対するこれらの契約に係る債務の履行のみを目的として、当該相手方又は当該契約の締結の媒介（当該履行に係る為替取引を行うことの指図（当該指図の内容のみを含む。）の伝達により行う媒介を除く。）を業とする者（「相手方等」）が当該契約に基づく取引に付随して行う行為であって、当該行為に先立って、当該銀行と当該相手方等との間で当該履行に用いる方法に係る契約を締結しているもの（4号）

---

2 預金者による特定の者に対する定期的な支払を目的として行う行為（銀行法施行規則1条の3の3第1号）

「定期的な支払」とは、一般的に、支払に係る当初の約定において、年次、月次、日次など、あらかじめ支払の時期やサイクルが特定されているものをいいます（PC40、41）。

たとえば、電気料金等の公共料金や社会保険料の支払、月締めの販売代金回収等が該当します。また、それ自体は、不定期に発生する支払であっても、社員に対する給与の支払とあわせて出張旅費が支払われる場合や、家賃

の収納と同一契約関係のもと、同一の口座振替契約に基づき収納代行業者が銀行に対して資金移動を指図する敷金・礼金の支払などのように、契約内容や実態に照らして、一方の支払が、「定期的な支払」に該当する他方の支払の発生原因に付随して発生する関係にあるような場合には、当該一方の支払についても当該他方の支払と一体のものとして「定期的な支払」に該当すると考えられます（PC47〜49）。これに対して、たとえば、電子商取引サイトにおける即時の支払のために利用されるものは、「定期的な支払」に該当しないと考えられます（「逐条解説 2017年銀行法等改正」23頁）。

　短いサイクル（たとえば週1回）であっても、支払の間隔がきわめて短くリアルタイムの支払と同視される場合を除き「定期的な支払」といえます（PC42）。

　また、当初約定された支払日が、ある月において土日祝日と重なり、当該月の支払日が前後の平日に変更される場合のように、毎月の支払日の変動が合理的な範囲内であれば、およそ「定期的な支払」に該当すると考えられます（PC44）。

　「定期的な支払」について、必ずしも毎回の支払額が定額（同一額）であることまでは求められません（PC46）。クレジットカードの利用代金の銀行口座からの引落しのように、支払不要な期に支払が行われていない場合でも、あらかじめ支払のサイクル（定期性）が決まっていれば、定期性の要件を満たして本号を満たすものと考えられます（PC50）。

　1年契約の保険契約であっても、当該契約に自動更新条項が付されている等の事由により、当該契約が更新される蓋然性が高いと認められるような場合であれば、1年契約の保険契約に係る保険料の支払が1回払いであっても、「定期的な支払」に該当するものと考えられます（PC51）。

　これに対して、保険料の支払方法のうち、全期前納については、定期的な支払を念頭に計算された保険料が一括で支払われ、当該保険料は保険会社が預かったうえで保険期間の経過に伴い随時保険料に充当される場合は、当該支払方法は「定期的な支払」に該当しません（PC52）。

　また、「定期的な支払」について、たとえば、保険会社が顧客と締結した

保険契約に基づく死亡保険金や満期保険金が一括払いである場合や、企業年金の脱退一時金の支払については、「定期的な支払」に該当せず、原契約に関与しない者が送金指図の伝達を行う場合（銀行法施行規則1条の3の3第4号に該当しない場合）は、電子決済等代行業に該当します（PC53）。

また「特定の者」とは、必ずしも銀行からの直接の資金の移動先や法的な債権者を指すものではなく、サービスの実態等をふまえて判断されるため、たとえば、口座振替代行サービスの場合、口座振替代行サービス業者が利用企業から代理受領権を付与されて、銀行から利用料金を代理受領したうえで、利用企業に利用料金を支払うのであれば、「特定の者」に該当するのは、銀行からの直接の資金の移動先である口座振替代行サービス業者でなく、利用企業となりますが、（多くの電気会社、クレジットカード会社等のように）利用企業が口座振替代行サービス業者を介さずに、自ら銀行に対して為替取引に係る指図の伝達を行う場合には、利用企業が「特定の者」に該当します（「逐条解説 2017年銀行法等改正」23頁）。

3 預金者による当該預金者に対する送金を目的として行う行為 （銀行法施行規則1条の3の3第2号）

「当該預金者」とは、「預金者」本人のみを指し、代理人、使者、委託を受けた者等、実質的に預金者と同一視できる者は含まれません（PC56）。

「預金者による当該預金者に対する送金を目的として行う行為」（銀行法施行規則1条の3の3第2号）とは、預金者が他行（外国銀行の日本支店を含む）に開設する自己名義口座への送金をする場合を想定しています（PC56、57）。

なお、同一名義人が同一行に開設する口座間の金銭の移動は、為替取引には該当しないと考えられるので、その指図の伝達をしても、1号業務（更新系API業務）には該当しません（PC56）。

ただし、このような場合であっても、銀行法2条17項2号に該当する行為をあわせて行っている場合には、2号業務（参照系API業務）に該当して、電子決済等代行業者としての登録が必要になるものと考えられます（PC58）。

4 預金者による国、地方公共団体、独立行政法人、国立大学法人、大学共同利用機関法人または地方独立行政法人に対する支払を目的として行う行為（銀行法施行規則１条の３の３第３号）

　本号は、ふるさと納税、公営競技の賭金、租税・賦課金・納付金の支払等を想定しています。

　第三者が運営する公金支払プラットフォームを用いて国等に税金等の支払を行う場合、預金者は当該第三者に対して国等に対する為替取引を指図すると考えられ、当該第三者が行う営業は１号業務（更新系API業務）には該当しません（PC59）。

　地方公共団体が運営する公立学校への支払や地方競馬等の運営主体が地方公共団体である公営競技に関する賭金の支払は、本号の地方公共団体に対する支払に含まれるものと考えられます（PC60）。

5 預金者による商品の売買契約または役務の提供に係る契約の相手方に対するこれらの契約に係る債務の履行のみを目的として、当該相手方または当該契約の締結の媒介（当該履行に係る為替取引を行うことの指図（当該指図の内容のみを含む）の伝達により行う媒介を除く）を業とする者（「相手方等」）が当該契約に基づく取引に付随して行う行為であって、当該行為に先立って、当該銀行と当該相手方等との間で当該履行に用いる方法に係る契約を締結しているもの（４号）

① 　本号が想定している場合……本号には、「商品の売買契約や役務提供契約上の自己の債権を回収するために決済指図の伝達を行う場合」と「商品の売買契約や役務提供契約の締結の媒介を行う者が決済指図を伝達する場合」の２つの場合が含まれます。

② 　各要件の検討……「当該履行に係る為替取引を行うことの指図（当該指図の内容のみを含む。）の伝達により行う媒介」とは、商品の売買契約または役務の提供に係る契約の締結の媒介として行われる種々の事実行為のうち、当該契約に係る債務の履行としてなされる決済指図を伝達することを

もって行う媒介を指します（PC62）。

「指図」と「**指図の内容のみ**」との区別は、銀行に対して、為替取引を行うことの指示を行っているか否かによります。たとえば、事業者が預金者からの委託を受けて、預金者の口座に係る資金を移動させる為替取引の内容（支払先および支払金額）のみを銀行に伝達し、為替取引を行うことの指示自体は預金者が行っている場合、当該事業者の行為は、「指図の内容のみ」の伝達に該当します（PC61）。

「**契約の締結の媒介**」から、「**当該履行に係る為替取引を行うことの指図（略）の伝達により行う媒介**」を除外しているのは、契約の履行段階において決済に関与する行為のみを行う場合には、契約の締結の媒介に該当しないことを明確化するものです（PC63）。

「**当該履行に係る為替取引を行うことの指図（当該指図の内容のみを含む。）の伝達により行う媒介**」ではない媒介業者は、取次やあっせんなどを通じて商品の売買契約または役務の提供に係る契約の成立に関与しており、その債務の履行時に当該媒介業者による誤決済等のトラブルがあった場合であっても、当該契約に基づく取引の枠内における解決が当然に期待されることから、当該契約の相手方が指図を伝達する場合と同様に「利用者の保護に欠けるおそれが少ない」と評価できると考えられます（PC64）。

「**当該契約に基づく取引**」には、預金者による商品の売買契約または役務の提供に係る契約に基づく行為が含まれます（PC65）。

「**銀行と当該相手方等との間で当該履行に用いる方法**」は、あくまで履行に用いる方法に限定されるものです（PC66、67）。

「**方法に係る契約**」には、電子決済等代行業に係る契約の内容（銀行法52条の61の10第2項各号）の内容を含む必要はありません（PC68）。

③ 「**商品の売買契約又は役務の提供に係る契約に係る債務の履行**」に該当する行為

（i）　各種決済行為……貸金業者への返済、保険料支払、証券会社・先物取引業者・仮想通貨交換業者、電子マネーへの入金、民間団体・非営利団体への寄付、特別法人である日本中央競馬会への勝馬投票券の購入代金

支払が含まれます（PC69、71、79）。

(ii) 事業者が行う決済伝達行為……預金者等が、自ら暗号資産（仮想通貨）交換業者ならびに金融商品取引業者および資金移動業者ならびに前払式支払手段発行者に開設した口座に資金を移転させる場合、当該預金者名義の口座ではなく、これらの業者名義の預金口座に送金することもありますが、これが当該事業者との間の商品の売買契約または役務の提供に係る契約に係る債務の履行として行われる限り、当該事業者名義の預金口座に送金することを目的として当該事業者が行う決済指図の伝達は本号に該当します（PC70、83）。

(iii) 顧客との間の金融商品取引またはデリバティブ取引等に係る契約……「商品の売買契約」または「役務の提供に係る契約」には、証券会社が有価証券関連業（金融商品取引法28条8項）として行う顧客との間の金融商品取引またはデリバティブ取引等に係る契約が含まれます（PC72）。

(iv) 証券会社が行う決済指図の伝達……証券会社が、有価証券等管理業務等顧客に提供しているサービスに付随して行う顧客の銀行預金口座から証券口座への送金を目的として行う決済指図の伝達は、本号に該当するものと考えられます（PC74）。

(v) 保険会社が行う他の保険会社の保険募集……一般に、保険会社が他の保険会社の保険の募集をした場合における当該保険契約に係る銀行に対する指図の伝達については、（保険募集代理店が保険契約を販売した場合と同様に）「当該契約の相手方又は当該契約の締結の媒介（当該履行に係る為替取引を行うことの指図（当該指図の内容のみを含む。）の伝達により行う媒介を除く。）を業とする者」に該当すると考えられます（PC77、78）。

(vi) カード会社の行う行為……カード会社は、クレジットカード、デビットカードといったビジネスについては、顧客のカード利用代金を銀行の口座振替により引き落とすことが多いところ、このような決済行為は、顧客から口座振替依頼書の提供を受け、もしくは口座番号を指定してカード利用代金を口座振替により引き落とす場合（当該預金者に係るID・PWといった識別符号の提供は受けない場合、すなわち、スクレイピン

グに該当しない場合）であっても、一般的には、（カード会社自体は商品の売買契約等の相手方でも、当該契約の締結の媒介を行うものでもないため）本号に該当しないと考えられます（PC80、81）。

　なお、たとえばクレジットカードに関する月払いについては、銀行法施行規則1条の3の3第1号の「定期的な支払」に該当します（PC80、81）。

(vii)　オンラインモール業者……一般的に、オンラインモール事業者は、オンラインショッピングモールを開設し、出店する販売事業者に対し、ショッピングサイトの構築や受注管理ができるシステムを提供するとともに、当該システムを通じて行われる取引に付随するさまざまな決済サービスを提供するなどして、販売事業者がオンラインショッピングサイトを運営するための総合的なプラットフォームを提供する事業者で、モール内の契約の締結の勧誘や契約の勧誘を目的とした商品説明、契約の締結に向けた条件交渉は行いません。

　オンラインモール事業者は、あらかじめ銀行と口座振替に係る契約を締結し、出店事業者と口座振替による購入者からの集金代行サービスに係る契約を締結したうえで、預金者が当該口座振替による支払方法を選択して出店事業者と売買契約を締結した後、当該出店事業者からの集金依頼に基づき当該取引に係る代金を当該銀行の預金者の口座から引き落とすよう当該銀行に依頼をします。

　このように、モール事業者は、（モール内の個別の契約の締結自体には積極的に関与しているわけではないものの）ショッピングサイトの構築・運営、受注管理ができるシステムの提供などを通じて利用者の集客に寄与しているため、一般論としては、当該販売事業者と預金者との商品の売買契約の締結の媒介を業として行っていると評価できると考えられます。したがって、当該モール事業者がその媒介した取引に付随して当該預金者の委託を受けて銀行へ決済指図を伝達する行為は、本号に該当すると考えられます（PC84）。

　これに対して、オンラインモール事業者本体ではなく、その子会社

が、出店事業者に対して、集金代行サービスを提供し、当該子会社が銀行への引落依頼をする場合は、必ずしも上記のように原則として本号に該当するとまでは言い切れないものの、実態に照らして、オンラインモール事業者、オンラインモール事業者の子会社および出店事業者間の契約関係や、当該子会社による集金代行サービスの提供が当該売買契約の成立に与える寄与の程度をふまえ、当該売買契約の締結の媒介に至っていると評価できる場合には、当該子会社がその媒介した取引に付随して当該預金者の委託を受けて銀行へ決済指図を伝達する行為は、本号に該当すると考えられます（PC85）。

電子決済等代行業者の登録申請書の記載事項と登録申請書の添付書類について教えてください

A 登録申請書には、商号、名称、氏名、役員、営業所、苦情・相談の連絡先、加入する認定電子決済等代行事業者協会、委託先、兼業業務等を記載する必要があります。登録申請書の添付書類としては、登録拒否事由に該当しないことの誓約書や定款・登記事項証明書、電子決済等代行業の業務の内容および方法を記載した書類等を添付する必要があります。

解　説

1　登録申請書の記載事項（銀行法52条の61の3第1項、同法施行規則34条の64の2）

登録申請書には以下の事項を記載することとされています。

⑴　商号、名称または氏名（銀行法52条の61の3第1項1号）

> 申請者が個人である場合は、当該申請者が商号登記をしているときにはその商号を、屋号を使用しているときにはその屋号を、「商号又は名称」として記載しているかを確認する（留意事項I．1⑴）。

⑵　法人であるときは、その役員（外国法人にあっては、外国の法令上これと同様に取り扱われている者および日本における代表者を含む。以下同じ）の氏名（銀行法52条の61の3第1項2号）

⑶　営む営業所または事務所の名称および所在地（銀行法52条の61の3第1項3号）

> 登録申請書に記載する「営業所又は事務所」とは、電子決済等代行業の

全部又は一部を営むために開設する一定の施設を指し、電子決済等代行業に関する営業以外の用に供する施設は除くものとする（留意事項Ⅰ.1(2)）。

(4) **電子決済等代行業者の利用者からの苦情または相談に応ずる営業所または事務所の所在地および連絡先（登録申請者が外国法人または外国に住所を有する個人である場合にあっては、国内に当該営業所または事務所を有するときに限る）（銀行法52条の61の3第1項4号、同法施行規則34条の64の2第1項1号）**[1]

「連絡先」については、たとえば、電話番号や電子メールアドレスなど、利用者からの苦情または相談に応ずることが可能な連絡先を記載する必要があります。このような連絡先であるといえるのであれば、電子メールアドレスだけであっても同号の「連絡先」に該当すると考えられます（PC91、92）。

「利用者」には、電子決済等代行業再委託者は含まれません（PC93）。

(5) **加入する認定電子決済等代行事業者協会の名称（銀行法施行規則34条の64の2第1項2号）**

認定電子決済等代行事業者協会への加入は任意です。なお、認定電子決済等代行事業者協会の趣旨に鑑みれば、電子決済等代行業者にはできる限り認定電子決済等代行事業者協会に加入することが望ましいと考えられます。

また、登録申請時に当該協会が設立されており、当該協会へ加入する場合には、登録申請書へ加入する認定電子決済等代行事業者協会の名称の記載が必要であり、当該記載事項に変更が生じた場合には変更届出が必要になります（銀行法52条の61の6第1項）（PC94）。

認定を得た「電子決済等代行事業者協会」が設立されるまでは、登録申請書に所属する協会名の記載は必要ありません（PC95）。

---

1 銀行等が登録申請者である場合には、登録申請書に記載することを要しない（銀行法施行規則34条の64の2第2項）。

(6) **電子決済等代行業の業務の一部の委託をする場合には、当該委託に係る業務の内容ならびにその委託先の商号、名称または氏名および住所**（銀行法施行規則34条の64の2第1項3号）

たとえば、苦情等問合せの窓口業務、基幹システムの構築・運用・保守業務、サービス申込みの受付業務、帳票出力等バックヤード業務を外部に委託している場合には、電子決済等代行業の一部を委託しているものと考えられます（PC96、97）。

一方、たとえば、社内給与システムの保守等、電子決済等代行業の一部とはいえない業務を委託している場合には、登録申請書の記載は不要と考えられます（PC96、97）。

なお、電子決済等代行業に関連する社内の帳票を電子データで外部のクラウドに保存しているような場合、外部クラウドの利用契約に基づき、当該クラウドを利用しているのであれば、外部委託先には当たらないと考えられます（PC96、97）。

電子決済等代行業再委託者（預金者から何段階かの委託を受けて預金者の情報を銀行から取得する場合において、他の電子決済等代行業者を介して銀行に預金者情報の伝達を行う電子決済等代行業者）に該当する者は、委託先に該当しません（PC97）。

(7) **他に業務を営むときは、その業務の種類**（銀行法施行規則34条の64の2第1項4号）（※1）（※2）

※1　更新系APIを営む場合のみ（銀行法施行規則34条の64の2第1項ただし書）。

※2　銀行等が登録申請者である場合にあっては、登録申請書に記載することを要しません（銀行法施行規則34条の64の2第2項）。これは、銀行は、「その他の銀行業に付随する業務」（銀行法10条2項柱書）に該当すると認められる場合に、電子決済等代行業を営むことができるものと考えられるところ、そのような場合に、登録申請書の記載を簡略化するものです（PC99）。

他に営む業務の種類は、現に営む事業が属する「統計調査に用いる産業分類並びに疾病、傷害及び死因分類を定める政令の規定に基づき、産業

に関する分類に名称及び分類表を定める等の件」に定める日本標準産業
分類に掲げる中分類（大分類Ｊ－金融業、保険業に属する場合にあっては
細分類）に則って記載されているかを確認する。電子決済等代行業を行
う営業に通常附帯して行われる業務については、他の法令において免
許、許可、登録等が必要とされている業務に該当する場合を除いて、原
則として、銀行法施行規則第34条の64の２第１項第４号に規定する他の
業務に該当しないことに留意する（留意事項Ⅰ．1(3)）。

※「電子決済等代行業を行う営業に通常附帯して行われる業務」とは、たとえ
　ば、広告など、一般的に電子決済等代行業を営む際に附帯して行われる業務
　を想定しています（PC225）。

2　登録申請書の添付書類（銀行法52条の61の３第２項、同法施行 規則34条の64の３）

　電子決済等代行業者の登録申請書の添付書類には、以下の書類を添付する
必要があります。

(1) **登録拒否事由**（銀行法52条の61の５第１項各号。ただし、同項１号ロ（電
　子決済等代行業を適正かつ確実に遂行する体制の整備が行われていない者）
　を除く）のいずれにも該当しないことを誓約する書面（銀行法52条の61の
　３第２項１号）

※当該申請者の自署・押印あるものを提出させる（留意事項Ⅰ．2(6)）。

---

(2) **法人であるときは、定款および登記事項証明書**（これらに準ずるもの
　を含む）（銀行法52条の61の３第２項２号）

【留意事項Ⅰ．2(1)】
① 定款の目的に、電子決済等代行業に係る業務が定められているか。

---

② 定款には原本証明が付されているか。

(3) 電子決済等代行業の業務の内容および方法を記載した書類（銀行法52条の61の3第2項3号、同法施行規則34条の64の3）

　銀行法52条の61の3第2項3号および同法施行規則34条の64の3は、電子決済等代行業に係る業務の概要や実施体制といった、登録申請書の添付書類である電子決済等代行業に係る業務の内容および方法を記載した書類の記載事項についての規定であり、登録申請者と利用者の間における私法上の責任関係についての規定ではありません。なお、電子決済等代行業に関して取得した利用者に関する情報の適正な取扱いおよび安全管理のための体制は当該書類の記載事項として登録申請時における審査の対象となります（PC102）。

　銀行法施行規則34条の64の3第2項1号に規定する「取得した利用者に関する情報の適正な取扱い及び安全管理のための体制」や同項2号に規定する「第三者に委託する場合における当該業務の的確な遂行のための体制」としてどの程度の体制が必要かについては、業務の内容、取り扱う情報の重要度等をふまえ、個別事案ごとの判断となります。なお、一般的には、金融情報システムセンター（FISC）の安全対策基準も参考になるものと考えられますが、電子決済等代行業者の規模等に照らすと、FISCの安全対策基準では足りない場合もありうるものと考えられます（PC108）。

① 電子決済等代行業に係る行為のうち、更新系APIまたは参照系API（銀行法2条17項各号）のいずれを行うかの別（いずれも行う場合は、その旨）

② 取り扱う電子決済等代行業に係る業務の概要

　※「取り扱う電子決済等代行業に係る業務の概要」については、たとえば、決済指図の流れや情報の流れなどのイメージ図などを用いたうえで、取り扱う電子決済等代行業に係る具体的な業務の内容を記載する必要があります（PC103）。

③ 電子決済等代行業の実施体制（銀行法施行規則34条の64の3第1項3号、2項）

　（i）電子決済等代行業に関して取得した利用者に関する情報の適正な取扱

いおよび安全管理のための体制（銀行法施行規則34条の64の3第2項1号）

※「情報の適正な取扱い及び安全管理のための体制」については、当該電子決済等代行業者の規模、電子決済等代行業の内容、取り扱う情報の重要度等をふまえ、個別事案ごとの判断となります（PC105）。

(ii)　電子決済等代行業に係る業務（参照系（銀行法2条17項2号に掲げる行為）のみを行おうとする場合）には、電子決済等代行業に関して取得した利用者に関する情報の適正な取扱いおよび安全管理に係る業務に限る）を第三者に委託する場合における当該業務の的確な遂行のための体制（銀行法施行規則34条の64の3第2項2号）

※「第三者に委託する場合における当該業務の的確な遂行のための体制」については、業務運営態勢の構築状況や関係規程の整備状況等を記載する必要があります（PC106）。

※クラウドサービス提供事業者が銀行法施行規則34条の64の3第2項2号の委託先に該当するか否かは、契約内容等をふまえて個別に判断されますが、原則として、電子決済等代行業に関連する個人データを外部のクラウドに保存している場合、「契約条項によって当該外部事業者がサーバーに保存された個人データを取り扱わない旨が定められており、適切にアクセス制御を行っている」という条件のもとで、外部クラウドの利用契約に基づき、当該クラウドを利用しているのであれば、本号の委託先には該当しないものと考えられます（PC107）。

(iii)　電子決済等代行業を管理する責任者の氏名および役職名（銀行法施行規則34条の64の3第2項3号）

※「責任者」については、当該法人の代表権または代理権を有するものに限定されず、社内において責任者とされている者であれば、役職等は問わないものと考えられます。ただし、単なる業務担当者であれば、通常は責任者には該当しないものと考えられます（PC109、229）。

「電子決済等代行業の実施体制」（銀行法施行規則第34条の64の3第1項第3号）は、銀行法施行規則第34条の64の3第2項各号に掲げる体制を含むものであるが、それら実施体制の状況を把握するために必要な場合には、適宜、当該実施体制に関する体制図及び組織図等の提出を求めるこ

ととする（留意事項Ⅰ．2⑵）。

⑷　その他内閣府令で定める書類（銀行法52条の61の3第2項4号、銀行法施行規則34条の64の4各号）

① 登録申請者が法人である場合には、次に掲げる書類（銀行法施行規則34条の64の4第1号）

（ⅰ）役員（役員が法人であるときは、その職務を行うべき者を含む）の履歴書（役員が法人であるときは、当該役員の沿革を記載した書面）

---

① 「役員の履歴書」の現住所が住民票の抄本記載の住所と一致しない場合には、その理由を確認するとともに、「役員の履歴書」に、両住所が併記されているかを確認する（留意事項Ⅰ．2⑶①）。

② 「役員の履歴書」に記載されている氏名に用いられている漢字が、住民票の抄本記載の氏名に用いられている漢字に統一されているかを確認する（例えば、住民票の抄本で用いられている漢字が旧漢字の場合は、「役員の履歴書」でも旧漢字を用いることとする）（留意事項Ⅰ．2⑶②）。

（ⅱ）役員の住民票の抄本（役員が法人であるときは、当該役員の登記事項証明書）またはこれにかわる書面

○「住民票の抄本」（銀行法施行規則第34条の64の4第1号および第2号）

　「住民票の抄本」は、次の項目が記載されているものを提出させるものとする（留意事項Ⅰ．2⑷）。

① 住所

② 氏名

③ 生年月日

④ 本籍

○「これに代わる書面」（銀行法施行規則第34条の64の4第1号及び第2号）

国内に居住しない外国人が提出した本国の住民票に相当する書面の写しまたはこれに準ずる書面は、銀行法施行規則第34条の64の4第1号及び第2号の「これに代わる書面」に該当する（留意事項Ⅰ．2(5)）。

(iii)　役員の婚姻前の氏名を当該役員の氏名にあわせて登録申請書に記載した場合において、(ii)に掲げる書類が当該役員の婚姻前の氏名を証するものでないときは、当該婚姻前の氏名を証する書面（銀行法施行規則34条の64の4第1号ハ）

(iv)　役員が法人の役員の登録拒否事由（銀行法52条の61の5第1項2号ロ(1)～(6)）のいずれにも該当しない者であることを当該役員が誓約する書面

※当該役員の自署・押印あるものを提出させる（留意事項Ⅰ．2(6)）。

　　※成年後見制度の利用者を登記（登録）している後見登記等ファイルに登記（登録）されていないことを証明する、法務局発行の「登記されていないことの証明書」等の官公庁発行の証明書類は不要です（PC110）。

(v)　登録の申請の日を含む事業年度の前事業年度に係る貸借対照表またはこれにかわる書面。ただし、登録の申請の日を含む事業年度に設立された法人にあっては、当該法人の設立の時における貸借対照表またはこれにかわる書面

(vi)　登録申請者が会計監査人設置会社であるときは、登録の申請の日を含む事業年度の前事業年度の会社法396条1項に規定する会計監査報告の内容を記載した書面

②　登録申請者が個人である場合には、次に掲げる書類（銀行法施行規則34条の64の4第2号）

(i)　登録申請者の履歴書

①　「履歴書」の現住所が住民票の抄本記載の住所と一致しない場合に

は、その理由を確認するとともに、「履歴書」に、両住所が併記されているかを確認する（留意事項Ⅰ．2(3)①）。

② 「履歴書」に記載されている氏名に用いられている漢字が、住民票の抄本記載の氏名に用いられている漢字に統一されているかを確認する（たとえば、住民票の抄本で用いられている漢字が旧漢字の場合は、「履歴書」でも旧漢字を用いることとする）（留意事項Ⅰ．2(3)②）。

(ii) 登録申請者（当該登録申請者が外国に住所を有する個人であるときは、その日本における代理人を含む。(iii)において同じ）の住民票の抄本（当該日本における代理人が法人であるときは、当該日本における代理人の登記事項証明書）またはこれにかわる書面

○「住民票の抄本」（銀行法施行規則第34条の64の4第1号及び第2号）
「住民票の抄本」は、次の項目が記載されているものを提出させるものとする（留意事項Ⅰ．2(4)）。
① 住所
② 氏名
③ 生年月日
④ 本籍
○「これに代わる書面」（銀行法施行規則第34条の64の4第1号及び第2号）
国内に居住しない外国人が提出した本国の住民票に相当する書面の写し又はこれに準ずる書面は、銀行法施行規則第34条の64の4第1号及び第2号の「これに代わる書面」に該当する（留意事項Ⅰ．2(5)）。

(iii) 登録申請者の婚姻前の氏名を当該登録申請者の氏名にあわせて登録申請書に記載した場合において、(ii)に掲げる書類が当該登録申請者の婚姻前の氏名を証するものでないときは、当該婚姻前の氏名を証する書面

(iv) 登録の申請の日を含む事業年度の前事業年度に係る別紙様式第20号により作成した財産に関する調書

Q6 電子決済等代行業者の登録の実施手続・登録拒否事由・登録審査について教えてください

A 「電子決済等代行業を適正かつ確実に遂行する体制の整備が行われていない者であること」等が登録拒否事由とされるとともに、「電子決済等代行業を適正かつ確実に遂行する体制の整備」が行われているか等について、利用者保護を確保するため、システムリスク管理の審査に重点を置き、当該電子決済等代行業者の規模、電子決済等代行業の内容、取り扱う情報の重要度、電子決済等代行業におけるコンピュータシステムの仕組みや占める役割などの特性をふまえつつ、審査が行われます。

解　説

1　登録の実施（銀行法52条の61の４）

⑴　登録の実施（同条１項）

　金融庁長官等は、銀行法52条の61の２の登録の申請があったときは、同法52条の61の５第１項の規定により登録を拒否する場合を除くほか、次に掲げる事項を電子決済等代行業者登録簿に登録しなければなりません。

①　登録申請書（銀行法52条の61の３第１項各号）に掲げる事項

②　登録年月日および登録番号

⑵　登録申請者への通知（銀行法52条の61の４第２項）

　金融庁長官等は、前項の規定による登録をしたときは、遅滞なく、その旨を登録申請者に通知しなければなりません。

⑶　電子決済等代行業者登録簿の公衆の縦覧（同条３項、銀行法施行規則34条の64の５）

　金融庁長官等は、電子決済等代行業者登録簿を公衆の縦覧に供しなければなりません。

金融庁長官等は、その登録をした電子決済等代行業者に係る電子決済等代行業者登録簿を当該電子決済等代行業者の主たる営業所または事務所（外国法人または外国に住所を有する個人の場合は、国内における主たる営業所または事務所。「主たる営業所等」といいます）の所在地を管轄する財務局（当該所在地が福岡財務支局の管轄区域内にある場合は福岡財務支局、国内に営業所または事務所を有しない場合は関東財務局）に備え置き、公衆の縦覧に供しなければなりません。

2　登録の拒否（改正銀行法52条の61の5）

(1)　登録拒否事由（改正銀行法52条の61の5第1項）

　金融庁長官等は、登録申請者が次の各号のいずれかに該当するとき、または銀行法52条の61の3第1項の登録申請書もしくはその添付書類のうちに重要な事項について虚偽の記載があり、もしくは重要な事実の記載が欠けているときは、その登録を拒否しなければなりません。

①　次のいずれかに該当する者（銀行法52条の61の5第1項1号）

（i）　電子決済等代行業を適正かつ確実に遂行するために必要と認められる内閣府令で定める基準に適合する財産的基礎を有しない者

> 純資産額（貸借対照表若しくはこれに代わる書面又は財産に関する調書に計上された資産の合計額から負債の合計額を控除した額をいう。）が負の値でないこと（銀行法施行規則34条の64の6）

（ii）　電子決済等代行業を適正かつ確実に遂行する体制の整備が行われていない者

※登録審査にあたっての留意事項（下記3参照）

（iii）　電子決済等代行業の登録の取消し等の処分を受け、その処分の日から5年を経過しない者

　　a　登録の取消し等（銀行法52条の61の17第1項または第2項）の規定による銀行法52条の61の2の登録の取消し

b 農業協同組合法92条の5の9第1項において準用する銀行法52条の61の17第1項または2項の規定による特定信用事業電子決済等代行業の登録（同法92条の5の2第1項）の取消し

c 水産業協同組合法121条の5の9第1項（特定信用事業電子決済等代行業に関する銀行法の準用）において準用する銀行法52条の61の17第1項または2項の規定による同法121条の5の2第1項（登録）の登録の取消し

d 協同組合による金融事業に関する法律6条の5の10第1項（信用協同組合電子決済等代行業者等についての銀行法の準用）において準用する銀行法52条の61の17第1項または2項の規定による同法6条の5の2第1項（信用協同組合電子決済等代行業の登録）の登録の取消し

e 信用金庫法89条7項（銀行法の準用）において準用する銀行法52条の61の17第1項または2項の規定による同法85条の4第1項（登録）の登録の取消し

f 労働金庫法94条5項（銀行法の準用）において準用する銀行法52条の61の17第1項または2項の規定による同法89条の5第1項（登録）の登録の取消し

g 農林中央金庫法95条の5の10第1項（農林中央金庫電子決済等代行業に関する銀行法の準用）において準用する銀行法52条の61の17第1項または2項の規定による同法95条の5の2第1項（登録）の登録の取消し

h 株式会社商工組合中央金庫法60条の19第1項または2項（登録の取消し等）の規定による同法60条の3（登録）の登録の取消し

i 銀行法、農業協同組合法、水産業協同組合法、協同組合による金融事業に関する法律、信用金庫法、労働金庫法、農林中央金庫法または株式会社商工組合中央金庫法に相当する外国の法令の規定により当該外国において受けている(1)〜(8)の登録と同種類の登録（当該登録に類する許可その他の行政処分を含む）の取消し

(iv) 特定信用事業電子決済等代行業等の廃止の命令を受け、その命令の日

から5年を経過しない者

a　農業協同組合法92条の5の8第4項の規定による同法92条の5の2第2項に規定する特定信用事業電子決済等代行業の廃止の命令

b　水産業協同組合法121条の5の8第4項（電子決済等代行業者による特定信用事業電子決済等代行業）の規定による同法121条の5の2第2項に規定する特定信用事業電子決済等代行業の廃止の命令

c　協同組合による金融事業に関する法律6条の5の9第4項（電子決済等代行業者による信用協同組合電子決済等代行業）の規定による同法6条の5の2第2項に規定する信用協同組合電子決済等代行業の廃止の命令

d　信用金庫法85条の11第4項（電子決済等代行業者による信用金庫電子決済等代行業）の規定による同法85条の4第2項に規定する信用金庫電子決済等代行業の廃止の命令

e　労働金庫法89条の12第4項（電子決済等代行業者による労働金庫電子決済等代行業）の規定による同法89条の5第2項に規定する労働金庫電子決済等代行業の廃止の命令

f　農林中央金庫法95条の5の9第4項（電子決済等代行業者による農林中央金庫電子決済等代行業）の規定による同法95条の5の2第2項に規定する農林中央金庫電子決済等代行業の廃止の命令

g　株式会社商工組合中央金庫法60条の32第4項（電子決済等代行業者による商工組合中央金庫電子決済等代行業）の規定による同法60条の2第1項（定義）に規定する商工組合中央金庫電子決済等代行業の廃止の命令

h　農業協同組合法、水産業協同組合法、協同組合による金融事業に関する法律、信用金庫法、労働金庫法、農林中央金庫法または株式会社商工組合中央金庫法に相当する外国の法令の規定によるa～gの業務と同種類の業務の廃止の命令

(v)　銀行法、農業協同組合法、水産業協同組合法、協同組合による金融事業に関する法律、信用金庫法、労働金庫法、農林中央金庫法、株式会社

商工組合中央金庫法その他政令で定める法律またはこれらに相当する外国の法令の規定に違反し、罰金の刑（これに相当する外国の法令による刑を含む）に処せられ、その刑の執行を終わり、またはその刑の執行を受けることがなくなった日から5年を経過しない者

② 法人である場合においては、次のいずれかに該当する者（銀行法52条の61の5第1項2号）

(i) 外国法人であって日本における代表者を定めていない者

(ii) 役員のうちに次のいずれかに該当する者のある者

    a 成年被後見人もしくは被保佐人または外国の法令上これらに相当する者

    b 破産手続開始の決定を受けて復権を得ない者または外国の法令上これに相当する者

    c 禁錮以上の刑（これに相当する外国の法令による刑を含む）に処せられ、その刑の執行を終わり、またはその刑の執行を受けることがなくなった日から5年を経過しない者

    d 法人が①(iii)a～iに掲げる処分を受けた場合において、その処分の日前30日以内にその法人の役員であった者で、その処分の日から5年を経過しない者

    e 法人が①(iv)a～hに掲げる命令を受けた場合において、その命令の日前30日以内にその法人の役員であった者で、その命令の日から5年を経過しない者

    f ①(iii)～(v)のいずれかに該当する者

③ 個人である場合においては、次のいずれかに該当する者（銀行法52条の61の5第1項3号）

(i) 外国に住所を有する個人であって日本における代理人を定めていない者

(ii) ②(ii)a～eのいずれかに該当する者

(2) 登録拒否理由の通知（改正銀行法52条の61の5第2項）

金融庁長官等は、前項の規定により登録を拒否したときは、遅滞なく、そ

の理由を示して、その旨を登録申請者に通知しなければならない。

3　登録審査にあたっての留意事項（「電子決済等代行業者の登録申請時の留意事項等」II.）

⑴　電子決済等代行業を適正かつ確実に遂行する体制の整備の審査

　電子決済等代行業者の業務は日々進化・高度化するIT（情報通信技術）を活用するものであり、顧客の口座に係る情報の取得等を伴うため、情報漏えいや認証情報を悪用した不正送金等により、利用者が不利益を被るおそれがあります。

　そのため、「電子決済等代行業を適正かつ確実に遂行する体制の整備」が行われているかに関しては（銀行法52条の61の5第1項1号ロ、上記2⑴①⑪参照）、利用者保護を確保するため、システムリスク管理の審査に重点を置き、たとえば以下の項目（「審査する項目の例」）を、⑴当該電子決済等代行業者の規模、⑪②電子決済等代行業の内容、⑲取り扱う情報の重要度、⑭電子決済等代行業におけるコンピュータシステムの仕組みや占める役割などの特性をふまえつつ、審査が行われます。当該審査は、上記の要素をふまえリスクベースで行い、利用者保護の観点から特段の問題がないと認められる場合には、必ずしも以下の項目すべてに着目するものではありません。

（審査する項目の例）

①　当該電子決済等代行業者におけるシステムリスクに対する認識等

②　システムリスク管理態勢

③　システムリスク評価

④　情報セキュリティ管理

⑤　サイバーセキュリティ管理

⑥　システム企画・開発・運用管理

⑦　システム監査

⑧　外部委託管理

⑨　コンティンジェンシープラン

---

⑩　障害発生時等の対応

　このうち、上記④の「情報セキュリティ管理」としては、たとえば、情報
を適切に管理するために方針・社内規程の策定、重要情報へのアクセスの相
互牽制等の内部管理態勢の整備を図ることや、他社における不正・不祥事件
も参考に、情報セキュリティ管理態勢のPDCAサイクルによる継続的な改善
を図ることが考えられます。「情報セキュリティ管理」を審査項目とする場
合に、当該業者に関してどのような点に着目するかは、当該電子決済等代行
業者の規模、電子決済等代行業の内容、取り扱う情報の重要度、電子決済等
代行業におけるコンピュータシステムの仕組みや占める役割などの特性等に
よることとなります（PC236）。

　また、上記⑤の「サイバーセキュリティ管理」としては、電子決済等代行
業が非対面取引を前提としていることに鑑み、たとえば、以下のような認証
方式や不正検知策をとることにより、セキュリティの確保を講じることが考
えられます。

・可変式パスワードや電子証明書などの、固定式のID・パスワードのみに
　頼らない認証方式
・不正なログイン・異常な取引等を検知し、すみやかに利用者に連絡する体
　制の整備等

　「可変式パスワード」は、インターネットバンキングにおけるワンタイム
パスワードのようなものを想定しています。ただし、「可変式パスワード」
を含めて「電子決済等代行業者の登録申請時の留意事項等」に掲げられてい
る認証方式や不正検知策は、あくまでも例示であり、これらの方式がとられ
ていなくとも、その他の方式がとられていることにより必要なセキュリティ
の確保が講じられていると判断できるケースはありうるものと考えられます
（PC238）。

　「サイバーセキュリティ管理」を審査項目とする場合に、当該業者に関し
てどのような点に着目するかは、当該電子決済等代行業者の規模、電子決済
等代行業の内容、取り扱う情報の重要度、電子決済等代行業におけるコン

ピュータシステムの仕組みや占める役割などの特性等によることとなります（PC237）。

　なお、銀行等が平成30（2018）年３月１日までに公表することとされている「電子決済等代行業者との連携及び協働に係る方針」において、多くの銀行等が、「API連携に係るシステムに関する事項」について、「オープンAPIのあり方に関する検討会」（事務局：一般社団法人全国銀行協会）による「オープンAPIのあり方に関する検討会報告書—オープン・イノベーションの活性化に向けて—」[2]（平成29（2017）年７月13日公表）記載のAPI仕様標準、セキュリティ原則にのっとっている、としています。

⑵　「電子決済等代行業の内容」（更新系API業務・参照系API業務）について

　上記⑴の要素（（ⅰ）当該電子決済等代行業者の規模、（ⅱ）電子決済等代行業の内容、（ⅲ）取り扱う情報の重要度、（ⅳ）電子決済等代行業におけるコンピュータシステムの仕組みや占める役割など）のうち、「電子決済等代行業の内容」としては、たとえば、１号業務（更新系API業務）を行うのか、２号業務（参照系API業務）を行うかといった事項です。

　すなわち、１号業務（更新系API業務）は、原則は、為替取引を行うことの同号の銀行に対する指図の伝達を含み、当該為替取引による送金先や送金額が利用者の当初の指図内容から不正に変更された場合には、直ちに利用者の損害に結びつく可能性が高いと考えられます。

　他方で、２号業務（参照系API業務）は、利用者の口座に係る情報の取得および伝達を内容とし、不正アクセスによる情報漏えいのリスク等はあるものの、為替取引の指図の伝達等の当該口座からの金銭の移転に関する行為への関与は行わないため、一般的には、不正アクセス等により実際に口座内の預金が失われるリスクは１号業務（更新系API業務）と比べて低く、当該情報の内容、当該電子決済等代行業に利用するコンピュータシステムの仕組みや占める役割等によっては利用者の損害には結びつかない可能性もあると考えられます。

2　https://www.zenginkyo.or.jp/fileadmin/res/news/news290713_1.pdf

⑶　**連携・協働する銀行の能力による審査**

　電子決済等代行業者は、銀行と連携・協働して電子決済等代行業を行うことが予定されており、電子決済等代行業を行うにあたっては、銀行法2条17項各号の銀行との間で、電子決済等代行業に係る契約を締結し、これに従って当該銀行に係る電子決済等代行業を営まなければならないこととされています（同法52条の61の10第1項）。

　このことから、電子決済等代行業者の能力に照らして、当該電子決済等代行業者単独では、その行う電子決済等代行業に必要な水準を満たすことができない部分があったしても、当該業務を行うにあたって連携・協働する銀行においてその部分を分担する場合には、必要な水準を満たすものと判断されます。

⑷　**電子決済等代行業者による電子決済等代行業再委託者の管理・監督**

　電子決済等代行業者は、第三者に業務を委託した場合には、委託業務の的確な遂行を確保するための措置を講じる義務（銀行法52条の61の8第2項、同法施行規則34条の64の15）を負います。

　これに対して、電子決済等代行業者から委託を受けるのではなく電子決済等代行業者に対して委託を行う電子決済等代行業再委託者に関しては、銀行法においては、電子決済等代行業者に、直接、電子決済等代行業再委託者の管理・監督義務が課されているわけではありません。

　しかしながら、銀行と電子決済等代行業者との間の契約において、当該電子決済等代行業者が電子決済等代行業再委託者の委託を受けて銀行法2条17項各号に掲げる行為（同法施行規則1条の3の3に掲げる行為を除く）を行う場合において、当該電子決済等代行業再委託者の業務（当該電子決済等代行業者に委託した業務に関するものに限る）に関して当該電子決済等代行業再委託者が取得した利用者に関する情報の適正な取扱いおよび安全管理のために当該電子決済等代行業者が行う措置ならびに当該電子決済等代行業者が当該措置を行わないときに当該銀行が行うことができる措置に関する事項を定めることとされています（銀行法52条の61の10第2項3号、同法施行規則34条の64の16参照）（PC239）。

Q **7** 電子決済等代行業者の届出義務について教えてください

A 登録申請事項の変更の届出、廃業等の届出などがあります。

解　説

1　変更の届出（銀行法52条の61の 6 第 1 項、同法施行規則34条の64の 7 、別表第 4 ）

(1)　届出事項等

電子決済等代行業者は、登録申請事項（銀行法52条の61の 3 第 1 項各号）について変更があったときは、以下の①～③に定める場合を除き、図表 2 - 7 - 1 で定めるところにより、その日から30日以内に、その旨を金融庁長官等に届け出なければなりません。

① 増改築その他のやむをえない理由により営業所または事務所の所在地の変更をした場合（変更前の所在地に復することが明らかな場合に限る）

② 上記①に規定する所在地の変更に係る営業所または事務所を変更前の所在地に復した場合

③ 兼業業務の種類（銀行法施行規則34条の64の 2 第 1 項 4 号に掲げる事項）を変更した場合

(2)　電子決済等代行業者登録簿への登録（銀行法52条の61の 6 第 2 項）

金融庁長官等は、上記(1)による届出を受理したときは、届出があった事項を電子決済等代行業者登録簿に登録しなければなりません。

(3)　電子決済等代行業の業務の内容および方法を記載した書類の記載内容および方法の変更（銀行法52条の61の 6 第 3 項、同法施行規則34条の64の 7 第 3 項）

電子決済等代行業者は、電子決済等代行業の業務の内容および方法を記載

図表２－７－１　電子決済等代行業者の届出事項(銀行法52条の61の６第１項関係)

届出事項	記載事項	添付書類
商号、名称または氏名（以下この表において「商号等」という）の変更	① 新商号等 ② 旧商号等 ③ 変更年月日	法人であるときは、変更に係る事項を記載した登記事項証明書（これに準ずるものを含む。以下この表において同じ）
日本における代理人の商号等の変更（電子決済等代行業者が外国に住所を有する個人である場合に限る）	① 新商号等 ② 旧商号等 ③ 変更年月日	日本における代理人が法人であるときは、変更に係る事項を記載した登記事項証明書またはこれにかわる書面、日本における代理人が個人であるときは、住民票の抄本またはこれにかわる書面
日本における代理人の変更（電子決済等代行業者が外国に住所を有する個人である場合に限る）	① 変更前の日本における代理人の商号 ② 変更後の日本における代理人の商号 ③ 変更年月日	① 理由書 ② 変更後の日本における代理人の住民票の抄本（当該日本における代理人が法人であるときは、当該日本における代理人の登記事項証明書）またはこれにかわる書面
役員（法52条の61の３第１項２号に規定する役員をいい、役員が法人であるときは、その職務を行うべき者を含む。以下この表において同じ）の変更	① 変更があった役員の氏名または名称および役職名 ② 就任または退任年月日	① 法人の登記事項証明書 ② 就任する役員に掲げる次に掲げる書面 イ 履歴書（就任する役員が法人であるときは、当該役員の沿革を記載した書面） ロ 住民票の抄本（就任する役員が法人であるときは、当該役員の登記事項証明書）またはこれにかわる書面 ハ 婚姻前の氏名を、氏

届出事項	記載事項	添付書類
		名にあわせて変更届出書に記載した場合において、ロに掲げる書面が当該婚姻前の氏名を証するものでないときは、当該婚姻前の氏名を証する書面 ニ　法人の役員の登録拒否事由（法52条の61の5第1項2号ロ(1)〜(6)）のいずれにも該当しない者であることを当該役員が誓約する書面
電子決済等代行業を営む営業所または事務所（以下この表において「営業所等」という）の設置	①　設置した営業所等の名称 ②　所在地 ③　設置した営業所等で営む電子決済等代行業に係る業務の内容 ④　営業開始年月日	
営業所等の所在地の変更	①　名称および変更前の所在地 ②　変更後の所在地 ③　変更年月日	
営業所等の名称の変更	①　変更前の名称および所在地 ②　変更後の名称 ③　変更年月日	
営業所等の廃止	①　廃止した営業所等の名称および所在地 ②　廃止年月日	
主たる営業所または事務所	①　変更前の主たる営	変更に係る事項を記載した

届出事項	記載事項	添付書類
の名称または所在地の変更（電子決済等代行業者が外国法人または外国に住所を有する個人であり、外国に主たる営業所または事務所を有する場合に限る）	業所または事務所の名称または所在地 ② 変更後の主たる営業所または事務所の名称または所在地 ③ 変更年月日	登記事項証明書
利用者からの苦情または相談に応ずる営業所または事務所の所在地または連絡先の変更	① 変更前の利用者からの苦情または相談に応ずる営業所または事務所の所在地または連絡先 ② 変更後の利用者からの苦情または相談に応ずる営業所または事務所の所在地または連絡先 ③ 変更年月日	
認定電子決済等代行事業者協会への加入	① 加入した認定電子決済等代行事業者協会の名称 ② 加入年月日	認定電子決済等代行事業者協会に加入した事実を確認することができる書面
認定電子決済等代行事業者協会からの脱退	① 脱退した認定電子決済等代行事業者協会の名称 ② 脱退年月日	認定電子決済等代行事業者協会から脱退した事実を確認することができる書面
委託に係る業務の内容または委託先の変更	① 変更の内容 ② 変更年月日	

した書類（銀行法52条の61の３第２項３号）に記載した業務の内容または方法について変更があったときは、「当該変更の内容及び変更年月日を記載した届出書」に「理由書」および「兼業業務の種類を記載した書面」（同法施行規則34条の64の２第１項４号に掲げる事項を記載した書面）を添付して、遅滞なく、その旨を金融庁長官等に届け出なければなりません。

ただし、「兼業業務の種類を記載した書面」の添付は、更新系APIに係る電子決済等代行業（銀行法2条17項1号、ただし、電子決済等代行業に該当しない行為（同法施行規則1条の3の3）を除く）を行うこととなった場合に限ります。

2　廃業等の届出（銀行法52条の61の7、同法施行規則34条の64の8）

　電子決済等代行業者が図表2-7-2の届出事由のいずれかに該当することとなったときは、当該事由の届出者として定める者は、その日から30日以内に、その旨を金融庁長官等に届け出なければなりません（銀行法52条の61の7第1項）。

　電子決済等代行業者が上記の届出事由のいずれかに該当することとなったときは、当該電子決済等代行業者の登録は、その効力を失います（同条2項）。

3　届出事項（銀行法53条5項、同法施行規則35条5項）

　電子決済等代行業者は、以下の場合、その旨を金融庁長官等に届け出なければなりません。

　ただし、下記⑤に掲げる場合は、銀行等でない電子決済等代行業者が1号業務（更新系API業務）に掲げる行為（銀行法施行規則1条の3の3に掲げる行為を除く）を行っているときに限ります。

① 　電子決済等代行業を開始したとき（銀行法53条5項）

② 　銀行等と電子決済等代行業に係る契約（銀行法52条の61の10第1項）を締結したとき（同法53条5項）

③ 　定款またはこれに準ずる定めを変更した場合（銀行法施行規則35条5項1号）

④ 　電子決済等代行業に係る契約（銀行法52条の61の10第1項）の内容を変更した場合（同法施行規則35条5項2号）

⑤ 　兼業業務の種類に関する事項（銀行法施行規則34条の64の2第1項4号）を変更した場合（同法施行規則35条5項3号）

図表 2 − 7 − 2　電子決済等代行業者の廃業等の届出事項（銀行法52条の61の 7
項関係）

届出事由	届出者	届出書記載事項
電子決済等代行業を廃止したとき、または会社分割により電子決済等代行業の全部の承継をさせたとき、もしくは電子決済等代行業の全部の譲渡をしたとき（同条 1 項）	その電子決済等代行業を廃止し、または承継をさせ、もしくは譲渡をした個人または法人	①　商号、名称または氏名 ②　登録年月日および登録番号 ③　届出事由 ④　届出事由に該当することとなった年月日 ⑤　電子決済等代行業を廃止した場合には、その理由 ⑥　会社分割により電子決済等代行業の全部の承継をさせたときまたは電子決済等代行業の全部の譲渡をしたときは、その業務の承継または譲渡の方法およびその承継先または譲渡先
電子決済等代行業者である個人が死亡したとき（同 2 項）	その相続人	①　商号、名称または氏名 ②　登録年月日および登録番号 ③　届出事由 ④　届出事由に該当することとなった年月日
電子決済等代行業者である法人が合併により消滅したとき（同 3 項）	その法人を代表する役員であった者	①　商号、名称または氏名 ②　登録年月日および登録番号 ③　届出事由 ④　届出事由に該当することとなった年月日
電子決済等代行業者である法人が破産手続開始の決定により解散したとき（同 4 項）	その破産管財人	①　商号、名称または氏名 ②　登録年月日および登録番号 ③　届出事由

届出事由	届出者	届出書記載事項
		④　届出事由に該当することとなった年月日
電子決済等代行業者である法人が合併および破産手続開始の決定以外の理由により解散したとき（同5項）	その清算人	①　商号、名称または氏名 ②　登録年月日および登録番号 ③　届出事由 ④　届出事由に該当することとなった年月日

　なお、上記①の電子決済等代行業を開始したときの届出を除いて、これらの届出は、半期ごとに一括して行うことができます（銀行法施行規則35条7項3号）。

Q8 電子決済等代行業者が利用者に情報提供すべき事項について教えてください

A 電子決済等代行業者の商号、名称・氏名、住所、権限、損害賠償、苦情・相談、登録番号、手数料等、指図に係る為替取引の額の上限、中途解約時に関する取扱い、スクレイピングの方法を用いる場合にはその旨などを説明する必要があります。また、銀行が営む業務ではないことの説明義務や為替取引の結果の通知も求められます。

解　説

1　利用者に対する説明（銀行法52条の61の 8 第 1 項）

⑴　利用者に説明すべき事項（銀行法52条の61の 8 第 1 項各号、同法施行規則34条の64の 9 第 4 項各号）

電子決済等代行業者は、電子決済等代行業に該当する行為（銀行法施行規則 1 条の 3 の 3 に規定する電子決済代行業に該当しない行為を除く）を行うときは、利用者に対し、次に掲げる事項を明らかにしなければなりません。

---

① 電子決済等代行業者の商号、名称または氏名および住所（同項 1 号）

② 電子決済等代行業者の権限に関する事項（同項 2 号）

③ 電子決済等代行業者の損害賠償に関する事項（同項 3 号）

④ 電子決済等代行業に関する利用者からの苦情または相談に応ずる営業所または事務所の連絡先（同項 4 号）

⑤ 電子決済等代行業者としての登録番号（同項 5 号、同法施行規則34条の64の 9 第 4 項 1 号）

⑥ 利用者が支払うべき手数料、報酬もしくは費用の金額もしくはその上限額またはこれらの計算方法（同項 5 号、同法施行規則同34条の64の

9第4項2号）

　※利用者が電子決済等代行業者に対して支払う手数料等を対象としており、銀行に支払う手数料は記載する必要はありません（PC146、147）。また、収納代行業者が電子決済等代行業者に該当するような場合に、事業者から当該電子決済等代行業者宛てに支払われる委託料は含まれません（PC148）。

　※手数料等の金額・上限金額・計算方法に関しては、金融商品取引業等に関する内閣府令74条1項ただし書、81条1項ただし書のように、「これらの表示をすることができない場合にあっては、その旨及びその理由」を説明することは認められておらず、銀行法施行規則34条の64の9第1項に定める除外事由に該当しない限り、説明義務を果たす必要があります（PC145）。

⑦　1号業務（更新系API業務）に該当する行為（銀行法施行規則1条の3の3に規定する電子決済等代行業に該当しない行為を除く）を行う場合において、同号に規定する指図に係る為替取引の額の上限を設定している場合には、その額（同項3号）

⑧　利用者との間で継続的に電子決済等代行業に該当する行為（銀行法施行規則1条の3の3に規定する電子決済等代行業に該当しない行為を除く）を行う場合には、契約期間およびその中途での解約時の取扱い（手数料、報酬または費用の計算方法を含む）（同項4号）

　※解約料や損害賠償に関する金銭的な権利義務に関する取扱いが規定されているのであれば当該事項が本号の事項に含まれますが、必ずしもこれらに限られるものではありません（PC151）。

　※本事項（「契約期間及びその中途での解約時の取扱い」）については、利用規約における記載でも許容されますが、利用者が明確に当該事項を認識したうえで、同意をする必要があります（PC150）。

⑨　利用者から当該利用者に係る識別符号等を取得して電子決済等代行業に該当する行為（銀行法施行規則1条の3の3に規定する電子決済等代行業に該当しない行為を除く）を行う場合には、その旨（同項5号）

　※「識別符号等」は、銀行が発行するインターネットバンキングのIDおよびパスワードを指しています（PC152）。すなわち、スクレイピングの方法を用いる場合に、その旨の説明を求めるものです。

⑩ その他当該電子決済等代行業者の行う電子決済等代行業に関し参考
となると認められる事項（同項6号）

(2) **利用者に対して説明を要しない場合（銀行法施行規則34条の64の9第1項）**

電子決済等代行業者が、利用者との間で継続的に電子決済等代行業に該当する行為（銀行法施行規則1条の3の3に規定する電子決済代行業に該当しない行為を除く）を行う場合において、直前に当該利用者との間で当該行為を行った時以後に上記①～⑩に掲げる事項に変更がないときは、利用者に対してあらためて説明することは不要です（同法施行規則34条の64の9第1項）。

上記①～⑩に掲げる事項に変更が生じた場合には、利用者との権利義務関係に実質的な変更を生じせしめない軽微または形式的な変更がある場合であるかにかかわらず、当該変更事項に係る事項につき新たに利用者に対し説明が必要であると考えられます（PC123）。

(3) **利用者に対して説明する方法（銀行法施行規則34条の64の9第2項）**

電子決済等代行業者は、電子決済等代行業に該当する行為（銀行法施行規則1条の3の3に規定する電子決済等代行業に該当しない行為を除く）を行うときは、インターネットを利用して閲覧に供する方法その他適切な方法により、利用者に対し、上記①～⑩に掲げる事項を明らかにしなければなりません（同法施行規則34条の64の9第2項）。

電子決済等代行業者は、「電子決済等代行業再委託者」（Q9参照）の委託（二以上の段階にわたる委託を含む）を受けて、電子決済等代行業に該当する行為（銀行法施行規則1条の3の3に規定する電子決済等代行業に該当しない行為を除く）を行う場合においては、当該「電子決済等代行業再委託者」または「電子決済等代行業に係る銀行」を介して当該事項を明らかにすることができます（同項ただし書）。この場合、「電子決済等代行業再委託者」または「電子決済等代行業に係る銀行」がとるべき方法は、電子決済等代行業者と同じです（PC133）。

（下記2の電子決済等代行業者の業務を銀行が営むものではないことの説明とは

異なり、「利用者が使用する電子機器の映像面に表示させる」方法等が求められているわけでないことに鑑みますと）電子決済等代行業再委託者や銀行を介して情報提供する場合、電子決済等代行業再委託者や銀行は、電子決済等代行業者のウェブサイト上における当該情報掲載箇所へのリンクを提供する方法も認められますが、利用者が容易に理解できるかたちで表示する必要はあります（PC130、132）。銀行を介して説明する場合、電子決済等代行業者側で明らかにする情報の内容に変更が生じた場合、変更後に電子決済等代行業に係る行為が行われる際に通知されていれば足ります（PC131）。

2 銀行が営む業務との誤認を防止するための情報（銀行法52条の61の8第2項、同法施行規則34条の64の10）

電子決済等代行業者は、電子決済等代行業の利用者との間で電子決済等代行業に該当する行為（銀行法施行規則1条の3の3に規定する電子決済等代行業に該当しない行為を除く）を行う場合には、あらかじめ、当該利用者に対し、インターネットを利用して当該利用者が使用する電子機器の映像面に表示させる方法その他の適切な方法により、電子決済等代行業者の業務を銀行が営むものではないことの説明を行わなければなりません。

ただし、「電子決済等代行業再委託者」（Q9参照）の委託を受けて、電子決済等代行業に該当する行為（銀行法施行規則1条の3の3に規定する電子決済等代行業に該当しない行為を除く）を行う場合においては、当該「電子決済等代行業再委託者」または「電子決済等代行業に係る銀行」を介して当該説明を行うことができます（同法施行規則34条の64の10ただし書）。

「電子決済等代行業者の業務を銀行が営むものではないこと」についての説明を求めていますが、その説明の内容としては、「このサービスは銀行ではなく電子決済等代行業者が提供するものです」という文言を利用者に適切に表示することで足ります（PC154）。

「その他の適切な方法」としては、たとえば、利用者に対する書面の交付が考えられます（PC155）。

「電子決済等代行業再委託者」を介して、「電子決済等代行業者の業務を銀

行が営むものではないこと」の説明を行う場合においては、電子決済等代行業再委託者に関する業務についての記載が求められているものではありません（PC156）。

3　為替取引の結果の通知（１号業務のみ）（銀行法52条の61の８第２項、同法施行規則34条の64の11）

　電子決済等代行業者は、１号業務（更新系API業務）に該当する行為（銀行法施行規則１条の３の３に規定する電子決済等代行業に該当しない行為を除く）を行ったときは、遅滞なく、当該行為を委託した預金者に対し、当該行為に基づき銀行が行った預金者が当該銀行に開設している口座に係る資金を移動させる「**為替取引の結果の通知**」をしなければなりません。

　電子決済等代行業者は、当該通知を、「電子決済等代行業に係る銀行」または「電子決済等代行業再委託者」（電子決済等代行業再委託者については、電子決済等代行業者が電子決済等代行業再委託者の委託を受けて、電子決済等代行業に該当する行為（銀行法施行規則１条の３の３に規定する電子決済等代行業に該当しない行為を除く）を行う場合に限る）を介して行うことができます（同法施行規則34条の64の11ただし書）。

　為替取引の結果通知義務を規定する本条の趣旨は、電子決済等代行業者が預金者のかわりに銀行に対し伝達した指図内容に誤り等があった場合に、預金者が当該誤り等を遅滞なく覚知することができる機会を当該預金者に与えることにあります。かかる趣旨をふまえると、為替取引の結果の通知は、為替取引を行うことの指図を銀行に対し伝達したつど、遅滞なく行う必要があり、支払の時期および金額を指定する方法であっても、当該指図を銀行に対し伝達する前に行う通知は、「為替取引の結果の通知」としては認められないと考えられます（PC165）。

　「為替取引の結果の通知」は、預金者が委託した決済指図の伝達に基づき行われた為替取引であることが預金者にわかるかたちで結果の通知がなされていれば足ります（PC157）。

　「為替取引の結果の通知」については、電子決済等代行業者が銀行に対し

決済指図の伝達を行った場合に、利用者に対し、為替取引が行われるつど結果を通知することが望ましいと考えられますが、結果について別途インターネットバンキングの取引履歴や通帳の記入を通じて確認を依頼する旨の通知を行うことも、「為替取引の結果の通知」の要件を満たすものと考えられます。すなわち、電子決済等代行業者（銀行を介して通知を行う場合は銀行）は、銀行のインターネットバンキングの取引履歴や通帳記帳等での確認を求める旨の通知等、能動的な行為をすれば、預金者による通知受信の確認や、その後の、最終的な着金の成否の通知（実務上困難）は求められません（PC158〜160、162〜164）。

　なお、預金者の選択によって伝達先の銀行が変わりうる等、あらかじめ照会すべき銀行の名称を具体的に特定することが困難な場合においては、たとえば、「○月○日○時○分にご依頼頂いた決済指図の結果については」といったように、電子決済等代行業者に自己の口座に係る資金を移動させる為替取引を行うことの指図（当該指図の内容のみを含む）の伝達を委託した預金者にとって、いずれの銀行に対して照会等をすれば当該指図に基づく為替取引の結果を知ることができるかがわかるように通知していれば、あらかじめ照会すべき銀行の名称を具体的に特定している必要まではないと考えられます（PC163）。

　これに対して、為替取引が行われるつど、「最終的な着金の成否」まで利用者に対し通知する場合において、資金移動に失敗した場合には、即座の情報把握ができない、または、取引状況が確定しないケースがあり、対応が困難となります。この場合、「結果」が確定していないが、適宜の時点で現在確定していないという通知を行うことが求められます（PC161）。

　銀行を介して通知を行う場合に、銀行は、①電子決済等代行業者経由の取引と直接取引とを区別した表示形式、②電子決済等代行業者の通知義務を履行するものであることの表示、までは求められません（PC158〜160）。

4　利用者に対して情報提供をしない場合

　銀行法52条の61の8に規定する利用者に対する説明義務の違反そのものに

関しては、電子決済等代行業者に対して罰則は定められていませんが、行政
処分の対象となりうるものと考えられます（PC121）。

Q9 電子決済等代行業再委託者について教えてください

A 預金者からの委託（二以上の段階の委託を含む）を受けて、電子決済等代行業者に対して更新系API・参照系APIの指図をする者をいいます。「電子決済等代行業再委託者」は、「電子決済等代行業者」には該当せず、「電子決済等代行業者」としての登録は不要です。

解 説

1 電子決済等代行業再委託者（銀行法施行規則34条の64の9第3項）

「電子決済等代行業再委託者」とは、下記のいずれかに該当する者です。

① 預金者の委託（二以上の段階にわたる委託を含む）を受けて、銀行法2条17項1号に規定する指図（更新系API）の伝達を受け、電子決済等代行業者に対し、当該指図を同号の銀行に対して伝達することの委託（二以上の段階にわたる委託を含む）をする者

② 銀行法2条17項2号（参照系API）に規定する預金者等の委託（二以上の段階にわたる委託を含む）を受けて、同号に規定する情報を当該預金者等に提供すること（他の者を介する方法により提供することおよび当該情報を加工した情報を提供することを含む）を目的として、電子決済等代行業者に対し、同号の銀行から当該情報を取得することの委託（二以上の段階にわたる委託を含む）をする者

　「電子決済等代行業再委託者」は、「電子決済等代行業者」には該当せず、「電子決済等代行業者」としての登録は不要です（PC134）。

預金者の委託を受けた「電子決済等代行業再委託者」が、「電子決済等代行業者」に対して委託するとなっており、預金者と「電子決済等代行業者」の関係は再委託であると想定されます（PC135）。

　「電子決済等代行業者」は、銀行との間で直接接続をするため電子決済等代行業者としての登録をしたうえで電子決済等代行業に係る契約（銀行法52条の61の10）を締結することを要しますが、「電子決済等代行業再委託者」は、預金者から委託を受けるものの銀行との間で直接接続をしないため、電子決済等代行業者としての登録をすることは要せず、銀行との間で電子決済等代行業に係る契約を締結する必要もありません。

（具体例 1 ）

　A社が預金者から委託を受けて、X銀行とAPI連携をして電子決済等代行業を行っているB社に委託をして、A社自身のサービスとして電子決済等代行業を行っている場合には、B社は電子決済等代行業者として登録をしてX銀行との間で電子決済等代行業に係る契約を締結する必要がありますが、A社は電子決済等代行業再委託者に該当し、電子決済等代行業者としての登録をすることを要せず、X銀行との間で電子決済等代行業に係る契約を締結することを要しません。

（具体例 2 ）

　「〔預金者（利用者）〕→決済指図→〔ECショップ〕→決済指図→〔決済代行業者〕→決済指図→〔収納代行業者〕→決済指図→銀行」の場合、原則として、収納代行業者が電子決済等代行業としての登録を要し、決済代行業者及びECショップは「電子決済等代行業再委託者」に該当し電子決済代行業者としての登録は必要ありません（PC137）。

（具体例 3 ）

　「〔預金者（利用者）〕→決済指図→〔ECショップ〕→決済指図→〔モール事業者〕→決済指図→銀行」の場合は、原則として、モール事業者は、電子決済等代行業の適用除外（銀行法施行規則 1 条の 3 の 3 第 4 号）となる（電子決済等代行業としての登録を要しない）ので、ECショップも

「電子決済等代行業再委託者」とはなりません（PC137）。

（具体例 4 ）

　①預金者が、加盟店における決済時に、銀行決済（Pay-easy決済）を選択し、②加盟店が当該指図を決済代行会社に伝達し、③当該決済代行会社が指図を受領し、当該指図の内容を銀行に伝達する場合、原則として、当該決済代行業者が「電子決済等代行業者」に該当し、加盟店は「電子決済等代行業再委託者」に該当します（PC138）。

（具体例 5 ）

　①預金者が、決済代行会社Ａの加盟店における決済時に、銀行決済（Pay-easy決済）を選択し、②決済代行会社Ａの加盟店が当該指図の内容を決済代行会社Ａに伝達し、③決済代行会社Ａが、決済代行会社Ｂに対して、当該指図の内容を伝達し、④決済代行会社Ｂが当該指図の内容を銀行に伝達する場合、原則として、決済代行会社Ｂが「電子決済代行業者」に該当し、「決済代行会社Ａの加盟店」および「決済代行会社Ａ」が「電子決済等代行業再委託者」に該当します（PC138）。

（具体例 6 ）

　電子決済等代行業者が、利用者から直接、他の事業者を経ずに許諾を得て参照系APIにより銀行から情報を取得し、同事業者が蓄積した場合、その後、別の事業者（事業者Ａ）が利用者から許諾を得て、すでに電子決済等代行業者が取得・蓄積ずみのデータを取得する場合に、事業者Ａから電子決済等代行業者に対して情報提供の指示をしたとしても、当該指示が銀行には伝達されないのであれば、当該事業者Ａは「電子決済等代行業再委託者」に当たりません（PC140）。

（具体例 7 ）

　銀行法 2 条17項 2 号に掲げる行為（ 2 号業務・参照系API業務）の電子決済等代行業再委託者には、銀行からの口座情報を取得することに関して銀行から一次的に情報を取得するが、保存はしないという電子決済等代行業者を介して、いったん利用者が情報を取得し、利用者端末または利用者の利用するサーバーに保存した情報について、当該利用者から再

度電子決済等代行業者に提供し、さらに同電子決済等代行業者からかかる情報の提供を受けた第三者は含まれません（PC142）。

2　電子決済等代行業者（2号業務・参照系API業務）からの委託

　銀行法2条17項2号に掲げる行為（2号業務・参照系API業務）に関し、電子決済等代行業再委託者に該当するためには、「電子決済等代行業者に対し、同号の銀行から当該情報を取得することの委託（二以上の段階にわたる委託を含む。）をする者」との要件を満たす必要があります。第三者がこれらの委託を電子決済等代行業者に対し行い、電子決済等代行業者が当該委託に基づき銀行から預金者の口座情報を取得する場合には、当該第三者が電子決済等代行業再委託者になるものと考えられます（PC139）。

　一方、第三者がこれらの委託を電子決済等代行業者に対し行っていない場合、当該第三者は電子決済等代行業再委託者にはならないものと考えられます。ただし、電子決済等代行業再委託者でない第三者に対し、電子決済等代行業者が電子決済等代行業に関して取得した利用者情報を提供することについては、情報の適正な取扱いおよび安全管理のための措置を講ずることが求められます（PC139）。

　なお、明示的な委託がない場合であっても、電子決済等代行業再委託者に該当する場合もあります。たとえば、ある情報が、銀行から電子決済等代行業者を通じて事業者Aに流れ、かつ事業者Aに流れた情報は預金者がみることができるものであるとした場合において、①預金者が事業者Aに銀行から情報を取得することの委託を行っていない場合（預金者と事業者A間の委託関係の不存在）で、かつ、②事業者Aが、電子決済等代行業者に対して、銀行から情報取得することの委託を行っていない場合（事業者Aと電子決済等代行業者間の委託関係の不存在）、口座に係る情報の取得の指示が預金者等から事業者Aを通じて電子決済等代行業者に伝達され、当該指示に基づき銀行から取得した口座に係る情報が電子決済等代行業者から事業者Aを通じて預金者等に伝達される場合には、当該事業者Aは、電子決済等代行業再委託者に該

当するものと考えられます（PC141）。

3 電子決済等代行業者が電子決済等代行業再委託者を介して行うことができること

電子決済等代行業再委託者は、電子決済等代行業者が負う情報提供義務である「利用者に対する説明」（銀行法52条の61の8第1項、同法施行規則34条の64の9）、「銀行が営む業務との誤認を防止するための情報の利用者への提供」（同法52条の61の8第2項、同法施行規則34条の64の10）、「為替取引の結果の通知」（同法52条の61の8第2項、同法施行規則34条の64の11）の義務を負いません。

もっとも、電子決済等代行業者が電子決済等代行業再委託者の委託を受けて電子決済等代行業に係る行為（銀行法施行規則1条の3の3を除く）を行う場合には、これらの情報提供を、電子決済等代行業再委託者を介して行うことができます（同法施行規則34条の64の9ただし書、34条の64の10ただし書、34条の64の11ただし書）。

4 電子決済等代行業再委託者の管理・監督

銀行法においては、電子決済等代行業者に、直接、電子決済等代行業再委託者の管理・監督義務が課されているわけではありませんが（なお、電子決済等代行業者が委託業務の的確な遂行を確保するための措置を講じる義務（銀行法52条の61の8第2項、同法施行規則34条の64の15）を負うのは、電子決済等代行業者が第三者に業務を委託した場合です）、銀行と電子決済等代行業者との間の契約において、当該電子決済等代行業者が電子決済等代行業再委託者の委託を受けて同法2条17項各号に掲げる行為（同法施行規則1条の3の3に掲げる行為を除く）を行う場合において、当該電子決済等代行業再委託者の業務（当該電子決済等代行業者に委託した業務に関するものに限る）に関して当該電子決済等代行業再委託者が取得した利用者に関する情報の適正な取扱いおよび安全管理のために当該電子決済等代行業者が行う措置ならびに当該電子決済等代行業者が当該措置を行わないときに当該銀行が行うことができる措置

に関する事項を定めることとされています（同法52条の61の10第2項3号、同法施行規則34条の64の16参照）（PC239）。

Q10 電子決済等代行業者が講ずべき情報の安全管理措置について教えてください

A 電子決済等代行業者には、電子決済等代行業に係る情報の安全管理措置、個人利用者情報の安全管理措置、特別の非公開情報の取扱いといった義務が課されます。また、金融分野における個人情報取扱事業者として、「個人情報の保護に関する法律」ならびに金融庁の「金融分野における個人情報保護に関するガイドライン」および「金融分野における個人情報保護に関するガイドラインの安全管理措置等についての実務指針」に基づく個人データの安全管理措置も講ずる必要があります。

解　説

1　電子決済等代行業に係る情報の安全管理措置（銀行法52条の61の8第2項、同法施行規則34条の64の12）

　電子決済等代行業者は、その業務の内容および方法に応じ、電子決済等代行業に係る電子情報処理組織の管理を十分に行うための措置を講じなければなりません。

　「電子決済等代行業に係る電子情報処理組織の管理を十分に行うための措置」に関しては、電子決済等代行業の内容や取り扱う情報の重要度等に応じて、異なるものと考えられます（PC166）。

2　個人利用者情報の安全管理措置等（銀行法52条の61の8第2項、同法施行規則34条の64の13）

　電子決済等代行業者は、その取り扱う個人である電子決済等代行業の利用者に関する情報の安全管理、従業者の監督および当該情報の取扱いを委託する場合にはその委託先の監督について、当該情報の漏えい、滅失または毀損

202

の防止を図るために必要かつ適切な措置を講じなければなりません。

「当該情報の漏えい、滅失又は毀損の防止を図るために必要かつ適切な措置」に関しては、電子決済等代行業の内容や取り扱う情報の重要度等に応じて、異なるものと考えられます（PC167）。

個人情報の管理については、電子決済等代行業者には、金融庁の「金融分野における個人情報保護に関するガイドライン」および「金融分野における個人情報保護に関するガイドラインの安全管理措置等についての実務指針」が適用されます（PC168）。

3　特別の非公開情報の取扱い（銀行法52条の61の 8 第 2 項、同法施行規則34条の64の14）

電子決済等代行業者は、その取り扱う個人である電子決済等代行業の利用者に関する人種、信条、門地、本籍地、保健医療または犯罪経歴についての情報その他の特別の非公開情報（その業務上知りえた公表されていない情報をいう）を取り扱うときは、適切な業務の運営の確保その他必要と認められる目的以外の目的のために利用しないことを確保するための措置を講じなければなりません。

これに加えて、個人情報保護法17条 2 項に基づく「要配慮個人情報」の取得の際の事前の同意の取得、および「金融分野における個人情報保護に関するガイドライン」に基づく「機微（センシティブ）情報」の取扱いを遵守しなければなりません。

4　委託業務の的確な遂行を確保するための措置（銀行法52条の61の 8 第 2 項、同法施行規則34条の64の15）

電子決済等代行業者は、その業務（参照系APIに係る電子決済代行業（銀行法 2 条17項 2 号）のみを行う場合には、電子決済等代行業に関して取得した利用者に関する情報の適正な取扱いおよび安全管理に係る業務に限る）を第三者に委託する場合には、当該業務の内容に応じ、当該業務の的確な遂行を確保するための措置を講じなければなりません。

電子決済等代行業再委託者は電子決済等代行業者から委託を受けるのではなく電子決済等代行業者に対して委託を行う者ですので、本義務を負いません（PC115）。

5　その他

電子決済等代行業者には、利用者の情報の安全管理措置等として、上記の安全管理措置等（銀行法52条の61の8第2項、同法施行規則34条の64の12〜34条の64の15）に加えて、金融分野における個人情報取扱事業者として、「個人情報の保護に関する法律」ならびに金融庁の「金融分野における個人情報保護に関するガイドライン」および「金融分野における個人情報保護に関するガイドラインの安全管理措置等についての実務指針」に基づく個人データの安全管理措置も講ずる必要があります。

6　全国銀行協会API検討会報告書・FISCチェックリスト

全国銀行協会オープンAPI報告書に基づく措置や、FISCのAPI接続チェックリストに基づく措置は参考になりますが、電子決済等代行業の内容や取り扱う情報の重要度等をふまえ、個別事案ごとの判断となります。電子決済等代行業者の規模等に照らすと、当該対策では足りない場合もありえます（PC118）。

全国銀行協会API検討会報告書およびFISCチェックリストに定めた手続の一部を履践していないことをもって、直ちに法令違反に該当するものではありませんが、実質的にそのような状態が当該電子決済等代行業者の「電子決済等代行業の健全かつ適切な運営を確保するために必要があると認められる」ときに該当する場合には、行政処分の対象となりうるものと考えられます（PC117）。

Q11 電子決済等代行業者の誠実義務について教えてください。また、銀行代理業規制との相違点について教えてください

A 電子決済等代行業者は、利用者のため誠実にその業務を遂行しなければなりません。銀行代理業は所属銀行の委託を受けるのに対して、電子決済等代行業は、預金者の委託を受ける点をはじめ、各規制において両制度は異なります。

解　説

1　誠実義務（銀行法52条の61の 9 ）

　電子決済等代行業者は、利用者との間の委託契約に基づき業務を行うため、私法上当然に利用者に対する善管注意義務（民法644条）を負いますが、さらに銀行法上、利用者のため誠実にその業務を遂行する義務を負います（銀行法52条の61の 9 ）。

　この点、金融商品取引業者も顧客に対する誠実義務を負います（金融商品取引法36条 1 項）が、投資運用業や投資助言業を行う金融商品取引業者のように顧客または権利者に対する忠実義務（同法41条、42条）まで、電子決済等代行業者は負うわけではありません。

　なお、電子決済等代行業者には、資金決済法21条の 2 に規定するような苦情の適切な処理に関する義務規定が置かれていませんが、銀行法52条の61の 9 に規定する利用者に対する誠実義務の一内容として苦情の適切な処理も含まれるものと考えられます（PC212）。ただし、保険仲立人が保険業法299条に規定する誠実義務の一内容として、自己の知りうる保険商品のなかから顧客にとって最も適切と考えられるものを助言する義務を負うと解されること（「保険会社向けの総合的な監督指針」 V - 5 - 3 参照）とは異なり、決済指図の伝達や口座情報の取得・提供等の委託を受けるにすぎない電子決済等代行業

者はこのようなベストアドバイス義務までは負わないと解されます（「逐条
解説 2017年銀行法等改正」49頁）。

2 銀行代理業規制との相違点

　下記表のとおり、銀行代理業は所属銀行の委託を受けるのに対して、電子
決済等代行業は、預金者の委託を受ける点をはじめ、各規制において両制度
は異なります。

　なお、銀行代理業者は、委託者である所属銀行に対して私法上善管注意義

図表2－11－1　電子決済等代行業者と銀行代理業者の規制の比較

	電子決済等代行業者	銀行代理業者
委託者	預金者	所属銀行
参入規制	登録制	許可制
兼業規制	更新系のみ届出	承認
誠実義務	誠実義務	―
所属金融機関の有無	―	所属制（複数可）
情報提供	銀行業務との誤認防止のための情報提供　等	複数所属の場合で手数料が異なる場合の表示義務
禁止行為	―	優越的地位の濫用の防止等
分別管理	―	分別管理義務
利用者資産の保護	財産的基礎（純資産が負の値でないことのみ）	財産的基礎（純資産額500万円以上（法人）／300万円以上（個人）
賠償資力の確保	銀行との契約締結・公表（銀行との賠償責任の分担等）	所属先による損害賠償責任の負担
体制整備	体制整備義務	体制整備義務
人的要件（資格等）	―（ただし、体制整備義務の一内容に含まれうる）	十分な知識

（出所）　筆者作成

務（民法644条）を負いますが、銀行法上は誠実義務・忠実義務のいずれも規定されていません（ただし、銀行代理業者が所属銀行や取引相手の利益を損なうような行為をした場合、状況によって、業務改善命令（銀行法52条の55）や許可取消し等（同法52条の56第１項５号等）の処分を受ける可能性もあります）。

　また、電子決済等代行業者については、その業務の委託先も監督当局の報告等徴求や立入検査の対象となることが明記されています（銀行法52条の61の14第２項、52条の61の15第２項）。銀行代理業者の業務の委託先については、このような規定はありませんが、当該業務が銀行業務である限り、同法24条２項および25条２項により同委託先も監督当局の報告等徴求や立入検査の対象となります（「逐条解説 2017年銀行法等改正」65頁）。

電子決済等代行業に係る契約について教えてください

A 銀行および電子決済等代行業者は、電子決済等代行業に関して利用者に損害が生じた場合の責任分担に関する事項や利用者に関する情報の適正な取扱い等について定めた契約を締結し、それを公表する必要があります。

解　説

1　銀行との電子決済等代行業に係る契約の締結義務（銀行法52条の61の10第１項）

　電子決済等代行業者は、電子決済等代行業に係る行為（銀行法施行規則１条の３の３に規定する電子決済等代行業に該当しない行為を除く）を行う前に、銀行との間で、電子決済等代行業に係る契約を締結し、これに従って当該銀行に係る電子決済等代行業を営まなければなりません。

　なお、経過規定により、契約締結義務は施行後２年以内の政令で定める日までは、更新系APIに限られ、参照系APIについては猶予されます（銀行法附則２条４項）。

　銀行は、電子決済等代行業者との契約締結を義務づけられるわけではありませんが（「逐条解説 2017年銀行法等改正」58頁等）、金融機関は、施行期日（平成30（2018）年６月１日）後２年以内の政令で定める日までに、当該銀行と契約を締結する電子決済等代行業者が利用者から当該利用者に係る識別符号等を取得することなく（※スクレイピングによることなく）当該銀行等に係る電子決済等代行業等を営むことができるよう、体制の整備に努めなければなりません（オープンAPIの体制整備の努力義務）（銀行法附則11条）。

　なお、本条の契約締結義務の違反そのものに関しては、電子決済等代行業者に対して罰則は定められていませんが、業務改善命令（銀行法52条の61の

16）や登録取消し等（同法52条の61の17）の行政処分の対象となりうるものと考えられます（「逐条解説 2017年銀行法等改正」53頁）。

2　銀行との電子決済等代行業に係る契約において定める事項
（銀行法52条61の10第 2 項、同法施行規則34条の64の16）
⑴　電子決済等代行業に係る契約に定める必要のある事項

　銀行との電子決済等代行業に係る契約には以下の事項を定める必要があります。

---

① 　電子決済等代行業の業務（当該銀行に係るものに限る。②において同じ）に関し、利用者に損害が生じた場合における当該損害についての当該銀行と当該電子決済等代行業者との賠償責任の分担に関する事項（銀行法52条61の10第 2 項 1 号）

② 　当該電子決済等代行業者が電子決済等代行業の業務に関して取得した利用者に関する情報の適正な取扱いおよび安全管理のために行う措置ならびに当該電子決済等代行業者が当該措置を行わない場合に当該銀行が行うことができる措置に関する事項（銀行法52条61の10第 2 項 2 号）

③ 　当該電子決済等代行業者が電子決済等代行業再委託者の委託を受けて電子決済等代行業に係る行為（銀行法施行規則 1 条の 3 の 3 に掲げる行為を除く）を行う場合において、当該電子決済等代行業再委託者の業務（当該電子決済等代行業者に委託した業務に関するものに限る）に関して当該電子決済等代行業再委託者が取得した利用者に関する情報の適正な取扱いおよび安全管理のために当該電子決済等代行業者が行う措置ならびに当該電子決済等代行業者が当該措置を行わないときに当該銀行が行うことができる措置に関する事項（銀行法52条61の10第 2 項 3 号、同法施行規則34条の64の16）

　電子決済等代行業者と銀行の間に複数の契約が存在する場合、上記事項

は、個々の契約に盛り込む必要はなく、別途、包括的な覚書等を交すことで足ります（PC174）。

　なお、上記の賠償責任の分担ルール等は、単に電子決済等代行業者と銀行の間の契約にとどまる限り、利用者が当然にこれに拘束されるわけではありませんが、電子決済等代行業者と利用者間の約款等にも規定されることにより、利用者に対しても原則として効力が生じることになります（「逐条解説2017年銀行法等改正」54頁参照）。

(2)　情報提供後の情報保護措置

　銀行法52条61の10第2項2号（上記(1)②）、同法施行規則34条の64の16（上記(1)③）は、情報の漏えい等が起こらないようにするためのものであって、電子決済等代行業再委託者（あるいは電子決済等代行業者）のサービスによって利用者に提供されるに至った情報であっても電子決済等代行業再委託者（あるいは電子決済等代行業者）が当該情報を保有する限りはこれらの措置が不要となるわけではありません（PC172）。

(3)　電子決済等代行業再委託者がいる場合（銀行法52条61の10第1項、2項3号、同法施行規則34条の64の16）

　電子決済等代行業再委託者の業務（特定の銀行に係るものに限る）に関し、利用者に損害が生じた場合における当該損害についての当該銀行と当該電子決済等代行業再委託者とその委託を受ける電子決済等代行業者との賠償責任の分担に関する事項は、電子決済等代行業に係る契約（銀行法52条の61の10第2項）の内容とする必要はありません（PC169）。

　電子決済等代行業に係る契約（銀行法52条の61の10第2項）において、電子決済等代行業再委託者の業務（特定の銀行に係るものに限る）に関し、利用者に損害が生じた場合において、当該銀行および当該電子決済等代行業再委託者から委託を受ける電子決済等代行業者は、なんらの賠償責任も負わない旨の規定を設けることはできません（PC169）。

　電子決済等代行業者と電子決済等代行業再委託者の間の契約締結は義務づけられていないものの、電子決済等代行業者は、契約の有無にかかわらず、銀行法施行規則34条の64の16に規定する電子決済等代行業再委託者が取得し

た利用者に関する情報の適正な取扱いおよび安全管理のために電子決済等代行業者が行う措置が実効的に講ぜられるようにすることが必要であると考えられます（PC173）。

電子決済等代行業者が取得した利用者情報を電子決済等代行業再委託者またはそれ以外の第三者に対して提供する場合には、提供先の適切な選定、提供先における当該情報の適正な取扱い等を担保するための措置は、銀行法52条の61の10第2項2号の規定（上記(1)②）における「電子決済等代行業者が取得した利用者情報の適正な取扱い及び安全管理のために行う措置」に該当するものと考えられます。その具体的な内容については、オープン・イノベーションの促進と利用者保護のバランスをふまえ、適切に定められる必要があるものと考えられます（PC179）。

電子決済等代行業者による再委託先管理が適切に行われるのであれば、銀行に対し個別審査のうえで承諾を行うなどの特定の方法を強制するものではありません。なお、契約における具体的な内容については、オープン・イノベーションの促進と利用者保護のバランスをふまえ、適切に定められる必要があるものと考えられます（PC180）。

(4)　契約違反による連携の停止

銀行および電子決済等代行業者との間で契約の内容とされた銀行法52条の61の10第2項2号（上記(1)②）または同法施行規則第34条の64の16（上記(1)③）に規定する措置を客観的事実に照らし電子決済等代行業者が講じないことが認められる場合、銀行としては、最終的に連携を停止する（たとえば、API接続であればAPIの利用を停止し、スクレイピングであればIPアドレスを遮断する）ことや契約を解除することも許容されるものと考えられます（PC177、178）。

(5)　契約終了後の情報の適正な取扱い

銀行法施行規則34条の64の16（上記(1)③）では、銀行と電子決済等代行業者の間の契約で、「当該電子決済等代行業者が当該措置を行わないときに当該銀行が行うことができる措置」に関して定めるよう求めていますが、あくまで契約期間中について定めれば足り、契約終了後の措置についてまで定め

ることまでは求められません。契約終了時における情報の適正な取扱いについては、銀行と電子決済等代行業者との間の契約において適正に規定されることが望ましいとされています（PC176）。

3 契約の公表（銀行法52条の61の10第3項、同法施行規則34条の64の17）

銀行および電子決済等代行業者は、電子決済等代行業に係る契約を締結したときは、遅滞なく、当該契約の内容のうち上記2(1)の①〜③に掲げる事項（銀行法52条の61の10第2項各号）を、インターネットの利用その他の方法により、電子決済等代行業者の利用者が常に容易に閲覧することができるよう公表しなければなりません。

みなし業者が登録を受けた後、電子決済等代行業に該当する行為を行う前に、銀行と電子決済等代行業者との間で銀行法52条の61の10第2項各号に規定する事項を含む契約を締結する必要があります（PC183）。

銀行と電子決済等代行業者は、電子決済等代行業者の登録を行う前に電子決済等代行業に係る契約（銀行法52条の61の10第2項）を締結し、公表する必要があります（PC170）。

なお、利用者の便宜を図る観点から、既存の契約内容を公表することは妨げられませんが、その場合は、利用者の誤認防止の観点から、銀行法52条の61の10に規定する要件を満たしているか否かをあわせて公表することが望ましいと考えられます（PC170）。

また、契約の公表に際しては、銀行と電子決済等代行業の間で締結する契約のうち、銀行法52条の61の10第2項各号に掲げる事項を含む条文を必ずしもそのまま掲載する必要はなく、要約を掲載することも許容されます。なお、その際には、利用者が明確に内容を理解できる要約である必要があります。また、各社一律の条文であれば、共通して掲載することも許容されます（PC182）。

電子決済等代行業に係る契約（銀行法52条の61の10第2項）に掲げる事項については、電子決済等代行業の過程においてのみ公表されるものではなく、

広く一般に公表される必要があります（PC181）。

　電子決済等代行業に係る契約（銀行法52条の61の10第2項）に掲げる事項については、銀行ごとに条件が異なるものであれば、銀行ごとに公表する必要があるものと考えられます。もっとも、契約書に記載されている文言をすべて記載する必要はなく、利用者が明確に認識できるかたちで要約することも許容されるものと考えられます（PC181）。

4　全国銀行協会API利用契約の条文例（平成30（2018）年12月初版）

　全国銀行協会は、「オープンAPIのあり方に関する検討会」において、「銀行法に基づくAPI利用契約の条文例」（以下「API契約条文例」という）の平成30（2018）年12月初版を取りまとめ公表しています（https://www.zenginkyo.or.jp/news/2018/n10918/）。

Q13

全国銀行協会が公表する「銀行法に基づくAPI利用契約の条文例（初版）」の概要について教えてください

A 銀行法で定める銀行との電子決済等代行業に係る契約において定める事項のほか、連鎖接続先（電子決済等代行業再委託者）の取扱いなど、複数銀行、電子決済等代行業者間での契約締結事務の効率化を図るために必要な条項が定められています。

解　説

1　作成の経緯

　全国銀行協会は、銀行法等の改正により、電子決済等代行業制度が導入されることにあわせるかたちで、「オープンAPIのあり方に関する検討会」において、オープンAPIの活用促進とセキュリティ、利用者保護のバランスを考慮した、オープンAPIの活用促進に向けた官民連携のイニシアティブである「オープンAPIのあり方に関する検討会報告書」を取りまとめました（平成29（2017）年7月13日公表）[3]。

　同検討会では、銀行と電子決済等代行業者の間でAPI連携を行うにあたって契約締結が必要となるところ、今後さらにAPI連携が加速した場合、複数の銀行、電子決済等代行業者間で契約締結事務が発生することから、その効率化を図るために、銀行法等の法令および検討会報告書の内容をふまえたうえで、API接続を行うにあたっての契約条文例およびその解説を取りまとめました[4]。

3　https://www.zenginkyo.or.jp/fileadmin/res/abstract/council/openapi/openapi_report_1.pdf

4　https://www.zenginkyo.or.jp/fileadmin/res/news/news301227_1.pdf

2 API利用契約の条文例の構成

API利用契約の条文例の構成は以下のとおりです。

第1条　目的	第14条　禁止行為
第2条　定義	第15条　使用停止
第3条　本APIの利用等	第16条　秘密保持義務・機密保持
第4条　使用許諾料	義務
第5条　本API連携の開始	第17条　データの取扱い
第6条　認証とトークン	第18条　反社会的勢力の排除
第7条　接続事業者の義務	第18条の2　経済制裁への対応
第8条　不正アクセス等発生時の	第19条　有効期間
対応	第20条　解約・解除
第9条　障害等発生時の対応	第21条　契約終了時の措置
第10条　利用者への補償	第22条　権利義務等の譲渡禁止
第11条　モニタリング・監督	第23条　準拠法及び管轄
第12条　免責	第24条　誠実協議
第13条　連鎖接続先	

3 電子決済等代行業に係る契約に定める必要のある事項

電子決済等代行業に係る契約に定める必要のある事項（銀行法52条61の10第2項、同法施行規則34条の64の16）（Q12の2(1)参照）については、API利用契約の条文例では以下のとおり定められています。

> ① 電子決済等代行業の業務（当該銀行に係るものに限る。②において同じ。）に関し、利用者に損害が生じた場合における当該損害についての当該銀行と当該電子決済等代行業者との賠償責任の分担に関する事項（銀行法52条61の10第2項1号）
> ➡条文例10条

② 当該電子決済等代行業者が電子決済等代行業の業務に関して取得した利用者に関する情報の適正な取扱い及び安全管理のために行う措置（銀行法52条61の10第2項2号）

➡条文例7条5項、6項、17条

③ 当該電子決済等代行業者が②の措置を行わない場合に当該銀行が行うことができる措置に関する事項（銀行法52条61の10第2項2号）

➡条文例7条5項、20条3項1号、4項1号

④ 当該電子決済等代行業者が電子決済等代行業再委託者の委託を受けて電子決済代行業に係る行為（銀行法施行規則1条の3の3に掲げる行為を除く。）を行う場合において、当該電子決済等代行業再委託者の業務（当該電子決済等代行業者に委託した業務に関するものに限る。）に関して当該電子決済等代行業再委託者が取得した利用者に関する情報の適正な取扱い及び安全管理のために当該電子決済等代行業者が行う措置（銀行法52条61の10第2項3号、同法施行規則34条の64の16）

➡条文例13条5項

⑤ 当該電子決済等代行業者が④の措置を行わないときに当該銀行が行うことができる措置に関する事項（銀行法52条61の10第2項3号、同法施行規則34条の64の16）

➡条文例13条5項、20条3項1号、4項1号

4　定　　義

　API利用契約の条文例では、銀行と電子決済代行業に係る契約を締結する電子決済等代行業者のことを「接続事業者」といいます。

　「本API」とは、アプリケーション・プログラミング・インターフェースであって、銀行が接続事業者に別途差し入れる仕様書（以下「本API仕様書」という）の仕様によるものをいいます（条文例2条8項）。

　「本銀行機能」とは、銀行が利用者に提供する銀行のサービスをいいます（条文例2条11項）。

「本サービス」とは、接続事業者が本APIを用いて利用者に対し提供するものとして別紙に定めるサービスをいいます（条文例2条14項）。

「電子決済等代行業再委託者」（銀行法施行規則34条の69の9第3項）のことを「連鎖接続先」と定義しています（条文例2条18項）。また、「連鎖接続」とは、「本APIを通じて取得した情報の全部又は一部を利用者に伝達することを目的として連鎖接続先に提供し、又は利用者の指図（当該指図の内容のみを含む。）を連鎖接続先から受領して本APIを通じて銀行に伝達することをいう」と定義されています（条文例2条17項）。

5　第三者との共同実施・連携、第三者への委託

接続事業者（電子決済等代行業者）は、本サービスの全部もしくは一部または本APIの使用を、第三者と共同して実施し、または第三者に連携させてはなりません。ただし、①連鎖接続、②銀行の承諾を得た場合（別紙として定めることも可）、③利用者が接続事業者から利用者情報を取得するために使用するソフトウェアを第三者が開発すること、および、かかるソフトウェアを利用者が使用する場合は、第三者との共同・連携が可能です（条文例3条3項、4項）。

接続事業者は、本サービスの全部もしくは一部または本APIの使用を第三者に委託する場合、セキュリティチェックリストに記載されているときを除き、銀行に［事前に］通知するものとされています（条文例3条5項）。

6　使用許諾料（条文例4条）

API連携に係る使用許諾料は、条文例の整理の対象外とされており、別途定めるとされています。

7　API連携の開始（条文例5条）

接続事業者（電子決済等代行業者）と銀行のAPI連携の開始の手順については条文例5条に定められています。

①　接続事業者は、銀行の定めるセキュリティチェックリストを提出する。

② 銀行は、セキュリティチェックリスト等により接続事業者の態勢が銀行の定める基準を満たしているか確認する。

③ 接続試験を実施し、銀行の検査を受ける。

④ 接続事業者が接続試験に合格した場合には、契約内容を公表したうえで接続を開始する。

　利用契約の条文例では、銀行のセキュリティ基準について規定していませんが、全国銀行協会の「オープンAPIのあり方に関する検討会報告書」や金融情報システムセンター（FISC）が公表している「API接続チェックリスト〈2018年10月版〉」[5] による銀行が多いようです。

8　認証とトークン（条文例6条）

　銀行が利用者の本人認証手続等を行い、接続事業者にトークン等を付与します（条文例6条1項）。

　接続事業者がトークン等の管理責任を負います（条文例6条3項）。

　銀行はトークン等の使用があった場合で特段の事情がない場合は、利用者本人からの指図による使用とみなします（条文例6条4項）。

　「トークン等」とは、OAuth2.0のもとでは、アクセストークンやリフレッシュトークンが該当します。もっとも、中長期的にはAPI連携のための認可の仕組みやテクノロジーが変わるまたは追加される可能性もあり、「トークンその他の情報」と広範な定義を置いています。

9　接続事業者の義務（条文例7条）

⑴　利用規約（条文例7条1項）

　利用者との間で、本サービスの方法および内容に関し、利用規約を定めて利用者の同意を得るものとし、利用規約の内容を銀行に［事前に／事後遅滞なく］通知することとされています。

5　https://www.fisc.or.jp/about/

(2) **誤認防止**（条文例7条2項）

本サービスにおいて虚偽または誤認のおそれのある表示、説明等を行ってはならないとされています。

(3) **問合せ窓口の設置**（条文例7条3項）

接続事業者は、本サービスに関する利用者［および連鎖接続先］からの苦情、問合せ等に対応するため、問合せ窓口を設置し、銀行に通知するとともに、公表することとされています。

(4) **サービス利用環境等の整備**（条文例7条4項）

本APIを経由して銀行システムにアクセスするために必要な利用環境の準備、維持は、接続事業者の費用と責任において行うこととされています。

(5) **セキュリティ**（条文例7条5項、6項）

接続事業者は、セキュリティチェックリストにしたがい、銀行の定める基準に沿ったセキュリティを維持することとされています。

(6) **サービスの提供**（条文例7条7項）

接続事業者は、自らの責任において本サービスを提供することとされています。

10　不正アクセス等発生時の対応（条文例8条）

不正アクセス等発生時の対応手順については以下のとおり定められています。

① 不正アクセス等の発生またはその可能性を認識した場合の相手方への報告

② 実施可能な対策の実施、原因究明。銀行によるAPI連携の制限・停止

③ 相手方に対する情報開示

④ アクセスログの記録および保持

11　障害等発生時の対応（条文例9条）

障害等発生時の対応手順については以下のとおり定められています。

① 本API連携、本サービスの継続的提供に重大な影響を及ぼし、または及

ぼすおそれのある事由発生時の相手方への報告

② 損害軽減措置の実施と相手方に対する情報開示

③ 監督官庁への報告時の相互協力

④ 復旧措置

12 利用者への補償（条文例10条）

本サービスの利用に関して利用者に損害が生じた場合の責任分担に関して以下のとおり定められています。

(1) 本サービスに関して利用者に損害が生じたとき

① 本サービスの利用規約に基づき賠償または補償が不要となる場合を除き、接続事業者が利用規約に従い、損害を賠償または補償します。すなわち、本サービスに関する損害は、接続事業者が窓口となり対応することとしています。

② 接続事業者が賠償または補償した場合であって、損害がもっぱら銀行の責めに帰すべき事由によるときは、接続事業者は銀行に求償可能です。損害が双方の責めに帰すべき事由によるものであるときは、誠実に協議のうえ銀行と合意した額を銀行に求償可能です。

③ 上記②の場合であって、損害が銀行または接続事業者のいずれの責めにも帰すことができない事由により生じたとき、またはいずれの責めに帰すべき事由により生じたかが明らかではないときは、損害に係る負担について誠実に協議します。

(2) 本サービスに関する利用者の損害が預金等の不正払戻しに起因する場合

全国銀行協会のインターネットバンキングにおける預金等の不正な払戻しに関する申合せにおける補償の考え方に基づき、接続事業者が利用者に補償します。

(3) 銀行が利用者に生じた損害を賠償もしくは補償する場合

① 銀行は、本銀行機能もしくは本APIに関して生じた損害を賠償もしくは補償した場合、またはやむをえないと客観的かつ合理的な理由で判断して

本サービスに関して生じた損害を賠償・補償した場合、⑴②、③と同様の要件のもとで、接続事業者に求償可能です。

② なお、利用者に生じた損害がもっぱら本APIの開発過程または運用における銀行の責めに帰すべき事由によって発生したことが、当該損害の発生時ないしその直後に明らかとなり、双方が合意した場合は銀行が直接利用者に対して賠償・補償を行うことが合理的です。

13 モニタリング・監督（条文例11条）

接続事業者のセキュリティ・利用者保護、本サービスの提供または経営状況が銀行の定める基準を満たしていない可能性があると客観的かつ合理的な事由により判断する場合、銀行は、①接続事業者に対して、報告および資料提出を求め（条文例11条1項）、②接続事業者の同意を得て、立入監査を実施でき（同条2項）、③上記①、②の結果、必要があると客観的かつ合理的な事由により判断するときは、接続事業者に改善を求めることができます（同条3項）。

14 免責（条文例12条）

両当事者は、天災、労働紛争、停電等の不可抗力により相手方に生じた損害について責任を負いません（条文例12条1項）。

本APIに関する免責事項については、本API仕様書で定めることとされています（条文例12条2項）。

銀行は、接続事業者に対し、別途合意した場合を除き、技術支援、保守、機能改善等の役務を提供する義務を負いません（条文例12条3項）。

接続事業者は、銀行の免責事項の変更について、異議を述べることができます（条文例12条4項）。

15 連鎖接続先（条文例13条）

利用契約の条文例は、「連鎖接続先」（電子決済等代行業再委託者）について以下のとおり定めています。

⑴ **連鎖接続の開始**（条文例13条1項）

接続事業者は、連鎖接続先の名称、連鎖接続の内容、開始時期その他あらかじめ両当事者が合意した事項を銀行に［事前に］通知することにより、連鎖接続を行うことができることとされています。

すなわち、事前または事後の通知により連鎖接続先を追加できることとされています。ただし、連鎖接続先それぞれの管理体制の事前確認、連鎖接続先の先の連鎖接続先において不適切な連鎖接続が行われる可能性の確認等を行う必要がある場合等、銀行の事前承諾を必要とすべき場合もありえます。

⑵ **利用者の同意**（条文例13条2項）

連鎖接続の開始や内容の変更により、影響を受ける利用者の同意を得ることとされています。

⑶ **連鎖接続の停止・終了**（条文例13条3項）

接続事業者は、全部または一部の連鎖接続先に係る連鎖接続を停止または終了したときは銀行に［すみやかに］通知することとされています。

⑷ **連鎖接続先に適用される接続事業者の義務**（条文例13条4項）

接続事業者は、連鎖接続先に対し、利用契約における接続事業者と同等の義務を負わせ、連鎖接続先の費用と責任においてこれを遵守させることとされています。

⑸ **連鎖接続に対して接続事業者が行うべき措置、当該措置が講じられない場合の銀行のとりうる措置**（条文例13条5項）

接続事業者は、連鎖接続先に対し、当該連鎖接続先のセキュリティ、利用者保護、利用者情報の適正な取扱いおよび安全管理のために、連鎖接続先との間で連鎖接続の方法・内容に関して契約を締結し、必要に応じて報告を求め、指導または改善を行うものとされています。

また、銀行は、連鎖接続先に前項の義務の不履行があり、または、接続事業者が連鎖接続先に対するかかる指導もしくは改善を適切に行っていないと客観的かつ合理的な事由により判断するときは、接続事業者に当該連鎖接続先との連鎖接続の停止を求めることができることとされています。

(6) **接続事業者の連鎖接続先との連帯責任（条文例13条6項、7項）**

　接続事業者は、銀行に対して負う義務の不履行および利用者に生じた損害について、連鎖接続先と連帯責任を負うこととされています。

16　情報の保護

(1)　秘密（機密）保持義務（条文例16条）

　本APIの仕様や銀行システムに関する情報等が守秘義務の対象となります。

　なお、利用者情報については条文例16条ではなく、条文例3条の第三者への連携、13条の連鎖接続、17条のデータの取扱いに従って扱うことになります。

(2)　データの取扱い（条文例17条）

① 利用者情報の取扱いにおける個人情報保護法等の遵守（条文例17条1項）

② 利用者情報の利用範囲（条文例17条2項）……接続事業者は、利用者情報を本サービスのためにのみ使用するものとし、本APIによる銀行への指図（指図の内容のみを含む）の伝達は本サービスの遂行過程のみで行うものとされています。本サービスは、条文例2条において「別紙」において双方で合意するため、利用者情報の範囲も別紙記載内容によって範囲が定まります。

③ 本サービスの追加・変更（条文例17条3項）……接続事業者は、本サービスに新たなサービスを追加しまたは本サービスを変更しようとするときは、銀行に対して事前に通知を行うものとされています。銀行は、当該通知を受けてから●営業日の期間内に限り、接続事業者に対して異議を述べることができるものとされています。銀行が当該期間内に異議を述べなかった場合には、当該通知に従って、新たなサービスが本サービスに追加され、または本サービスが変更されるものとしています。

　この規定は、銀行は、接続事業者のセキュリティ、利用者保護、本サービスの提供または経営状況が銀行の定める基準を満たすかどうかを判断する必要があり、本サービスの追加や変更によって本契約の前提に変更が生じることにもなるため、これらの趣旨をふまえ、銀行は異議を述べること

ができることとしたものです。

17　そ　の　他

⑴　禁止行為（条文例14条）

　接続事業者に対するAPI使用許諾に係る禁止事項やレピュテーションリスクの観点からの禁止事項（条文例14条1項）、および、銀行の禁止事項（同条2項）が定められています。

⑵　使用停止（条文例15条）

　定期的な保守のための停止とセキュリティ対策の臨時の停止（条文例15条1項）、停止に係る利用者への周知（同条3項）について定めています。

⑶　そ　の　他

　反社会的勢力の排除（18条）、経済制裁への対応（18条の2）、有効期間（19条）、解約・解除（20条）、契約終了時の措置（21条）、権利義務等の譲渡禁止（22条）、準拠法および管轄（23条）、誠実協議（24条）といった、一般的な規定が定められています。

Q14 銀行が電子決済等代行業に係る契約を締結するにあたって作成・公表する必要のある基準について教えてください

A 銀行は、電子決済等代行業に係る契約を締結するにあたって電子決済等代行業者に求める事項の基準を作成し、インターネットの利用その他の方法により、電子決済等代行業者および電子決済等代行業者の利用者が常に容易に閲覧することができるよう公表しなければなりません。銀行は、銀行との電子決済等代行業に係る契約を締結するにあたって、この基準を満たす電子決済等代行業者に対して、不当に差別的な取扱いを行ってはなりません。

解 説

1 銀行による基準の作成・公表義務（銀行法52条の61の11第1項、同法施行規則34条の64の18）

　銀行は、電子決済等代行業に係る契約を締結するにあたって電子決済等代行業者に求める事項の基準を作成し、インターネットの利用その他の方法により、電子決済等代行業者および電子決済等代行業者の利用者が常に容易に閲覧することができるよう公表しなければなりません。

　銀行は、電子決済等代行業者との契約締結を義務づけられるわけではありませんが（「逐条解説 2017年銀行法等改正」58頁等）、銀行法52条の61の11は、オープン・イノベーションを促進するという観点から、銀行に、電子決済等代行業者との契約の締結にあたって、電子決済等代行業者に要求する事項・水準についての基準をあらかじめ策定・公表することを求めるものです（PC188）。

2 銀行による基準に含まれる事項（銀行法52条の61の11第2項、同法施行規則34条の64の19）

上記1の基準に含まれる事項は以下のとおりです。

---

① 銀行との電子決済等代行業に係る契約の相手方となる電子決済等代行業者が電子決済等代行業に係る業務に関して取得する利用者に関する情報の適正な取扱いおよび安全管理のために行うべき措置（銀行法施行規則34条の64の19第1号）

② 銀行との電子決済等代行業に係る契約の相手方となる電子決済等代行業者が電子決済等代行業に係る業務の執行が法令に適合することを確保するために整備すべき体制（銀行法施行規則34条の64の19第2号）

上記①、②の措置や体制は、社内規程の整備を含め、人的・物的な体制整備を想定していますが、必ずしもこれらに限られるものではありません（PC187）。

API接続を希望する事業者に固有の基準がある場合（たとえば、API接続以外にも画面連携方式の即時決済）には、それが公表されていることが望ましいと考えられます（PC188）。

情報の安全管理措置については、電子決済等代行業者が扱う情報や業務の内容に応じて、合理的な内容である必要があると考えられます。また、その他の基準についても、オープン・イノベーションの促進と利用者保護のバランスをふまえ、合理的な内容である必要があります（PC190、191）。

多くの金融機関は、全国銀行協会の「オープンAPIのあり方に関する検討会報告書」および金融情報システムセンター（FISC）作成の「API接続チェックリスト」を作成して接続基準を作成するものと考えられます。

3 不当差別の禁止（銀行法52条の61の11第3項）

銀行は、銀行との電子決済等代行業に係る契約を締結するにあたって、上記1の基準を満たす電子決済等代行業者に対して、不当に差別的な取扱いを

行ってはなりません。

　なお、合理的な理由があれば、異なる取扱いをすることも可能です（「逐条解説 2017年銀行法等改正」60頁）。たとえば、基準違反がなくとも、契約に規定された解除事由その他の正当な事由が認められる場合には、銀行が契約の中途解約や期間満了後の更新拒絶を行うことが許容される場合があると考えられます。銀行が公表した基準のみならず、銀行と電子決済等代行業者との契約における条項に従い、契約解除等が許容される場合があり、その場合には不合理な差別とならないと考えられます（PC192）。

　同様に、銀行が公表している基準に記載されていない事項であっても、たとえば、反社会的な者と関係を有している者でないことなど、社会通念上判断の基準とすることが当然であると認められるような要件について電子決済等代行業者が充足していない場合には、銀行が契約締結を拒むことも許容されるものと考えられます。他方、「自行のサービス又は子会社・関連会社・提携先会社のサービスと競合している」との理由のみで拒絶すること等は、当該事項が基準として公表されているか否かを問わず、通常合理的な理由によるものとはいえないと考えられます（「逐条解説 2017年銀行法等改正」60頁）（PC193）。

　契約内容についても、電子決済等代行業者の業務内容・規模・信用力、銀行と電子決済等代行業者の関係性等に応じて合理的な差異を設けることは許容され、たとえば、公表している基準に記載のある経営戦略に基づき、パートナーとして重点的に連携・協働しようとする電子決済等代行業者とそれ以外との間の手数料に社会通念上合理的と認められる範囲で一定の差を設けることはもちろん（「逐条解説 2017年銀行法等改正」60頁）、電子決済等代行業者からの接続申込みに応じるにあたって、接続にあたってのテスト費用負担やランニングコスト、電子決済等代行業者が銀行に支払うシステムの使用許諾料や通信料など、金銭的条件について、最初に接続する電子決済等代行業者（場合によっては最初から数社まで）についてはノウハウを共有してもらうという理由で銀行負担として無料とし、2社目（場合によっては最初から数社まで）以降の電子決済等代行業者については事業者側の負担とすることなど

は、合理的な差異として認められるものと考えられます。

　もっとも、家計簿アプリなどを運営するフィンテック企業に対して銀行口座の情報を開放するAPIも、令和元（2019）年11月時点で、コスト負担や安全確保の面で銀行と電子決済等代行業者の交渉が難航していると指摘されています。契約締結期限の令和2（2020）年5月末を過ぎれば、現行サービスの停止に追い込まれる事業者も出かねないものの、他方、銀行からは、マネー・ローンダリング対策をはじめ多大なコストをかけて構築してきた口座のインフラを「ただ乗り」されることへの不満が多いとされています（日本経済新聞電子版（2019年11月6日）「銀行が踏んだ公取委の「虎の尾」フィンテック連携を調査　技術革新停滞の恐れ」）。

Q15 銀行が公表しなければならない「電子決済等代行業者との連携及び協働に係る方針」について教えてください

A 銀行等の預金取扱金融機関は、平成30（2018）年3月1日までに、「電子決済等代行業者との連携及び協働に係る方針」を公表しています。API接続をする予定のない金融機関においても、「電子決済等代行業者との連携及び協働に係る基本方針」を公表する必要があります。

解　説

1　「電子決済等代行業者との連携及び協働に係る方針」について

　銀行等は、改正銀行法の公布の日（平成29（2017）年6月2日）〜平成30（2018）年3月1日（公布日から9カ月以内の政令で定める日）に、「電子決済等代行業者との連携及び協働に係る方針」を決定・公表しなければなりませんでした（改正法附則1条、10条、銀行の電子決済等代行業者との連携及び協働に係る方針に関する内閣府令（以下「API方針内閣府令」という））。

　「電子決済等代行業者との連携及び協働に係る方針」には以下の事項を記載しなければなりません。

---

(1) **電子決済等代行業者との連携及び協働に係る基本方針（API方針内閣府令2条1号）**

　今般の銀行法改正は、フィンテックが進展するなかで、利用者保護を確保しつつ、多様なプレイヤーが試行錯誤しながら連携・協働を進めていくオープン・イノベーションが重要であることから、そのための環境整備を行うものです。2条1号の「基本方針」については、そうしたことをふまえながら各行において策定されるものと考えられます。

電子決済等代行業者との連携・協働を行わない場合にも、2条1号の「基本方針」を策定することが必要となります。

(2) **電子決済等代行業者が、その営む電子決済等代行業の利用者から当該利用者に係る識別符号等を取得することなく当該銀行に係る電子決済等代行業を営むことができる体制のうち、改正後銀行法2条17項1号に掲げる行為（更新系API）を行うことができるものの整備を行うかどうかの別およびその理由ならびに当該整備を行う場合には、当該整備の完了を予定する時期（API方針内閣府令2条2号）**

「識別符号等を取得することなく当該銀行に係る電子決済等代行業を営むことができる体制」とは、スクレイピングによらないオープンAPIの導入を意味します。

「整備の完了を予定する時期」については、必ずしも月単位での記載に限定されるわけではありませんが、電子決済等代行業者に対し、APIによる連携を開始し得る時期に関する情報を提供するとの趣旨に照らせば、可能な範囲で具体的に記載されることが望ましいと思われます。

(3) **電子決済等代行業者が、その営む電子決済等代行業の利用者から当該利用者に係る識別符号等を取得することなく当該銀行に係る電子決済等代行業を営むことができる体制のうち、改正後銀行法2条17項2号に掲げる行為（参照系API）を行うことができるものの整備を行うかどうかの別およびその理由ならびに当該整備を行う場合には、当該整備の完了を予定する時期（API方針内閣府令2条3号）**

(4) **銀行が上記(2)または(3)の整備を行う場合には、システムの設計、運用および保守を自ら行うか、または第三者に委託して行わせるかの別その他の当該整備に係るシステムの構築に関する方針（API方針内閣府令2条4号）**

ベンダー名は、本号により記載すべき事項には該当しないため、法令上公表が義務づけられているわけではないですが、各行の判断により、同条6号の「参考となるべき情報」として公表することが考えられます。

(5) 当該銀行において電子決済等代行業者との連携および協働に係る業務を行う部門の名称および連絡先（API方針内閣府令2条5号）

(6) その他電子決済等代行業者が当該銀行との連携および協働を検討するにあたって参考となるべき情報（API方針内閣府令2条6号）

　多くの金融機関が、API連携に係るシステムについて、「オープンAPIのあり方に関する検討会」（事務局：全国銀行協会）による「オープンAPIのあり方に関する検討会報告書—オープン・イノベーションの活性化に向けて—」（平成29（2017）年7月13日公表）記載のAPI仕様標準、セキュリティ原則にのっとっていることを記載しています。

　また、金融情報システムセンター（FISC）作成に係る「API接続チェックリスト」によることを記載している例もあります。

2　「電子決済等代行業者との連携及び協働に係る方針」（API連携する場合）のモデル例

　すでに公表されている「電子決済等代行業者との連携及び協働に係る方針」を参考にして[6]、以下のようなモデル例を作成しました。

電子決済等代行業者との連携及び協働に係る方針

株式会社○○銀行

　「銀行法等の一部を改正する法律」（平成29年法律第49号）附則第10条に基づき、株式会社○○銀行（以下「当行」といいます。）における「電子決済等代行業者との連携及び協働に係る方針」を以下のとおり公表いたします[7]。

---

[6]　本モデル例は、平成29（2017）年12月27日に公表された株式会社三井住友銀行の「電子決済等代行業者との連携及び協働に係る方針」（http://www.smbc.co.jp/collaboration/）を参考にしている。

[7]　「銀行法等の一部を改正する法律」（平成29年法律第49号）附則10条により、公布の日（平成29（2017）年6月2日）から9カ月を経過する日（平成30（2018）年3月1日）までに、銀行等は、「電子決済等代行業者との連携及び協働に係る方針」を決定し、これを公表しなければならないとされている。

1 基本方針[8]

株式会社○○銀行（以下「当行」といいます。）は、様々な新しいテクノロジーを積極的に取り入れ、お客さまの利便性向上や新規ビジネスの創造、生産性向上・効率化や経営インフラの高度化など、あらゆる分野でデジタライゼーションを推進しております。こうしたなか、当行は、技術の進歩や経済・社会の変化によって生まれる新たなニーズに応え、当行のお客さまに対してより付加価値の高い金融サービスを提供するために、電子決済等代行業者をはじめとする様々なパートナーとの積極的な連携・協働を通じて、従来の枠組にとらわれない新たなビジネスの創造を目指してまいります。

2 API連携に係る方針

当行は、当行と電子決済等代行業者（※1）の連携に際し、当行に口座を保有するお客さまが、安心・安全を確保しつつ利便性の高いサービスをご利用頂けるよう、以下のとおり、電子決済等代行業者とのAPI（※2）連携を可能とする体制の整備を行っております。今後も、セキュリティ面を含め、さらなる機能強化を継続的に検討してまいります。

(1) 資金移動（※3）に係るAPIの体制整備[9]

法人のお客さまの口座については、当行がお客さまより許可を得た電子決済

---

8 「電子決済等代行業者との連携及び協働に係る基本方針」（「銀行の電子決済等代行業者との連携及び協働に係る方針に関する内閣府令」2条1号）

「今般の銀行法改正は、フィンテックが進展する中で、利用者保護を確保しつつ、多様なプレイヤーが試行錯誤しながら連携・協働を進めていくオープン・イノベーションが重要であることから、そのための環境整備を行うものです」。2条1号の「基本方針」については、そうしたことをふまえながら各行において策定されるものと考えられる（平成29（2017）年6月27日金融庁「コメントの概要及びコメントに対する金融庁の考え方〈銀行の電子決済等代行業者との連携及び協働に係る方針に関する内閣府令等〉」（以下「パブコメ回答」という）2番）。

電子決済等代行業者との連携・協働を行わない場合にも、2条1号の「基本方針」を策定することが必要となる（パブコメ回答3番）。

9 「電子決済等代行業者が、その営む電子決済等代行業の利用者から当該利用者に係る識別符号等を取得することなく当該銀行に係る電子決済等代行業を営むことができる体制のうち、<u>改正後銀行法第2条第17項第1号に掲げる行為を行うことができるものの整備を行うかどうかの別及びその理由並びに当該整備を行う場合には、当該整備の完了を予定する時期</u>」（銀行の電子決済等代行業者との連携及び協働に係る方針に関する内閣府令2条2号）

「識別符号等を取得することなく当該銀行に係る電子決済等代行業を営むことができる体制」とは、オープンAPIの導入を意味する（パブコメ回答4番）。

オープンAPIの体制整備を行う場合にも理由の記載が必要であるが、本モデル例では、「1 基本方針」がその理由となっている。

等代行業者との間でAPI連携を行えるよう、2018年〇月を目途[10]に必要な体制の整備を行う予定です（API連携により提供している機能については下記参照）。

　個人のお客さまの口座については、当行がお客さまより許可を得た電子決済等代行業者との間でAPI連携を行えるよう、2018年〇月を目途に必要な体制の整備を行う予定です。

⑵　口座情報（※4）に係るAPIの体制整備[11]

　法人のお客さまの口座については2018年〇月を目途に、個人のお客さまの口座については2018年〇月を目途に、それぞれ当行がお客さまより許可を得た電子決済等代行業者との間でAPI連携を行えるよう、必要な体制の整備を行う予定です。

　API連携により提供する予定の機能は以下のとおりです[12]。

	口座情報（参照系）	資金移動（更新系（※5））
法人のお客さま	➤残高照会 ➤入出金明細照会 ➤振込入金明細照会	➤総合振込データ伝送 ➤振込・振替サービス
個人のお客さま	➤普通口座残高照会 ➤普通口座入出金明細照会 ➤定期口座残高照会 ➤円定期残高照会 ➤外貨普通残高照会 ➤外貨定期残高照会 ➤債券残高照会 ➤住宅ローン残高照会	

10　「整備の完了を予定する時期」については、必ずしも月単位での記載に限定されるわけではないが、電子決済等代行業者に対し、APIによる連携を開始しうる時期に関する情報を提供するとの趣旨に照らせば、可能な範囲で具体的に記載されることが望ましい（PC5）。

11　「電子決済等代行業者が、その営む電子決済等代行業の利用者から当該利用者に係る識別符号等を取得することなく当該銀行に係る電子決済等代行業を営むことができる体制のうち、改正後銀行法第2条第17項第2号に掲げる行為を行うことができるものの整備を行うかどうかの別及びその理由並びに当該整備を行う場合には、当該整備の完了を予定する時期」（銀行の電子決済等代行業者との連携及び協働に係る方針に関する内閣府令2条3号）

12　「預金口座に係るAPIにより公開される情報の範囲」等は、2条6号の「その他電子決済等代行業者が当該銀行との連携及び協働を検討するに当たって参考となるべき情報」として提供することが予定されている。

※1　「電子決済等代行業者」とは、「銀行法等の一部を改正する法律」（平成29年法
　　　律第49号）による改正後の銀行法（以下「改正銀行法」という。）第2条第18項
　　　に定める事業者をいいます。別途当行が定め、今後公表する予定の「電子決済等
　　　代行業者との接続に係る基準」に合致し、当行との間で、電子決済等代行業に係
　　　る契約を締結した事業者に限る。
※2　Application Programming Interfaceの略。あるアプリケーションの機能や管理
　　　するデータなどを他のアプリケーションから呼び出して利用するための接続仕様
　　　のこと。
※3　改正銀行法第2条第17項第1号に定める行為。
※4　改正銀行法第2条第17項第2号に定める行為。
※5　別途、当行の法人向けインターネットバンキング「○○」上で振込依頼に対す
　　　る承認が必要。

3　API連携に係るシステムの構築に関する方針[13]

　　当行が提供するAPI連携に係るシステムは、「オープンAPIのあり方に関す
る検討会」（事務局：一般社団法人全国銀行協会）による「オープンAPIのあ
り方に関する検討会報告書—オープン・イノベーションの活性化に向けて—」
（2017年7月13日公表）記載のAPI仕様標準、セキュリティ原則に則っており
ます[14]。

　　「オープンAPIのあり方に関する検討会報告書—オープン・イノベーション
の活性化に向けて—」を含む「オープンAPIのあり方に関する検討会」の資料
については、下記URL先をご覧ください。

https://www.zenginkyo.or.jp/abstract/council/openapi/

13　「銀行の電子決済等代行業者との連携及び協働に係る方針に関する内閣府令第2条第
　　2号又は第3号に規定する整備を行う場合には、システムの設計、運用及び保守を自ら
　　行うか、又は第三者に委託して行わせるかの別その他の当該整備に係るシステムの構築
　　に関する方針」（銀行の電子決済等代行業者との連携及び協働に係る方針に関する内閣
　　府令2条4号）
14　「システムの構築に関する方針」については、各金融機関において、「電子決済等代行
　　業者との連携及び協働に係る基本方針」をふまえ、必要と判断した体制整備に係るシス
　　テムの構築に関する方針の記載を求めているものであり、たとえば、採用する認証・認
　　可の方式等（アーキテクチャ・スタイル、データ表現形式および認可プロトコルの方式
　　等）やインターネットバンキングの共同センターの利用の有無、などが考えられる（パ
　　ブコメ回答14番）。
　　　本モデル例の「オープンAPIのあり方に関する検討会」による「オープンAPIのあり
　　方に関する検討会報告書—オープン・イノベーションの活性化に向けて—」記載のAPI
　　仕様標準、セキュリティ原則にのっとる記載例は、株式会社三井住友銀行の「電子決済
　　等代行業者との連携及び協働に係る方針」を参考にしたものであるが、同様の記載例に
　　よる銀行が多くなるものと考えられる。

当行は、法人及び個人のお客さまの口座に係るAPI連携システムの設計、運用及び保守について、以下の会社に委託をして行う予定です[15]。

（法人のお客さまの口座に係るAPI連携システムの設計、運用及び保守の委託先）
　株式会社○○

（個人のお客さまの口座に係るAPI連携システムの設計、運用及び保守の委託先）
　株式会社○○

4　本件の担当部署及び連絡先[16]
　当行との連携及び協働についてご検討の電子決済等代行業者の方は、以下までお問い合わせ下さい。
○○部
Eメールアドレス：
電話番号：

5　参考情報[17]
　当行が提供するAPIの具体的な仕様などについては、当行サイト上で順次公開していく予定です。

15　ベンダー名については、2条4号により記載すべき事項には該当しないため、法令上公表が義務づけられているわけではないものの、各行の判断により、同条6号の「参考となるべき情報」として公表することが考えられる（パブコメ回答12番）。

16　「当該銀行において電子決済等代行業者との連携及び協働に係る業務を行う部門の名称及び連絡先」（銀行の電子決済等代行業者との連携及び協働に係る方針に関する内閣府令2条5号）

17　「その他電子決済等代行業者が当該銀行との連携及び協働を検討するに当たって参考となるべき情報」（銀行の電子決済等代行業者との連携及び協働に係る方針に関する内閣府令2条6号）
　「その他電子決済等代行業者が当該銀行との連携及び協働を検討するに当たって参考となるべき情報」については、各金融機関において、「電子決済等代行業者との連携及び協働に係る基本方針」をふまえ、電子決済等代行業者の検討の参考となる事項の記載を求めているものであるが、たとえば、預金口座に係るAPIにより公開される情報の範囲、投信口座についてのAPI対応予定の有無などさまざまなものが考えられる（パブコメ回答16番）。

3 「電子決済等代行業者との連携及び協働に係る方針」（API連携しない場合）のモデル例

「電子決済等代行業者との連携及び協働に係る基本方針」（API方針内閣府令2条1号）は、電子決済等代行業者との連携・協働を行わない場合にも、「基本方針」を策定することが必要となります。

このような場合、以下のようなモデル例により公表することになります。

電子決済等代行業者との連携及び協働に係る方針

株式会社○○銀行

当行は、電子決済等代行業者との連携及び協働に係る方針を以下の通りといたします。

1　電子決済等代行業者との連携及び協働に係る基本方針

（理由）

オープン・イノベーションの重要性については認識しておりますが、当行での顧客との接点は、Face to Faceが中心であることを鑑み、電子決済等代行業者との連携及び協働の実施の開始については時期尚早と考えます。

（方針）

よって、平成○年○月時点においては電子決済等代行業者との連携及び協働の実施は開始しません。尚、連携及び協働の実施を開始する際は、改めてご案内いたします。

以上

Q16
全国銀行協会の「オープンAPIのあり方に関する検討会報告書」および金融情報システムセンター（FISC）が公表している「API接続チェックリスト〈2018年10月版〉」について教えてください

A 　全国銀行協会の「オープンAPIのあり方に関する検討会報告書」は、API仕様標準、セキュリティ原則などを示し、FISCの「API接続チェックリスト〈2018年10月版〉」は、金融機関とのAPI接続をするにあたってのセキュリティ基準のチェックリストを示しています。いずれも、多くの金融機関において、電子決済等代行業者とAPI接続をするにあたっての接続基準となっています。

解　説

1　全国銀行協会「オープンAPIのあり方に関する検討会報告書」

⑴　報　告　書

　全国銀行協会は、銀行法等の改正により、電子決済等代行業制度が導入されることにあわせるかたちで、「オープンAPIのあり方に関する検討会」において、オープンAPIの活用促進とセキュリティ、利用者保護のバランスを考慮した、オープンAPIの活用促進に向けた官民連携のイニシアティブである「オープンAPIのあり方に関する検討会報告書」（以下「検討会報告書」という）を取りまとめました（平成29（2017）年7月13日公表）[18]。

　検討会報告書は、開発原則、開発標準、電子使用標準に関する基本的な考え方を示しています。金融機関および電子決済等代行業者が提供するAPI連携に係るシステムは、全国銀行協会の「オープンAPIのあり方に関する検討

18　https://www.zenginkyo.or.jp/fileadmin/res/abstract/council/openapi/openapi_report_1.pdf

図表2-16-1　オープンAPIの開発原則

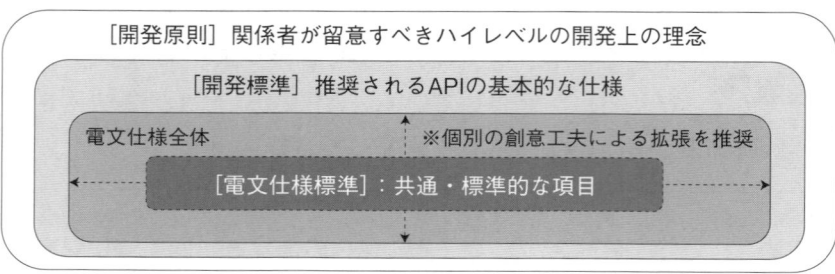

［開発原則］関係者が留意すべきハイレベルの開発上の理念

［開発標準］推奨されるAPIの基本的な仕様

電文仕様全体　　　　　　　　　　※個別の創意工夫による拡張を推奨

［電文仕様標準］：共通・標準的な項目

（出所）　全国銀行協会「オープンAPIのあり方に関する検討会報告書」

会報告書」に記載のAPI仕様標準、セキュリティ原則にのっとって行うこととしているものが多いです。

(2)　開発原則

検討会報告書には、開発原則について以下のとおり定められています。

【原則1】　API利用者目線を意識した分かりやすくシンプルな設計・記述とすること

（例）

・URIにAPIの機能が判別できる名称を設定している。URIを、可読性が高く、修正が容易な記述としている。

・URIの表記ルールを自行内で統一し、表記内容には一般的に利用されている（意味がわかりやすい）名詞を採用している。

・データを接続相手方から指定できる仕様としている（指定された情報以外の全ての情報を応答するような仕様としない）。

・エラー原因を接続相手方が判別できるよう詳細情報も応答する仕様としている。

【原則2】　APIの種類に応じた適切なセキュリティレベルを確保すること

（例）

・接続相手方と銀行間の通信経路について、BCP195に従いTLSを使用

して暗号化、保護している。

・XSS、XSRF等の一般的なセキュリティ対策に加え、JSONハイジャック等のAPI特有の脆弱性にも十分な対策を講じている。

・API実行回数の制限や制限値を超えた要求が行われた場合のエラー対応等の対策をとっている。

・ユーザーが意図しないAPI操作が実行された場合を想定して、トークンのリボーク（失効）機能を実装している。

・取引番号や接続相手方の特定番号等、取引を特定するための識別子を導入している。

【原則3】 デファクトスタンダードや諸外国のAPI標準、国際標準規格との整合性を意識すること

（例）

・仕様の決定に当たっては、諸外国を含む他行のAPIの仕様を調査のうえ、整合性を意識した設計としている。

・ステータスコードを含め標準化されているHTTPの仕様を最大限利用し、独自仕様の利用を最小限とするよう努めている。

【原則4】 仕様変更によるAPI利用者への影響をコントロールすること

（例）

・開発ポータルを準備し、新バージョンリリース前に接続相手方がテストを行える環境を整備している。

・仕様変更を行った場合でも後方互換性をできる限り確保できるような設計を予め行っている。

(3) 開発標準

検討会報告書には、開発標準については以下のとおり定められています。

a 「アーキテクチャ・スタイル」として、RESTを、「通信プロトコル」にはHTTPsの使用を推奨する。RESTは、Richardson Maturity Model Level2（GET/POST/PUT/DELETE等のHTTP動詞の導入）を充

足する設計とすることを推奨する。これらは、2017年6月現在、API
における主流の仕様である。

b 「**データ表現形式**」として、JSONを推奨する。RESTでは、
JSON・XML等の様々なデータ表現形式の利用が可能であるが、
JSONは簡素かつ軽量に構造化したデータを記述可能であるため、
2017年6月現在、新たに開発されるAPIにおいてはJSONが主流となっ
ている。

c 「**認可プロトコル**」として、OAuth2.0認可フレームワーク（以下
「OAuth2.0」という。）を推奨する。なお、金融分野におけるAPIへの
OAuth2.0の適用に関する詳細仕様は、2017年6月現在、OpenID
Foundation Financial API WG（FAPIWG）において、セキュリティ
水準を確保する観点から、標準化作業が実施されている。同団体で
OAuth2.0適用の詳細仕様が発行された際には、各銀行において同仕
様への準拠や準拠に向けた方針等が検討されることが望ましい。

d 「**バージョン管理**」として、セマンティック・バージョニングを推
奨する。仕様変更によるAPI利用者への影響をコントロールする観点
から、メジャー、マイナー、パッチ等の区分を用いて仕様変更レベル
を管理する。

⑷　**電文仕様標準**

検討会報告書においては、電文仕様標準については以下のとおり定められ
ています。

➤「電文仕様標準」を策定する対象範囲は、複数の銀行、複数の
FinTech企業等との接続を前提とする（すなわち銀行間で共通の）API
とし、当面の対象としては、預金に係る、①残高照会、②入出金明細
照会、③振込とすること。

➤特に残高照会および入出金明細照会については、2017年6月現在、一
部のFinTech企業等において、預金者のインターネット・バンキング

のログインID／パスワード等の重要な認証情報を利用したスクレイピングが活用されている状況に鑑み、APIへの円滑なシフトを可能とする観点から、速やかに標準の策定に向けた検討を進めることが期待される。

➤「電文仕様標準」の内容は、①応答メッセージに記述する共通項目（含む項目粒度）、②当該共通項目の定義、③パラメータの記述ルール（複数許容する場合はそのパターン）を軸に検討を進めること。

➤「電文仕様標準」の策定に当たっては、「開発原則」に従うとともに、各銀行による拡張を前提とし、また関係者におけるAPI連携に向けた先行的な取組みを阻害しないよう、標準の位置付け、範囲に留意すること。

➤策定した「電文仕様標準」は、関係者が広く参照し、自由に利用できるよう公表すること。

➤その他の点については、銀行界、IT事業者、FinTech企業等の各関係者の意見を参考に進めること。

(5) セキュリティ原則

検討会報告書においては、セキュリティ原則については以下の項目について定められています。

【API接続先の適格性】
・事前審査
・モニタリング
【外部からの不正アクセス対策】
・アクセス権限の付与に係る認証
・アクセス権限／トークンの管理
・個々の取引に係る認証
・通信方式
・システムの堅牢性

・不正検知・監督機能

【内部からの不正アクセス対策】

・銀行における内部不正対策

・API接続先における内部不正対策

【不正アクセス発生時の対応】

・システム設計・仕様

・情報連携、対策協議

【セキュリティ対策の継続的な改善・見直し、高度化】

⑹　利用者保護原則

　検討会報告書においては、利用者保護原則については以下の項目について定められています。

【API接続先の適格性】

・事前審査

・モニタリング

・その他の留意点

【説明・表示、同意取得】

・重要な情報の表示、同意取得

・リスク等に関する表示

・利用者の誤認防止

・その他の表示

【不正アクセスの未然防止】

【被害発生・拡大の未然防止】

・初動対応

・利用者への連絡

【利用者に対する責任・補償】

・当事者間における事前の取決め

・補償内容・範囲に関する考え方

・API接続先が補償・返金責任を負う場合の留意点

2 FISCの「API接続チェックリスト」

金融情報システムセンター（FISC）が、平成29（2017）年6月に公表した
「API接続チェックリスト（試行版）」は、金融機関とAPI接続先の双方にお
いて利用されています。

同試行版の公表後1年を機に、FISCは、「金融機関におけるオープンAPI
に関する有識者検討会」を設立するとともに、当該チェックリストの内容を
具体的に検討する場として、同検討会のもとに「API接続チェックリスト
ワーキンググループ」を設置し、検討してきました。そして、同検討会での
審議を経て、「API接続チェックリスト〈2018年10月版〉」[19]を公表しました。

ほとんどの銀行は、電子決済等代行業者のAPI接続の際の基準として、
FISCのAPI接続チェックリストを利用しています。

19　https://www.fisc.or.jp/document/public/003107.php

電子決済等代行業者に対する監督規定について教え
てください

A 電子決済等代行業者には、帳簿書類の作成・保存義務、
電子決済等代行業に関する報告書の提出義務、報告・徴
求、立入検査、業務改善命令、登録の取消しといった監督規定が
置かれています。

解 説

1 電子決済等代行業に関する帳簿書類（銀行法52条の61の12、同法施行規則34条の64の20）

　電子決済等代行業者は、総勘定元帳を作成し、その作成の日から10年間保存しなければなりません。

　銀行法に基づき作成される総勘定元帳については、内閣府の所管する金融関連法令に係る民間事業者等が行う書面の保存等における情報通信の技術の利用に関する法律および同法施行規則等に規定する要件を満たす場合には、電子的な保存が可能となります。なお、法人税法その他の法令により求められる保存方法については、別途当該法令に従う必要があると考えられます（PC194）。

　総合勘定元帳が、電子決済等代行業に係る事業だけではなく、電子決済等代行業に該当しない事業に係る内容も含んだものである場合でも、法の要件を充足します（PC195）。

2 電子決済等代行業に関する報告書

(1) 報告書の提出・様式（銀行法52条の61の13、同法施行規則34条の64の21第1項）

　電子決済等代行業者は、事業年度ごとに、以下のとおり、電子決済等代行

業に関する報告書を作成し、事業年度経過後3カ月以内に金融庁長官等に提出しなければなりません。

① 電子決済等代行業者が個人である場合……別紙様式第21号

（添付書類）

別紙様式第23号により作成した財産に関する調書及び収支の状況を記載した書面

② 電子決済等代行業者が法人である場合……別紙様式第22号

（添付書類）

貸借対照表及び損益計算書又はこれらに代わる書面

※別紙様式第22号の5項において、電子決済等代行業再委託者数の記載が求められており、あわせて注釈として、「自身が直接取引を行う者の合計者数」と示されています。銀行法施行規則34条の64の9第2項では、電子決済等代行業再委託者について、電子決済等代行業者に対して二以上の段階にわたる委託を行う者も含むこととされていますが、別紙様式第22号の5項の「自身が直接取引を行う者」は、この二以上の段階にわたる委託を行う者は含まないという趣旨です（PC197）。これは、別紙様式第21号の5項についても同様と考えられます。

(2) **報告書の提出期間の延長**（銀行法施行規則34条の64の21第2項）

電子決済等代行業者は、やむをえない理由により事業年度経過後3カ月以内に電子決済等代行業に関する報告書の提出をすることができない場合には、あらかじめ金融庁長官等の承認を受けて、当該提出を延期することができます。

(3) **報告期間延長の承認申請**（銀行法施行規則34条の64の21第3項）

電子決済等代行業者は、上記(2)の承認を受けようとするときは、承認申請書に理由書を添付して金融庁長官等に提出しなければなりません。

(4) **金融庁長官等による審査**（銀行法施行規則34条の64の21第4項）

金融庁長官等は、上記(3)の承認の申請があったときは、当該申請をした電子決済等代行業者が上記(2)の提出の延期をすることについてやむをえないと認められる理由があるかどうかを審査します。

3 報告・資料の提出（銀行法52条の61の14）

① 金融庁長官等は、電子決済等代行業者の電子決済等代行業の健全かつ適切な運営を確保するため必要があると認めるときは、当該電子決済等代行業者に対し、その業務・財産の状況に関し報告・資料の提出を求めることができます（1項）。

② 金融庁長官等は、電子決済等代行業者の電子決済等代行業の健全かつ適切な運営を確保するため特に必要があると認めるときは、その必要の限度において、当該電子決済等代行業者と電子決済等代行業の業務に関して取引する者または当該電子決済等代行業者から電子決済等代行業の業務の委託を受けた者（その者から委託（二以上の段階にわたる委託を含む）を受けた者を含む）に対し、当該電子決済等代行業者の業務・財産の状況に関し報告・資料の提出を求めることができます（2項）。なお、ここで「当該電子決済等代行業者と電子決済等代行業の業務に関して取引する者」には、電子決済等代行業再委託者も含まれると考えられます（「逐条解説 2017年銀行法等改正」64頁）。

③ 電子決済等代行業者と電子決済等代行業の業務に関して取引する者または電子決済等代行業者から電子決済等代行業の業務の委託を受けた者は、正当な理由があるときは、前項の規定による報告または資料の提出を拒むことができます（3項）。

4 立入検査（銀行法52条の61の15）

① 金融庁長官等は、電子決済等代行業者の電子決済等代行業の健全かつ適切な運営を確保するため必要があると認めるときは、当該職員に当該電子決済等代行業者の営業所もしくは事務所その他の施設に立ち入らせ、その業務・財産の状況に関し質問させ、または帳簿書類その他の物件を検査させることができます（1項）。

② 金融庁長官等は、立入り、質問または検査を行う場合において、特に必要があると認めるときは、その必要の限度において、当該職員に電子決済等代行業者と電子決済等代行業の業務に関して取引する者もしくは電子決

済等代行業者から電子決済等代行業の業務の委託を受けた者の施設に立ち入らせ、電子決済等代行業者に対する質問もしくは検査に必要な事項に関し質問させ、または帳簿書類その他の物件を検査させることができます（2項）。

③　上記①、②の場合において、当該職員は、その身分を示す証明書を携帯し、関係人の請求があったときは、これを提示しなければなりません（3項）。

④　上記①、②による権限は、犯罪捜査のために認められたものと解してはなりません（4項）。

⑤　上記1③は、上記②による電子決済等代行業者と電子決済等代行業の業務に関して取引する者または電子決済等代行業者から電子決済等代行業の業務の委託を受けた者に対する質問および検査について準用します（5項）。

5　業務改善命令（銀行法52条の61の16）

金融庁長官等は、電子決済等代行業者の電子決済等代行業の健全かつ適切な運営を確保するため必要があると認めるときは、当該電子決済等代行業者に対し、その必要の限度において、業務の内容および方法の変更その他監督上必要な措置を命ずることができます。

6　登録の取消し（銀行法52条の61の17）

①　金融庁長官等は、電子決済等代行業者が次の各号のいずれかに該当するときは、電子決済等代行業者の登録を取り消し、または6カ月以内の期間を定めて業務の全部もしくは一部の停止を命ずることができます（銀行法52条の61の17第1項）。

（i）　電子決済等代行業者が登録拒否事由のいずれかに該当することとなったとき

（ii）　不正の手段により電子決済等代行業者の登録を受けたとき

（iii）　銀行法または銀行法に基づく内閣総理大臣（金融庁長官等）の処分に

違反したとき、その他電子決済等代行業の業務に関し著しく不適当な行
為をしたと認められるとき

② 金融庁長官等は、電子決済等代行業者の営業所もしくは事務所の所在地
を確知できないとき、または電子決済等代行業者の所在（法人である場合
は、その法人を代表する役員の所在）を確知できないときは、その事実を官
報に公告し、その公告の日から30日を経過しても当該電子決済等代行業者
から申出がないときは、当該電子決済等代行業者の電子決済等代行業者の
登録を取り消すことができます（銀行法52条の61の17第2項、同法施行規則
34条の64の22）。

③ 上記②の規定による処分については、行政手続法第3章（不利益処分）
の規定は、適用されません（銀行法52条の61の17第3項）。

7　登録の抹消（銀行法52条の61の18）

　金融庁長官等は、次に掲げる場合には、電子決済等代行業者の登録を抹消
しなければなりません。

① 銀行法52条の61の17第1項、2項の規定により電子決済等代行業者の登
録を取り消したとき

② 廃業等の届出事由に該当すること（銀行法52条の61の7第2項）により電
子決済等代行業者の登録がその効力を失ったとき

Q18　電子決済等代行業者に対する監督はどのようになされますか

A 金融庁の「主要行等向けの総合的な監督指針」（以下「監督指針」という）において、システムリスク管理態勢を中心にモニタリングをすることとされ、具体的な着眼点が示されています。

金融庁の監督指針が令和元（2019）年7月24日に改正され、以下のとおり、システムリスク管理態勢を中心にモニタリングをすることとされ、具体的な着眼点が示されました。これは、全国銀行協会の報告書やFISCのAPI接続チェックリストと同様に、銀行が要求する接続基準としても参考になるものです。

解　説

1　電子決済等代行業者の監督に関する基本的な考え方（監督指針IX-2-1）

電子決済等代行業の登録制度については、他の金融関連の諸制度とは異なり、人的構成要件は求めておらず、財産的基礎も純資産額が負値でないことのみを求めているなど、新規参入のハードルは非常に低く設定されており、個人や中小・零細企業が申請してくることも想定して制度設計がなされています。その趣旨は、IT企業等を含む多様な参加者による金融サービスのイノベーションを促進する観点にあり、規制は利用者保護を図る観点から必要最小限のものとなっています。

他方で、電子決済等代行業は、利用者と銀行との中間に位置し、決済指図の伝達や口座情報の取得・顧客への提供を行うことから、利用者保護を図るため、システムの安定性が求められます。

このため、電子決済等代行業者の監督においても、利用者保護を図る観点

から、主要なリスクにフォーカスし、業容拡大に伴う体制の充実に向けた取組みについてモニタリングを行っていくものとされています。

電子決済等代行業は基本としてITを活用した業務であり、その主要なリスクは、システムリスクとなります。電子決済等代行業者の監督にあたっては、システムリスク管理態勢を中心にモニタリングを実施し、電子決済等代行業者が、システムの安定性や利用者保護を確保しつつ、技術の進展をリードし、利用者利便の向上に資するサービスを提供することを促していくものとされています。

2 監督に係る事務処理の基本的な考え方・監督手法（監督指針 IX-2-2(1)）

銀行法等の一部を改正する法律（平成29年法律第49号）の附帯決議においては、フィンテックが急速に進展するなかで、IT企業等を含む多様な参加者による金融サービスのイノベーション促進を支援する観点から、報告徴求・検査等が関係事業者等の活動やイノベーションを阻害しないこと等に留意することが求められています。こうしたことや、小規模な事業者も多く、利用者の金銭を預からない業務特性もふまえ、事業者の負担軽減の観点から、主要なリスクであるシステムリスクについて、原則オフサイト・モニタリングによりモニタリングを実施するものとされています。

3 システムリスク

(1) 意義（監督指針IX-3-1(1)）

「システムリスク」とは、コンピュータシステムのプログラムミスや脆弱性等によるダウンまたは誤作動等に伴い、利用者および電子決済等代行業者ならびに銀行が損失を被るリスクやコンピュータが不正に使用されることにより利用者および電子決済等代行業者ならびに銀行が損失を被るリスクをいいますが、電子決済等代行業者には新商品・サービスの提供の拡大等に伴い、システム上の諸課題に的確に対応することが求められています。

仮に電子決済等代行業者において、システム障害やサイバーセキュリティ

事案[20]（以下「システム障害等」という）が発生した場合は、利用者の社会経済生活、企業等の経済活動における利便性が損われるのみならず、利用者保護上重大な影響を及ぼす問題が発生するおそれがあります。

このため、決済システムの補助的機能を担う電子決済等代行業者にとってシステムリスク管理態勢の充実強化は重要です。

ただし、以下の着眼点に記述されている字義どおりの対応が電子決済等代行業者においてなされていない場合にあっても、当該電子決済等代行業者の規模・業務の特性等や、電子決済等代行業者のシステムのみが停止した場合においては、利用者は、電子決済等代行業者のシステムを経由せずとも、直接的に銀行のシステムを利用すれば、送金指図の伝達や口座情報の取得が可能であることをふまえ、誤送金などの重大な問題が発生しておらず利用者保護の観点から、特段の問題が認められないのであれば、直ちに改善を求める必要はありません。

また、電子決済等代行業者の能力に照らして、当該電子決済等代行業者単独では、その行う電子決済等代行業に必要な水準を満たすことができない部分があったとしても、当該業務を行うにあたって連携・協働する銀行においてその部分を分担する場合には、必要な水準を満たすものと判断されます（ただし、この場合、電子決済等代行業者が新たに別の銀行と連携・協働する場合には、新たに連携・協働する銀行が、その部分を分担できているかに留意する必要があります）。

(2) 主な着眼点（監督指針IX-3-2）

電子決済等代行業者のシステムリスクに関する着眼点は、図表2-18-1のとおりです。これは、全国銀行協会の報告書やFISCのAPI接続チェックリストと同様に、銀行が要求する接続基準としても参考になるものです。

---

[20]「サイバーセキュリティ事案」とは、情報通信ネットワークや情報システム等の悪用により、サイバー空間を経由して行われる不正侵入、情報の窃取、改ざんや破壊、情報システムの作動停止や誤作動、不正プログラムの実行やDDoS攻撃等の、いわゆる「サイバー攻撃」により、サイバーセキュリティが脅かされる事案をいう。

図表２－18－１　電子決済等代行業者のシステムリスクに関する着眼点

システムリスク管理	
①	システムリスク管理担当部署は、サービスの多様化による大量取引の発生や、ネットワークの拡充によるシステム障害等の影響の複雑化・広範化などをふまえ、定期的にまたは適時にリスクを認識・評価しているか。 　また、定期的なレビューに加え、新規サービス（利用者への影響の大きい変更や、システムの変更を伴わないものの大規模な販売促進活動を行う場合を含む）の提供とともに、レビューを実施しているか。
②	システム障害等の発生時の被害拡大防止策および迅速な復旧対応について、経営上の重大な課題と認識し、態勢を整備しているか。 　特に、サイバーセキュリティ事案の未然防止について、重大な課題と認識し、態勢を整備しているか。
③	経営に重大な影響を及ぼすシステム障害等が発生した場合に、すみやかに経営上責任を負う立場の者に対して報告することとなっているか。 　また、必要に応じて、対策本部を立ち上げ、すみやかに問題の解決を図る態勢を構築できるよう検討を行っているか。
④	現行システムの仕組みおよび開発技術の継承を含め、事業継続のために必要な技術的対応に関する計画を策定し、実施しているか。
⑤	提供する新サービス、銀行のAPI仕様変更および認証方式の変更等について、利用者側の動作環境をふまえたテストシナリオを設定し、検証しているか。
⑥	システムリスク管理態勢の整備・見直しにあたっては、その内容について第三者による評価や金融情報システムセンターが示す基準（API接続チェックリスト解説書等）など、客観的な水準が判定できるものを根拠として整備しているか。また、システムリスク管理態勢は、システム障害等の把握・分析、リスク管理の実施結果や技術進展等に応じて、不断に見直しを実施しているか。
情報セキュリティ管理	
①	情報資産を適切に管理するために方針の策定、組織体制の整備、社内規程の策定、内部管理態勢の整備を図り、定期的に見直しを行っているか。また、他社における不正事案等も参考に、情報セキュリティ管理態勢のPDCAサイクルによる継続的な改善を図っているか。
②	情報の機密性、完全性、可用性を維持するために、情報資産の安全管理に関する業務遂行の責任者を定め、その役割・責任を明確にしたうえで、管理

	しているか。また、同責任者は、システム、データ、ネットワーク管理上のセキュリティに関することについて統括しているか。
③	コンピュータシステムの不正使用防止対策、不正アクセス防止対策、コンピュータウィルス等の不正プログラムの侵入防止対策等を実施しているか。
④	電子決済等代行業者が責任を負うべき利用者の重要情報を網羅的に洗い出し、把握、管理しているか。利用者の重要情報の洗い出しにあたっては、必要に応じ、業務、システム、外部委託先および電子決済等代行業再委託者を対象範囲とすることも検討しているか。
⑤	洗い出した利用者の重要情報について、重要度判定やリスク評価を実施しているか。 　また、それぞれの重要度やリスクに応じ、以下のような情報管理ルールを策定しているか。 ・情報の暗号化、マスキングのルール ・情報を利用する際の利用ルール ・記録媒体等の取扱いルール　等
⑥	洗い出した利用者の重要情報について、以下のような不正アクセス、不正情報取得、情報漏えい等を牽制、防止する仕組みを導入しているか。 ・社員の権限に応じて必要な範囲に限定されたアクセス権限の付与 ・アクセス記録の保存、検証 ・開発担当者と運用担当者の分離、管理者と担当者の分離等の相互牽制体制等
⑦	機密情報について、暗号化やマスキング等の管理ルールを定めているか。また、暗号化プログラム、暗号鍵、暗号化プログラムの設計書等の管理に関するルールを定めているか。また、情報の重要度に応じて管理ルールを設定しているか。 　なお、「機密情報」とは、パスワード、トークン等、漏えいにより利用者に損失が発生する可能性のある情報をいう。
⑧	機密情報の保有・廃棄、アクセス制限、外部持出し等について、業務上の必要性を十分に検討し、より厳格な取扱いをしているか。
⑨	情報資産について、管理ルール等に基づいて適切に管理されていることを定期的にモニタリングし、管理態勢を継続的に見直しているか。
⑩	セキュリティ意識の向上を図るため、全社員に対するセキュリティ教育（外部委託先におけるセキュリティ教育の実施状況の確認等を含む）を行っているか。
⑪	第三者機関のクラウドサービスを利用する場合には、選定に際して、その

	特性をふまえたうえで、セキュリティの安全性について適切な評価を実施しているか。
⑫	電子決済等代行業者のサービスへのアクセスにおいて、利用者保護のため適切な認証機能を備えているか。

サイバーセキュリティ管理

①	サイバーセキュリティについて、経営上責任を負う立場の者は、サイバー攻撃が高度化・巧妙化していることをふまえ、サイバーセキュリティの重要性を認識し必要な態勢を整備しているか。
②	サイバーセキュリティについて、組織体制の整備、社内規程の策定のほか、以下のようなサイバーセキュリティ管理態勢の整備を図っているか。 ・サイバー攻撃に対する監視体制 ・サイバー攻撃を受けた際の報告および広報体制 ・組織内CSIRT（Computer Security Incident Response Team）等の緊急時対応および早期警戒のための体制 ・情報共有機関等を通じた情報収集・共有体制　等
③	サイバー攻撃に備え、入口対策、内部対策、出口対策といった多段階のサイバーセキュリティ対策を組み合わせた多層防御を講じているか。 ・入口対策（たとえば、ファイアウォールの設置、抗ウィルスソフトの導入、不正侵入検知システム・不正侵入防止システムの導入　等） ・内部対策（たとえば、特権ID・パスワードの適切な管理、不要なIDの削除、特定コマンドの実行監視　等） ・出口対策（たとえば、通信ログ・イベントログ等の取得と分析、不適切な通信の検知・遮断　等）
④	サイバー攻撃を受けた場合に被害の拡大を防止するために、以下のような措置を講じているか。 ・攻撃元のIPアドレスの特定と遮断 ・DDoS攻撃に対して自動的にアクセスを分散させる機能 ・システムの全部または一部の一時的停止 等
⑤	システムの脆弱性について、OSの最新化やセキュリティパッチの適用など必要な対策を適時に講じているか。
⑥	サイバーセキュリティについて、ネットワークへの侵入検査や脆弱性診断等を活用するなど、セキュリティ水準の定期的な評価を実施し、セキュリティ対策の向上を図っているか。
⑦	サイバー攻撃を想定したコンティンジェンシープラン（緊急時対応計画）を策定し、訓練や見直しを実施し、高度化を図っているか。

外部委託管理

① 　外部委託先の選定にあたり、選定基準に基づき評価、検討のうえ、選定しているか。

② 　外部委託契約において、外部委託先との役割分担・責任、監査権限、再委託手続、提供されるサービス水準等を定めているか。また、外部委託先の全社員が遵守すべきルールやセキュリティ要件を外部委託先へ提示し、契約書等に明記しているか。

③ 　システムに係る外部委託業務（2段階以上の委託を含む）について、リスク管理が適切に行われているか。
　特に外部委託先が複数の場合、管理業務が複雑化することから、より高度なリスク管理が求められることを十分認識した体制となっているか。
　システム関連事務を外部委託する場合についても、システムに係る外部委託に準じて、適切なリスク管理を行っているか。

④ 　外部委託業務（2段階以上の委託を含む）について、委託元として委託業務が適切に行われていることを定期的にモニタリングしているか。

被害拡大防止措置

① 　システム障害等が発生した場合に、利用者に対し無用の混乱を生じさせないよう、利用者の被害拡大防止策を含め適切な措置を検討しているか。特に、電子決済等代行業のシステムのみが停止した場合においては、利用者は、電子決済等代行業者のシステムを経由せずとも、直接的に銀行のシステムを利用すれば送金指図や口座情報の取得が可能であることから、適切にそうした案内・利用者からの相談・照会対応ができているか。
　なお、クラウドサービスに障害が発生した場合に備え、対応策の検討または利用者への適時適切な注意喚起が重要であることを念頭にクラウド事業者との障害発生時の連絡体制等の構築に努めているか。

② 　システム障害等の発生に備え、最悪のシナリオを想定したうえで、必要な対応を行う態勢を検討しているか。
　特に、業務への影響が大きい重要なシステムについては、バックアップシステム等を事前に準備し、災害、システム障害等が発生した場合に、すみやかに業務を継続できる態勢を整備しているか。

③ 　システム障害等の発生原因の究明、復旧までの影響調査、改善措置、再発防止策等を的確に検討しているか。

④ 　システム障害等の影響を極小化するために、たとえば、部分的障害の影響が波及する経路や迂回不能な単一障害点の把握など、影響波及の観点からリスク評価を行い、クラウドサービスの仕組みを適切に利用してリスク低減を

図るなど、利用者の被害を最小化するためのサービス・システム的な仕組みの整備について検討しているか。

4　登録後の監督手法・対応（監督指針Ⅸ-3-3）

⑴　電子決済等代行業に係る障害発生時

①　当局への報告……システム障害等の発生を認識次第、直ちに、その事実を当局宛てに報告を求めるものとされています。

また、復旧時、原因解明時にはあらためてその旨報告を求めることとされています。

ただし、復旧原因の解明がされていない場合でも、1カ月以内に現状についての報告を求めるものとされています。

特に、社会的に影響の大きいシステム障害等の場合や障害の原因解明に時間を要している場合等には、直ちに、障害の事実関係等についての一般広報およびウェブサイト等における利用者対応等も含めたコンティンジェンシープランの発動状況をモニタリングするとともに、迅速な原因解明と復旧を要請するものとされています。

（注）　報告すべきシステム障害等……その原因のいかんを問わず、電子決済等代行業者等（外部委託先や利用しているクラウドサービス提供事業者を含む）が現に使用しているシステム・機器（ハードウェア、ソフトウェアとも）に発生した障害であって、その機能に遅延、停止等が生じているものまたはそのおそれがあるもの。

ただし、一部のシステム・機器にこれらの影響が生じても、他のシステム・機器がすみやかに交替することで実質的にはこれらの影響が生じない場合を除く。

なお、障害が発生していない場合であっても、サイバー攻撃の予告がなされ、またはサイバー攻撃が検知される等により、利用者や業務に影響を及ぼす、または及ぼす可能性が高いと認められるときは、報告を求めるものとされています（電子決済等代行業者の業務特性に応じて対応するものとされています）。

②　追加の報告・業務改善命令……当局は、必要に応じて銀行法52条の61の14第1項に基づき追加の報告を求め、重大な問題があると認められる場合には、同法52条の61の16に基づき業務改善命令を発出するものとさ

れています。

(2) 不正送金、誤送金、情報漏えい等

特権IDの悪用による不正送金やシステムのプログラムミスによる誤送金等の利用者や経営に重大な影響がある問題を認識後、30日以内にその事実を当局宛てに報告を求め、重大な問題があると認められる場合には、銀行法52条の61の16に基づき業務改善命令を発出するものとされています（個人である利用者に関する情報の漏えいに関するものについては、銀行法に基づく対応のほか、個人情報の保護に関する法律における事業所管大臣への権限委任の状況に従い、必要な措置をとる場合があることに留意するものとされています）。

(3) 外部委託先への対応

システムに係る外部委託業務について、外部委託先における適切な業務運営が懸念される場合など、必要があると認められる場合には、以下のとおり取り扱うものとされています。

① 電子決済等代行業者の管理態勢に問題が認められる場合……上記(2)の当局宛報告等により、電子決済等代行業者の業務の外部委託先に係る管理態勢に問題があると認められる場合には、必要に応じ、銀行法52条の61の14第1項に基づき報告を求め、重大な問題があると認められる場合には、同法52条の61の16に基づき業務改善命令を発出する等の対応を行うものとされています。

② 外部委託先の業務運営態勢等に問題が認められる場合……委託者である電子決済等代行業者を通じて、事実関係等の把握等に努めることを基本としています。この場合においても、当該電子決済等代行業者に対しては、必要に応じ、銀行法52条の61の14第1項に基づき報告を求め、重大な問題があると認められる場合には、同法52条の61の16に基づき業務改善命令を発出する等の対応を行うものとされています。ただし、事案の緊急性や重大性等が高い場合、電子決済等代行業者に対して確認するだけでは十分な実態把握等が期待できない場合などには、外部委託先に対して、直接、ヒアリングを行うなど事実関係の把握等に努めることとしますが、特に必要があると認められる場合（たとえば、当該外部委託先に対して多数の他の電

子決済等代行業者が同種の外部委託を行っている場合など）には、当該外部委託先に対して、事実関係や発生原因分析および改善・対応策等必要な事項について、銀行法52条の61の14第2項に基づく報告を求めることとされています。

（注）　外部委託先に対してヒアリングを実施するに際しては、必要に応じ、委託者である電子決済等代行業者の同席を求めるものとされています。

Q19 認定電子決済等代行事業者協会について教えてください

A 認定電子決済等代行事業者協会は、会員が電子決済等代行業を営むにあたり、銀行法その他の法令の規定および規則を遵守させるための会員に対する指導、勧告その他の業務等を行うこととされています。認定電子決済等代行事業者協会は任意加入団体です。

解　説

1　認定電子決済等代行事業者協会の認定（銀行法52条の61の19）

　金融庁長官等は、電子決済等代行業者が設立した一般社団法人で、次に掲げる要件を備える者を、その申請により、下記2に規定する業務（以下「認定業務」という）を行う者として認定することができます。

① 電子決済等代行業の業務の適正を確保し、ならびにその健全な発展および利用者の利益の保護に資することを目的とすること

② 電子決済等代行業者を社員（「会員」）に含む旨の定款の定めがあること

③ 認定業務を適正かつ確実に行うに必要な業務の実施の方法を定めていること

④ 認定業務を適正かつ確実に行うに足りる知識および能力ならびに財産的基礎を有すること

2　認定電子決済等代行事業者協会の業務（銀行法52条の61の20）

　認定電子決済等代行事業者協会は、次に掲げる業務を行うものとされています。

① 会員が電子決済等代行業を営むにあたり、銀行法その他の法令の規定および下記③の規則を遵守させるための会員に対する指導、勧告その他の業

務

② 会員の営む電子決済等代行業に関し、契約の内容の適正化その他電子決済等代行業の利用者の利益の保護を図るために必要な指導、勧告その他の業務

③ 会員の営む電子決済等代行業の適正化ならびにその取り扱う情報の適正な取扱いおよび安全管理のために必要な規則の制定

④ 会員の銀行法もしくは銀行法に基づく命令もしくはこれらに基づく処分または③の規則の遵守の状況の調査

⑤ 電子決済等代行業の利用者の利益を保護するために必要な情報の収集、整理および提供

⑥ 会員の営む電子決済等代行業に関する利用者からの苦情の処理

⑦ 電子決済等代行業の利用者に対する広報

⑧ ①〜⑦に掲げるもののほか、電子決済等代行業の健全な発展および電子決済等代行業の利用者の保護に資する業務

3 加入義務

　認定電子決済等代行事業者協会への加入は任意です。なお、認定電子決済等代行事業者協会の趣旨に鑑みれば、電子決済等代行業者はできる限り認定電子決済等代行事業者協会に加入することが望ましいと考えられます。また、登録申請時に当該協会が設立されており、当該協会へ加入する場合には、登録申請書に加入する認定電子決済等代行事業者協会の名称の記載が必要であり（銀行法52条の61の3第1項、同法施行規則34条の64の2第1項2号）、当該記載事項に変更が生じた場合には変更届出が必要になります（銀行法52条の61の6第1項）（PC94）。

4 一般社団法人電子決済等代行事業者協会

　平成29（2017）年11月27日に設立された一般社団法人電子決済等代行事業者協会は、認定電子決済等代行事業者協会となることを目指しています[21]。

　法令上、認定電子決済等代行事業者協会は必ずしも1団体に限られるもの

ではありません。もっとも、電子決済等代行業の健全な発展のためには、実効性のある自主規制機能が確立されるよう、単一の自主規制団体において自主規制規則の策定・運用などの対応が行われることが望ましいと考えられます（PC198）。

21　https://www.fapi.or.jp/

銀行代理業委託契約書

　株式会社●●（以下「甲」という。）と株式会社○○（以下「乙」という。）は、以下の通り銀行代理業の委託契約（以下、「本契約」という。）を締結する。

（目的）

第1条

　甲は、第3条に掲げる銀行業務に係る契約の締結の代理又は媒介、若しくはこれらに付随する業務（以下、「委託業務」という。）を、甲を所属銀行とする銀行代理業者として行うことを乙に委託し、乙はこれを受託するものとする。

（委託業務を営む営業所又は事務所の設置、廃止、位置変更）

第2条

1　乙が委託業務を営む営業所又は事務所（以下「営業所等」という。）の名称及び所在地は別紙記載のとおりとする。

2　乙が営業所等を新たに設置する場合、又は既に存在する営業所等を廃止する場合、又は営業所等の位置変更を行う場合においては、甲に対して事前に通知を行った上で、銀行法第52条の39第1項に基づき届出を行うものとする。なお、乙が営業所等を廃止するにあたっては、当該営業所等の顧客に係る取引が甲の営業所、他の金融機関、他の銀行代理業者等へ支障なく引き継がれる等、当該営業所等の顧客に著しい影響を及ぼさないようにするための措置が講じられなければならないものとする。

（委託業務）

第3条

1　乙は、甲を所属銀行とする銀行代理業者として、甲との取引を希望する顧客（以下、単に「顧客」という。）と甲との間における次の各号に定める業務、若しくはこれらに付随する業務のうち、甲が顧客の利便のため必要と認め、甲乙双方で合意した業務を行うものとする。

　⑴　預金又は定期積金等の受入れを内容とする契約の締結の［代理又は媒介］

　⑵　資金の貸付けを内容とする契約の締結の［代理又は媒介］

　⑶　為替取引を内容とする契約の締結の［代理又は媒介］

2　乙は、甲乙協議のうえ別に定めた銀行代理業運営要領（以下、「運営要領」という。）に従い、委託業務を行うものとする。

3　甲が、運営要領を変更しようとするときは、乙と協議のうえ行うものとする。

（委託業務の営業日及び営業時間）

第4条

1　委託業務に係る乙の営業日及び営業時間は、甲のそれに準ずるものとする。

2　乙は、営業所等の公衆の見やすい場所に、営業日及び営業時間を掲示しなければならない。

3　乙が営業日又は営業時間の変更を希望する場合は、甲に対し事前に申し入れを行うものとし、甲は委託業務を円滑に行うことに支障がないと判断した場合に限り、これを認めるものとする。

（禁止行為）

第5条

乙は次の行為を行ってはならないものとする。

①　甲の営業上の秘密又は取引先の信用に関する事項を甲及び当該取引先以外の他社に漏らし、又は乙若しくは甲及び当該取引先以外の他社のために利用する行為。

②　顧客に対し、虚偽のことを告げる行為。

③　顧客に対し、不確実な事項について断定的判断を提供し、又は確実であると誤認させるおそれのあることを告げる行為。

④　顧客に対し、乙又は乙の子会社、その他の乙と密接な関係を有する者として銀行法施行規則第34条の50に規定される者（以下「密接関係者」という。）の営む業務に係る取引を行うことを条件として、資金の貸付け又は手形の割引を内容とする契約の締結の代理又は媒介をする行為。但し、乙が不当に取引を行うことを条件として、信用を供与し、又は信用の供与を約する行為ではないものを除く。

⑤　乙の密接関係者に対し、取引の条件が甲の取引の通常の条件に照らして甲に不利益を与えるものであることを知りながら、その通常の条件よりも有利な条件で資金の貸付け又は手形の割引を内容とする契約の締結の代理又は媒介をする行為。但し、甲が銀行法第13条の2但書の規定による承認を受けた取引又は行為に係るものを除く。

⑥　顧客に対し、その営む委託業務の内容及び方法に応じ、顧客の知識、経験及び財産の状況を踏まえた重要な事項について告げず、又は誤解させるおそれのあることを告げる行為。

⑦　顧客に対し、不当に、自己又は自己の指定する事業者と取引を行うことを条

件として、銀行法第2条第14項各号に規定する契約の締結の代理又は媒介をする行為（本条④に掲げる行為を除く。）。

⑧　顧客に対し、銀行代理業者としての取引上の優越的地位を不当に利用して、取引の条件又は実施について不利益を与える行為。

⑨　顧客に対し、不当に、銀行法第2条第14項各号に規定する契約の締結の代理又は媒介を行うことを条件として、自己又は自己の指定する事業者と取引をする行為。

⑩　顧客に対し、兼業業務における取引上の優越的地位を不当に利用して、委託業務に係る取引の条件又は実施について不利益を与える行為。

⑪　甲に対し、銀行代理行為に係る契約の締結の判断に影響を及ぼすこととなる重要な事項を告げず、又は虚偽のことを告げる行為。

⑫　不正な利用目的をもって甲から顧客に関する情報を取得する行為、又は委託業務の遂行にあたり取得した情報を不正に利用する行為。

（現金、有価証券等の取扱い）

第6条

　［乙は、委託業務を通じて顧客から現金・有価証券等の授受の受入れは行わない。］［乙は、委託業務を通じて顧客から現金・有価証券等の授受の受入れを行った場合は、かかる財産が自己の固有財産であるか、又はどの所属銀行に係るものであるか直ちに判別できる状態で管理しなければならない。］

（委託業務の再委託）

第7条

　乙が、第三者に委託業務の再委託をする際は、事前に甲と協議を行い、甲の許諾を得た場合に限り委託業務の再委託を行えるものとする。かかる場合、乙は銀行代理業再受託者との間で本契約と同様の契約を締結するものとする。

（監査）

第8条

1　甲は、乙による委託業務の遂行状況について、監査することができる。

2　甲は、監査の実施日、方法などについてあらかじめ乙に通知するとともに、乙の通常の業務時間内に監査を行うものとする。甲は乙の業務の遂行に支障が生じないよう合理的な方法で監査を行う。

3　甲は、委託業務に関し、前項の監査に基づき、必要に応じて業務遂行の改善要請及び資料提出の請求など合理的に必要な措置を行うことができるものとする。

4　甲が、監督官庁からの検査・監査上の要請に従って対応を行う必要が生じた場

合、乙は、委託業務に関し、資料提出等合理的な範囲で必要な協力を行うものとする。

（報告）

第9条

1　乙は、甲の定めるところに従い委託業務の遂行状況に関し定期的に甲に報告する。

2　甲は、必要に応じて委託業務の遂行状況に関して乙に報告を求めることができる。

3　委託業務に係る事務事故、不祥事件などが発生した場合は、直ちに甲に報告すると共に甲及び乙で協議をし、監督官庁宛に必要な報告事項については、それぞれが報告をするものとする。

（契約期間、更新）

第10条

本契約の有効期限は、契約締結の日を始期として令和●年●月●日までとし、左記有効期限の●日前までに甲と乙いずれからも相手方に対して、更新拒絶に関する通知又は内容変更の書面による申し出がなされない場合には、本契約と同一の条件で［1/2］年間継続されるものとし、以後も同様とする。

（本契約の解除）

第11条

甲又は乙は、次の各号に掲げる事由が生じた場合には、相手方に書面により通知することにより、本契約を解除することができる。

①　委託業務の遂行に関して相手方が関係法令等に違反し、又は関係法令等に違反するおそれが明らかになったとき

②　故意又は過失により相手方が顧客の利益を害したとき

③　相手方につき、支払の停止又は破産手続開始、民事再生手続開始、会社更生手続開始若しくは特別清算開始の申立て、又は解散（合併、会社分割、株式交換又は移転による場合を除く。）の決議があったとき

④　相手方が手形交換所の取引停止処分を受けたとき

⑤　相手方が仮差押え・仮処分・強制執行等を受け、契約の履行が困難と認められるとき

⑥　甲の銀行業務の健全かつ適切な運営を確保し、顧客の保護を図るために必要と認められる場合等、その他本契約を継続し難い重大な事由が発生した場合

（本契約等の変更）

第12条

1　甲又は乙のいずれかが、本契約の改定、変更等を申し出た場合、甲及び乙は、誠実に協議の上、その問題を解決するものとする。なお、本契約の改定、変更を行うには、甲及び乙の書面による合意によらなければならない。

2　甲は、銀行代理業の業務の健全かつ適切な運営を確保するため必要があると認めるときには、乙との間の本契約及び乙と銀行代理業再受託者との再委託契約の内容を変更し、又は解除することを求めることができる。乙は、合理的な理由なく、本契約及び再委託契約の内容を変更し、又は、解除することについての合意を拒まないものとする。

（店頭掲示等）

第13条

1　乙は、営業所等の公衆の見やすい場所に、銀行法第52条の40第1項に基づき作成された標識を提示しなければならない。

2　乙は、営業所等の委託業務を行う窓口には、委託業務を行う旨を顧客の目に付きやすいように掲示しなければならない。

3　乙は、顧客に対し、営業所等の委託業務を行わない窓口を、委託業務を行う窓口と誤認させないための措置を講じなければならない。

（研修）

第14条

　甲は、委託業務に従事する乙及び乙の従業員に対して、委託業務に係る業務を指導し、かつ、法令等を遵守させ、金融商品の適切な勧誘、説明及び書面交付を顧客に行えるようにすることを目的として、必要な研修を行うものとする。

（犯罪防止体制）

第15条

　乙は、営業所等において、甲の指導に従って、必要な犯罪防止措置を講じ、かつ当該営業所等の委託業務に係る顧客の情報の管理を適切に行うものとする。

（苦情処理体制）

第16条

　甲及び乙は、それぞれ委託業務に係る顧客からの苦情を適切かつ迅速に処理するための社内規則を作成し、甲の営業所等、甲及び乙における苦情受付の窓口となる部署をして各々の社内規則に従って委託業務にかかる顧客からの苦情に対し、適切かつ迅速に対処させるものとする。また、甲及び乙は、各々の統括部署において、

委託業務に係る顧客からの苦情内容を集約、分析し、双方協議のうえで再発防止に向けた措置を講ずるものとする。なお、乙は、営業所等において、顧客のために銀行代理業にかかる苦情受付窓口を明示するものとする。

（機密保持義務）

第17条

1　甲及び乙は、本契約等に関連して知り得た相手方の顧客情報（法人及び個人の情報を含む。）その他相手方の経営上、業務上、技術上の一切の情報（以下総称して「機密情報」という。）を厳格に管理し、本契約等を履行する目的以外には使用しないとともに本契約等に特に定める場合を除き第三者に開示せず、かつ漏えい、盗用若しくは改ざんしないものとする。

2　甲及び乙は、本契約等を履行するうえで必要な限りにおいて、相手方の機密情報をその取締役、役員又は従業員（以下総称して「従業員等」という。）に開示することができる。ただし、その場合、甲又は乙は当該従業員等に本契約等に定めると同等の機密保持義務を負わせるものとする。

3　本条の機密保持義務は、次のものについては適用しないものとする。ただし、個人情報（「個人情報の保護に関する法律」第2条第1項で定める特定の個人を識別できる情報をいう。以下同じ。）については、次のいずれかに該当する場合であっても、甲及び乙は、次条第2項に定めるとおり、「個人情報の保護に関する法律」その他の関連法令、ガイドライン等を遵守した取扱いをするものとする。

①　相手方から開示を受けたときに既に自己が所有していた情報

②　相手方から開示を受けたとき以降、適法に第三者から開示を受けた情報

③　自己又はその従業員等が本契約等の定めるところに違背して開示した場合を除き、公知となった情報

④　開示された機密情報によることなく甲又は乙が独自に開発又は創出した情報

⑤　国内外の法令若しくはガイドライン、行政機関、監督官庁、証券取引所若しくは自主規制機関の規則若しくは要請又は裁判所の命令に基づき開示を求められる場合（但し、可能な限り、開示の事実・内容を相手方に通知するものとする。）

⑥　弁護士・公認会計士その他法令上秘密保持義務を負う職業の者に開示する場合

4　本条は、本契約等が理由の如何を問わず終了した後も【　　年間】、なお有効とする。

5　乙が委託業務を第三者に再委託する場合には、乙は再委託業務の受託者に対して、本項と同等の機密保持義務を負わせるものとする。

（個人情報等の取扱い）

第18条

1　甲及び乙は、本契約等に関連して以下の情報（以下、「個人情報等」という。）を取扱う場合、当該個人情報等が前条に定める機密情報に該当し、前条に定める義務を負うことをここに確認する。

①　個人情報

②　非公開金融情報（その役員又は使用人が職務上知り得た顧客の預金、為替取引又は資金の借入れに関する情報その他の顧客の預金、為替取引又は資金の借入れに関する情報その他の顧客の金融取引又は資産に関する公表されていない情報（(i)信用情報に関する機関（資金需要者の借入金返済能力に関する情報の収集及び銀行に対する当該情報の提供を行うものをいう。）から提供を受けた情報であって個人である資金需要者の借入金返済能力に関するもの、及び(ii)顧客に関する人種、信条、門地、本籍地、保健医療又は犯罪経歴についての情報その他の特別の非公開情報（その業務上知り得た公表されていない情報をいう。）（以下これらを併せて「特別個人情報」という。）を除く。）をいう。）

③　非公開情報（その銀行代理業以外の業務上知り得た公表されていない情報（特別個人情報を除く。）をいう。以下同じ。）

2　甲及び乙は、各自が取扱う個人情報等については、前条に加えて、「個人情報の保護に関する法律」その他の関係法令、業界の定めるガイドライン等に基づき、取得（顧客からの同意を含む。）及び利用等を行うほか、当該個人情報等の管理に必要な措置を講じて、その漏えい・滅失・毀損を防止する努力を尽くすものとする。

3　甲及び乙は、各自が取扱う特別個人情報を、適切な業務の運営の確保その他必要と認められる目的以外の目的のために利用しないことを確保するための措置を講じるものとする。

4　甲及び乙は、本件契約に関連する個人情報等の不正使用、当該個人情報等の不正開示、漏えい、滅失、毀損、盗用、改ざんなど、当該個人情報等の安全管理に関する事故が発生した場合、又はこれらの事故が発生した恐れが生じた場合（以下あわせて「漏えい事案」という。）直ちに、事実関係を相手方に報告し、また指示に従うものとする。ただし、甲及び乙は、相手方から指示を受ける前に直ちに措置をとる必要があると判断した場合は、必要かつ合理的な手段を講じなけれ

ばならず、当該手段を講じた後直ちに、係る手段をとる必要性及びとった措置の
内容等を相手方に報告する。

5　乙は、甲の要請に応じて、甲の監督当局、本人への報告、漏えい事案に関する
公表について協力する。

（非公開金融情報・非公開情報の取扱い）

第19条

乙が非公開金融情報を委託業務以外の目的に使用する場合、又は、乙が非公開情
報を委託業務に使用する場合は、以下の方法により当該顧客より事前に同意を得る
ものとする。顧客の同意を得られない場合においては、当該情報の使用は禁止とす
る。尚、非公開金融情報及び非公開情報には、顧客の属性に関する情報（氏名、住
所、電話番号、性別、生年月日及び職業）は含まないものとする。

①　対面の場合、事前に書面による説明を行い、契約申込みまでに書面による同
意を得る

②　郵便による場合、事前に説明した書面を送付し、所属銀行への提供の前に、
同意した旨の返信を得る

③　電話による場合、事前に口頭による説明を行い、その後速やかに当該提供に
ついて説明した書面を送付（電話での同意取得後対面にて顧客と応接する場合
には交付でも可とする。）

④　インターネット等による場合、事前に電磁的方法による説明を行い、電磁的
方法による同意を得る

（甲以外の金融機関等のために行う銀行代理業）

第20条

本契約は、乙が甲以外の金融機関等との間で銀行代理業に関する委託契約を締結
し、当該金融機関等を所属銀行とする銀行代理業者として銀行代理業を行うことを
妨げない。

（委託手数料）

第21条

甲は乙に対し、甲乙協議のうえ別に定めた「銀行代理業務委託手数料に関する覚
書」に従い委託業務に関する手数料を支払うものとする。

（損害賠償責任）

第22条

1　甲又は乙が本契約に違反し、又は故意・過失等、自己の責めに帰すべき事由に
より相手方当事者に損害又は費用負担が生じたときは、損害又は費用負担が生じ

た当事者は、相手方当事者に対し、その損害又は費用の賠償を請求できるものとする。

2　甲又は乙は、前項の請求に基づいて相手方に支払うべき金額に対して年6％の割合による延滞損害金を相手方に支払うものとする。この場合の計算方法は、年365日の日割り計算とする。

3　甲又は乙は、本契約終了後といえども、第1項に定める賠償責任を免れることはできないものとする。

（準拠法と合意管轄）

第23条

1　本契約の準拠法は日本法に従うものとする。

2　本契約に関し訴訟の必要が生じた場合、東京地方裁判所を第一審の専属的管轄裁判所とする。

（協議事項）

第24条

本契約に定めのない事項又は本契約の解釈について疑義が生じたときは、その都度甲と乙は信義誠実の原則に従って協議し円満な解決を図る。

以上、本契約の成立を証するため本書2通を作成し、甲乙記名捺印のうえ、各1通を保有する。

令和●年　●月　●日

甲：[住所]
　　株式会社　●●銀行
　　代表取締役　●●●●

乙：[住所]
　　株式会社　○○
　　代表取締役　○○○○

銀行代理業に関する社内規程

●●●●株式会社

(目的)

第1条 当社は、銀行代理業者として、その営む銀行代理業に関して、顧客の知識、経験及び財産の状況を踏まえた重要な事項の顧客に対する説明その他の健全かつ適切な業務の運営を確保するため本規程を定める。

(銀行代理業の担当部署と業務分掌)

第2条 当社の銀行代理業は、[銀行代理業統括部署]を統括部署とし、所属銀行ごとに別紙1に定める営業所において行う。

2 銀行代理業に関する当社の組織体制及び業務分掌は次の各号に定めるとおりとする。

(銀行代理業の種類)

第3条 当社が行う銀行代理業の種類は、以下のとおりとする。[以下の業務のうち、実際に行う業務を記載。]

① 銀行法(以下「法」という。)第2条第14項第1号の預金の受入れを内容とする契約の締結の代理・媒介

② 法第2条第14項第2号に掲げる資金の貸付けを内容とする契約の締結の代理・媒介

③ 法第2条第14項第3号に掲げる為替取引を内容とする契約の締結の代理・媒介

(財産の分別管理)

第4条 営業所において銀行代理業に携わる役職員(以下「銀行代理業担当者」という。)は、別紙1に定める方法により、法第2条第14項各号に掲げる行為(以下「銀行代理行為」という。)に関して顧客から交付を受けた金銭その他の財産が自己の固有財産であるか、又はどの所属銀行に係るものであるか直ちに判別できる状態で管理しなければならない。

(契約の締結の勧誘及び契約の内容の明確化)

第5条 銀行代理業担当者は、銀行代理行為を行うに当たっては、以下の事項を遵守しなければならない。

(1) 適合性の原則

顧客の知識、経験及び財産の状況に照らして適切な商品の提供を行い、顧客の保護に欠けることの無いように銀行代理行為を遂行すること。

(2) 説明義務

銀行代理行為に関し、以下の事項について顧客へ説明すること。

① 所属銀行の商号

② 法第2条第14項各号に規定する契約締結の代理をするか、又は媒介をするかの別

③ 所属銀行が2以上ある場合は、顧客が締結しようとする銀行代理行為に係る契約につき顧客が支払うべき手数料と、当該契約と同種の契約につき他の所属銀行に支払うべき手数料が異なるときは、その旨

④ 所属銀行が2以上ある場合は、顧客が締結しようとする銀行代理行為に係る契約と同種の契約を他の所属銀行が取り扱っているときは、その旨、また顧客が求める場合は、同種の契約の内容その他顧客に参考となるべき情報

⑤ 銀行代理行為に関して顧客から金銭その他の財産の交付を受けるときは、当該交付を受けることについての所属銀行からの権限の付与がある旨

⑥ 所属銀行が2以上ある場合は、顧客の取引の相手方となる所属銀行の商号

(3) 預金等との誤認防止

銀行代理行為を行う窓口において金融商品の販売（金融商品の販売等に関する法律第2条第1項に規定する金融商品の販売をいい、同項第1号に掲げる行為を除く。）又はその代理若しくは媒介を行う場合には、業務の方法に応じ、顧客の知識、経験及び財産の状況を踏まえ、顧客に対し、書面の交付その他の適切な方法により、預金等との誤認を防止するために以下に掲げる事項の説明を行わなければならない。

① 預金等ではないこと。

② 預金保険法第53条に規定する保険金の支払の対象とはならないこと。

③ 元本の返済が保証されていないこと。

④ 契約の主体

⑤ その他預金等との誤認防止に関し参考となると認められる事項

(4) 禁止行為

顧客への勧誘・説明に際し、以下の行為は決して行わないこと。

① 虚偽のことを告げ、又は重要な事項を告げないこと。

② 不確実な事項について断定的判断を提供し、又は確実であると誤認させるおそれのあることを告げること。

③　当社又は当社の子会社その他当社の所属銀行の特定関係者（法第13条の2第1項に規定する特定関係者をいい、当社の子会社を除く。）（以下「密接関係者」という。）の営む業務に係る取引を行うことを条件として、資金の貸付け又は媒介をすること（当社が不当に取引を行うことを条件とするものではない場合を除く。）。

④　当社の密接関係者に対し、取引の条件が所属銀行の取引の通常の条件に照らして当該所属銀行に不利益を与えるものであることを知りながら、その通常の条件よりも有利な条件で資金の貸付け又は手形の割引を内容とする契約の締結の代理又は媒介をする行為（所属銀行が法第13条の2ただし書の規程による承認を受けた取引又は行為に係るものを除く。）。

⑤　法第2条第14項各号に規定する契約に関する事項であってその判断に影響を及ぼすこととなる重要なものについて告げず、又は誤解させるおそれのあることを告げること。

⑥　不当に、自己又は自己の指定する事業者と取引を行うことを条件として、法第2条第14項各号に規定する契約の締結の代理又は媒介をすること（上記③に掲げる場合を除く。）。

⑦　銀行代理業者としての取引上の優越的地位を不当に利用して、取引の条件又は実施について不利益を与えること。

⑧　不当に、法第2条第14項各号に規定する契約の締結の代理又は媒介を行うことを条件として、自己又は自己の指定する事業者と取引をすること。

⑨　銀行代理業及び銀行代理業に付随する業務以外の業務における取引上の優越的地位を不当に利用して、銀行代理業に係る取引の条件又は実施について不利益を与えること。

⑩　所属銀行に対し、銀行代理行為に係る契約の締結の判断に影響を及ぼすこととなる重要な事項を告げず、又は虚偽のことを告げること。

（帳簿の作成及び保存）

第6条　［銀行代理業統括部署］は、銀行代理業者としての帳簿書類を所属銀行ごとに別紙2のとおり作成する。

2　帳簿書類は、下記の各号に定める期間保存する。

①　総勘定元帳　　　　　　　　　　　　作成の日から5年間

②　銀行代理勘定元帳　　　　　　　　　作成の日から10年間

③　銀行代理業に係る顧客に対して行った銀　当該媒介の日を行った日から
　行法第2条第14項各号に規定する契約の締　5年間

結の媒介の内容を記録した書類

（研修の実施）

第7条 銀行代理業担当者は、当社の役員及び従業員のうち、銀行代理業を的確に遂行するために必要な能力を有し、かつ所属銀行が行う研修を受講した者とする。

2 ［銀行代理業統括部署］または［法令遵守管理部署］は、銀行代理業担当者を対象に、法令等を遵守し、金融商品の適切な勧誘、説明及び書面交付を顧客に行えるよう、研修を継続的に実施する。

（内部管理態勢）

第8条 ［銀行代理業統括部署］は銀行代理業全般を統括し、［銀行代理業統括部署］に銀行代理業統括責任者1名を置く。銀行代理業統括責任者は、［銀行代理業統括部署の長］に任命され、銀行代理業関係の諸規程等の実施及び運用に関する責任と権限を有する者をいう。

2 銀行代理業を行う営業所ごとに、銀行代理業責任者1名を置く。銀行代理業責任者は当該営業所の長によって任命され、当該部支店における銀行代理業関係の諸規程等の実施及び運用に関する責任と権限を有する者をいう。

3 銀行代理業統括責任者は、各営業所の銀行代理業責任者に対し、銀行代理業に関する法令等の遵守状況に関する自主点検を行うことを指示し、銀行代理業責任者はその結果を銀行代理業統括責任者に報告する。

4 ［法令遵守管理部署］は、［銀行代理業統括部署］と連携し、銀行代理業を行う営業所の法令等の遵守状況を管理する。

5 ［法令遵守管理部署］は必要に応じて銀行代理業を行う営業所に対して銀行代理業に関する法令等の遵守状況に関する書類・データの提供を求めることができる。

6 ［銀行代理業内部監査部署］は、銀行代理業を行う部支店及び統括部署である［銀行代理業統括部署］を対象に、所属銀行と協議した監査計画に基づき内部監査を定期的に実施し、その結果を所属銀行に報告する。

（苦情処理）

第9条 ［銀行代理業統括部署］は当社の銀行代理業に関する苦情の窓口及び責任部署となり、所属銀行と連携し、その適切かつ迅速な処理を行う。

2 銀行代理業担当者は、当社の銀行代理業に関する苦情を受け付けた場合は、当社の［苦情対応マニュアル］に従って処理するとともに、必要であれば当該営業所の銀行代理業責任者を通じて［銀行代理業統括部署］に速やかに報告する。

3　［銀行代理業統括部署］は、受け付けた又は報告を受けた苦情内容について、当該営業所の銀行代理業責任者に報告を求める等調査を行う。

4　銀行代理業責任者は、前項の調査結果に基づき必要と判断した場合は、関係部署と協議の上、迅速に再発防止策及び事後対策を検討し、それを実施する等、適切な処理を行うものとする。

5　銀行代理業責任者は所属銀行に当社の銀行代理業に関する苦情について報告する。

（顧客情報の管理）

第10条　銀行代理業の遂行において知り得た顧客情報は、銀行代理業以外の業務とは分別して管理し、「個人情報保護法に関する法律」その他関連法令等に基づき銀行代理業の遂行のためのみに利用しなければならない。ただし、本人の同意または正当な理由がある場合はその限りではない。

2　銀行代理業担当者は、銀行代理行業において取り扱う顧客に関する非公開金融情報（その役員又は使用人が職務上知りえた顧客の預金、為替取引又は資金の借入れに関する情報その他の顧客の預金、為替取引又は資金の借入れに関する情報その他の顧客の金融取引又は資産に関する公表されていない情報（(i)信用情報に関する機関（資金需要者の借入金返済能力に関する情報の収集及び銀行に対する当該情報の提供を行うものをいう。）から提供を受けた情報であって個人である資金需要者の借入金返済能力に関するもの、及び(ii)顧客に関する人種、信条、門地、本籍地、保健医療又は犯罪経歴についての情報その他の特別の非公開情報（その業務上知り得た公表されていない情報をいう。）（以下これらを併せて「特別個人情報」という。）を除く。）をいう。））を、事前に書面その他の適切な方法により当該顧客の同意を得ることなく他の業務に利用してはならない。銀行代理業担当者は、銀行代理行業において取り扱う顧客に関する特別個人情報を他の業務に用いてはならない。

3　銀行代理業及び銀行代理業に付随する業務以外の業務において取り扱う顧客に関する非公開情報（その銀行代理業以外の業務上知り得た公表されていない情報（特別個人情報を除く。）をいう。次項において同じ。）を、事前に書面その他の適切な方法により当該顧客の同意を得ることなく銀行代理業及び銀行代理業に付随する業務に利用してはならない。銀行代理業及び銀行代理業に付随する業務以外の業務において取り扱う特別個人情報は銀行代理業に用いてはならない。

4　銀行代理業担当者は、前項に従い取得した、銀行代理業以外の業務において取り扱う顧客に関する非公開情報を、事前に書面その他の適切な方法により当該顧

客の同意を得ることなく所属銀行に提供してはならない。

5　特別個人情報に関する顧客の事前の同意の取得は以下の方法を含む適切な方法
により行う。

①　対面の場合

事前に、書面による説明を行い、契約申込みまでに書面による同意を得る方
法

②　郵便による場合

事前に、説明した書面を送付し、所属銀行への提供の前に、同意した旨の返
信を得る方法

③　電話による場合

事前に、口頭による説明を行い、その後速やかに当該提供について説明した
書面を送付（電話での同意取得後対面にて顧客と応接する場合には交付でも可
とする。）し、契約申込みまでに書面による同意を得る方法

④　インターネット等による場合

事前に、電磁的方法による説明を行い、電磁的方法による同意を得る方法

（本人確認等）

第11条　銀行代理業に携わる役職員は、所属銀行のために、顧客から資金の貸付け
の申込みを受ける場合は、「金融機関等による顧客等の本人確認等及び預金口座
等の不正な利用の防止に関する法律」及び「外国為替及び外国貿易法」の所定の
手続きにしたがい確認する。

2　本業務に携わる役職員は、前項に従い所属銀行が受領する金銭が犯罪収益等又
は薬物犯罪収益等である疑いがある場合は、銀行代理業責任者に報告する。銀行
代理業責任者は、［法令遵守管理部署］にその旨を報告する。［法令遵守管理部
署］は、所属銀行が受領する金銭が犯罪収益等又は薬物犯罪収益等である疑いが
あると判断した場合は、銀行代理業統括責任者を通じて所属銀行に報告する。

（本規程の周知）

第12条　当社は、本規程を銀行代理行為に携わる全ての役職員が容易に閲覧可能に
するため、社内の電子掲示板に掲示する。

附　　則

この規程は、令和●年●月●●日から施行する。

オープンAPIのあり方に関する検討会報告書
―オープン・イノベーションの活性化に向けて―

2017年 7 月13日

オープンAPIのあり方に関する検討会

（事務局：一般社団法人全国銀行協会）

（著者注：本書に掲載する報告書は更新される可能性があるため、最新版を全国銀行協会のウェブサイトで確認していただきたい。）

序 文

　近年、金融機関とFinTech企業等との連携を通じた金融サービスの高度化に向けたツールとして、銀行システムへの接続仕様を他の事業者等に公開する"オープンAPI"への注目が高まっている。わが国銀行界においても、現在、多数の銀行がオープンAPIの活用可能性について検討を開始している[1]。

　API（Application Programming Interface）とは、一般に「あるアプリケーションの機能や管理するデータ等を他のアプリケーションから呼び出して利用するための接続仕様等」を指し、このうち、サードパーティ（他の企業等）からアクセス可能なAPIが「オープンAPI」と呼ばれる。

　金融分野におけるオープンAPIは、世界的にも試行錯誤フェーズにあり、考え方の整理が必要な論点が多いものの、オープンAPIを通じて実現される協業・連携型のイノベーションは、わが国のカルチャーとの親和性も高く、世界をリードできる分野である。

　金融審議会「決済業務等の高度化に関するワーキング・グループ報告～決済高度化に向けた戦略的取組み～」（2015年12月22日公表）や政府「日本再興戦略2016─第4次産業革命に向けて─」（2016年6月2日閣議決定）等においても、情報セキュリティに留意しつつ銀行システムと連携した多様な金融サービスの創出を可能とする銀行システムのAPI（接続口）の公開について、官民連携して検討していく方針が打ち出されている。

　一般社団法人全国銀行協会では、こうした状況を踏まえ、銀行界、IT事業者、FinTech企業、学識経験者、弁護士、消費者団体、関係当局等をメンバーとする「オープンAPIのあり方に関する検討会」を設置し、同検討会において、銀行分野におけるオープンAPI（バンキングAPI）のあり方について検討を行った。

　報告書の取りまとめに当たっては、幅広い関係者の参加を得て、お客さま、FinTech企業、金融機関それぞれの立場からの意見を幅広く聴取し、いずれか一方の意見に偏ることなく、わが国におけるオープン・イノベーションの活性化を目指し、イノベーションの促進と利用者保護のバランスのとれた内容とすることを追求・意識した。

　本報告書は、同検討会の成果として、お客さま、FinTech企業、金融機関のWin-Win-Winの関係の下、わが国の金融サービスの高度化、利用者利便性等の向上を実現するためのオープンAPIの活用促進に向けた官民連携のイニシアティブを取りまとめたものである[2]。

1　2016年6月に実施した全銀協アンケート調査によれば、48％の銀行が活用可能性を検討中。
2　当検討会は、銀行以外の事業者がオープンAPIに取り組む場合においても、本報告書が、当該事業者の参考になることを期待する。

オープンAPIのあり方に関する検討会名簿（2017年3月）

メンバー	増田　正治	㈱三井住友銀行執行役員システム統括部長
	亀田　浩樹	㈱三菱東京UFJ銀行執行役員システム本部長兼システム企画部長
	加藤　昌彦	㈱みずほフィナンシャルグループIT・システムグループ専門役員
	梅原　弘充	㈱静岡銀行理事経営企画部長
	佐々木　勉	㈱北洋銀行チャネル開発部フィンテック推進室長
	吉本　憲文	住信SBIネット銀行㈱FinTech事業企画部長
	佐畑　大輔	㈱NTTデータ　e－ビジネス営業統括部長
	羽川　茂雄	日本アイ・ビー・エム㈱GBS事業本部銀行FM金融第一インダストリーソリューション部長
	丸山　弘毅	FinTech協会代表理事／㈱インフキュリオン・グループ代表取締役
	Mark Makdad	FinTech協会理事／マネーツリー㈱営業部長
	瀧　俊雄	一般社団法人金融革新同友会FINOVATORS／㈱マネーフォワード取締役兼Fintech研究所長
	増島　雅和	森・濱田松本法律事務所パートナー弁護士
	森下　哲朗	上智大学法科大学院教授
	小出　篤	学習院大学法学部教授
	松尾　元信	金融庁総務企画局参事官
	小林寿太郎	金融情報システムセンター企画部長
	永沢裕美子	Foster Forum良質な金融商品を育てる会事務局長
オブザーバー	岩下　直行	日本銀行決済機構局審議役FinTechセンター長
	鎌田沢一郎	日本証券業協会政策本部参与
	中野　征治	日本クレジットカード協会／ユーシーカード㈱事業開発部長
事務局	**一般社団法人全国銀行協会**	

（敬称略）

開催概要

　当検討会では、事務局説明のほか、関係者・有識者からのヒアリングを行った。各回における開催概要は以下のとおりである。なお、各会合の模様については、一般社団法人全国銀行協会のウェブサイトにおいて議事要旨を公表している。

2016年11月2日　第1回検討会
・事務局説明「検討会設置の趣旨と論点メモについて」
・事務局説明「全銀協アンケート調査の結果について」
・事務局説明「英国"The Open Banking Standard"の概要」
・FinTech協会「オープンAPIと協働で日本のFinTech企業及び金融機関が新しい市場を作っていく」

2016年12月5日　第2回検討会
・事務局説明「セキュリティ原則、利用者保護原則の論点骨子（案）」
・FinTech協会「更新系APIを利用した時のリスクについての検討」
・FISC「『金融機関におけるFinTechに関する有識者検討会』について」
・NTTデータ「PSD2におけるセキュリティ関連ルールのご紹介」

2016年12月8日　第3回検討会
・事務局説明「オープンAPIにおけるセキュリティ対策及び利用者保護に関する基本的な考え方（叩き台）」
・日本銀行金融研究所情報技術研究センター　中村啓佑様
　「金融分野のTPPsとAPIのオープン化：セキュリティ上の留意点」

2016年12月16日　第4回検討会
・事務局説明「オープンAPIにおけるセキュリティ対策及び利用者保護に関する基本的な考え方（修正案）」
・事務局説明「前回会合におけるコメントを踏まえた修正とその考え方について」

2016年12月21日　第5回検討会
・事務局説明「オープンAPIにおけるセキュリティ対策及び利用者保護に関する基本的な考え方（案）」
・インフキュリオン・グループ「セキュリティ原則・利用者保護原則（案）に対するコメント」
・Moneytree「セキュリティ原則・利用者保護原則（案）に対するコメント」
・マネーフォワード「セキュリティ原則・利用者保護原則（案）に対するコメント」
・freee「セキュリティ原則・利用者保護原則（案）に対するコメント」
・Zaim「セキュリティ原則・利用者保護原則（案）に対するコメント」
・W3C「W3C Web API標準化動向」

2017年2月2日　第6回検討会

・NTTデータ「ANSERにおけるオープンAPIの取組みのご紹介」
・日本アイ・ビー・エム「銀行API標準についての考え方」
・日立製作所「オープンAPIの標準化に関するご検討参考資料」
・FinTech協会「銀行のオープンAPIの仕様に対するFintech企業の要望」

2017年2月8日　第7回検討会
・事務局説明「【討議資料】APIの仕様の標準化について（案）」
・OpenID Foundation「Financial Grade OAuth & OpenID Connect」

2017年2月20日　第8回検討会
・事務局説明「オープンAPIのあり方に関する検討会報告書【中間的な整理（案)】」
・日本アイ・ビー・エム「海外の行政でのAPIの利用事例や検討状況について」

2017年2月27日　第9回検討会
・事務局説明「オープンAPIのあり方に関する検討会報告書【中間的な整理（案)】」
・金融ISAC「金融ISAC FinTechセキュリティWGについて」

2017年6月28日　第10回検討会
・事務局説明「オープンAPIのあり方に関する検討会報告書（案）」
・事務局説明「銀行分野のオープンAPIに係る電文仕様標準について」
・FISC「FinTechに関するFISCの取組みについて」

　各回において、有益な示唆の提供やプレゼンテーションにご協力いただいた関係者の皆様には、この場を借りて、深く感謝申しあげる。

1　はじめに

1.1　本報告書の目的

・ITの進展が金融業のあり方を大きく変容させていくことが見込まれる中で、オープン・イノベーションは、今後の金融機関における基本的な戦略の一つであると考えられる。

・オープンAPIは、他の事業者等[3]とのオープンネットワーク上でのセキュアなデータ連携を可能とする技術であるが、単なるデータ連携上の意義を超えて、他の事業者等と金融機関が協働して、それぞれの保有する情報やサービスを組み合わせ、あるいはお互いに知恵を絞り、オープン・イノベーションを実現していくためのキー・テクノロジーの一つと位置づけられる。

【図表1】　オープンAPIの基本的な仕組み（OAuth2.0）

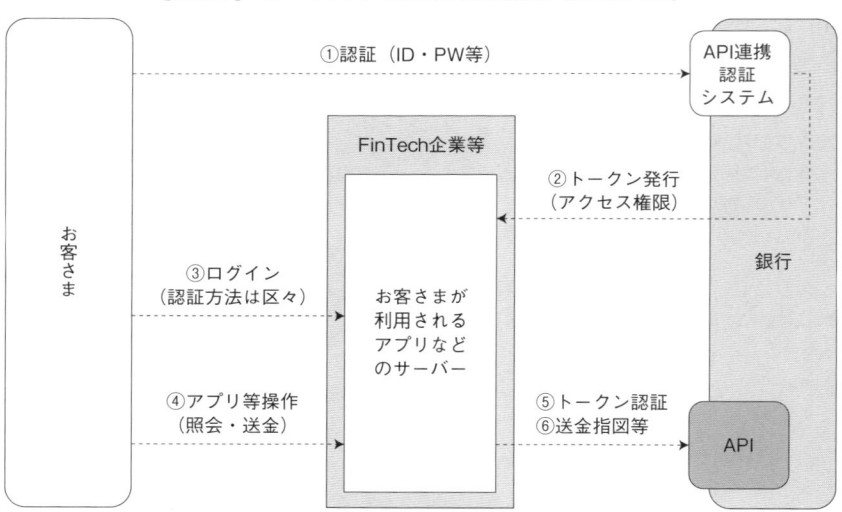

（注1）　図表は実装する通信・業務フローをごく簡略化したイメージ。
（注2）　なお、データ通信はインターネット回線を通じて行われることが一般的。

・諸外国においては、英国"Open Banking Standard"をはじめ、API仕様の標準化に関する検討、APIの活用を促進していくうえでの課題への対応、利用者保護を図りつつオープンAPIを推進していくための法整備等について、官民連携した取組みが進展している。

・こうした状況を踏まえ、当検討会は、わが国金融サービスの高度化、利用者利便の向上等を実現するためのオープンAPI活用促進に向けた官民連携のイニシアティブとして、

3　なお、オープンAPIを通じて銀行が協業する相手方としては、ITベンチャー等の所謂FinTech企業のほか、流通小売業、サービス業等の事業会社等（以下「FinTech企業等」という。）も考えられる。

銀行分野におけるオープンAPI（バンキングAPI）のあり方について検討を行った。
・本報告書は、銀行界、IT事業者、FinTech企業、学識経験者、弁護士、消費者団体、関係当局等の幅広い関係者をメンバーとして議論した結果としての「規範」と位置付けられるものであり、当検討会は、オープンAPIに取り組む関係者において本報告書が十分に尊重されることを期待する。

1.2 各提言の適用範囲
・本報告書は、銀行分野におけるオープンAPI（バンキングAPI）を対象とする。ただし、他業態におけるオープンAPIに関する取組みにおいて、本報告書を参考にすることを妨げるものではない。また、APIの接続先企業等が銀行の銀行代理業者または外部委託先に該当しない場合について記載している[4]。
・各銀行におけるオープンAPIの開放性（Openness）には、一般に以下四つの類型が想定されるが、本報告書における各提言はこのいずれも対象とする。

【図表2】　オープンAPIの開放度の類型（Openness）

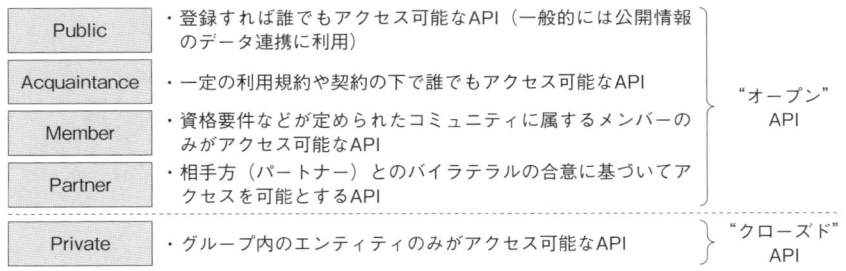

（資料）　Euro Banking Association "Understanding the business relevance of Open APIs and Open Banking for banks", May 2016にもとづき作成

2　API仕様の標準化について

2.1 基本的な考え方
a　APIの仕様は、①セキュリティ水準の確保および利用者保護を図るうえでも、②金融機関とFinTech企業等の協働・連携を通じたオープン・イノベーションの促進を図るうえでも、重要な論点である。
・APIの仕様は、本来、APIでの連携を目指す銀行とFinTech企業等とが互いに協議して定められる。また、仕様の汎用性や拡張性も基本的には各銀行の戦略等にもとづいて設計される。もっとも、仕様の決定に際しては互いに技術的な優劣のない複数の選択肢の中から一つを選択する局面も多く、標準や目安のない状況下においては、銀行間で仕様が細分化していく可能性がある。

4　銀行代理業者または外部委託先に該当する場合においても、本報告書を参考にすることを妨げるものではないが、銀行代理業者または外部委託先に該当する場合、本報告書に優先して、銀行法にもとづく各種の利用者保護規定が適用されることに留意すること。

・銀行とFinTech企業等とのN対N型の接続を容易とし、オープン・イノベーションの促進を図る観点からは、仕様に関して一定の標準や目安を定め、できるだけ共通の仕様の下で接続できる環境を整備することが望ましい[5]。また、仕様の標準や目安を定めることは、各銀行の開発コストや、銀行とFinTech企業等との間のコミュニケーションコストを低減することにも寄与する。

・セキュリティ水準の確保および利用者保護を図るうえでも、APIが満たすべき基本的な仕様について定めることが必要である。

b　一方、これらの課題に対処するAPIの標準的な仕様を検討するうえでは、以下の点にも留意が必要である。

・APIを構成するプログラムを金融機関間で共通化（標準化）した場合、当該プログラムに脆弱性が発見されると、その影響が数多くの金融機関に及ぶ可能性があるとの指摘もある[6]。

・完全かつ詳細なAPIに係る仕様の標準を定めることとした場合、当該標準が定められるまでの間、関係者におけるAPIの開発が中断される可能性があるほか、各銀行のAPIの仕様が当該標準に収束し、わが国において実現可能なFinTechサービスの範囲が当該標準仕様の制約を受け、却ってオープン・イノベーションの実現・円滑化を妨げるおそれがある。

・諸外国でもAPI仕様の標準化に向けた動きが存在するものの[7]、現段階では具体的な仕様が定まっておらず、わが国銀行と外国FinTech企業等との接続の円滑化等も視野に入れた標準的なAPIの仕様のあり方は、見定めにくい状況にある。

c　当検討会は、これらの点を踏まえ、関係者における当面のAPI開発上の指針として、関係者がAPIを開発するに当たって留意すべき「2.2　開発原則」、推奨されるAPIの基本的な仕様を定める「2.3　開発標準」、電文メッセージの標準的な項目やその定義等の目安を定める「2.4　電文仕様標準」、の三点（以下「指針」という。）について取りまとめることとした[8]。

d　指針の取りまとめに当たっては、イノベーションの進展や関係者における先行的な取組みを阻害しないよう、各指針の目的、位置付けに留意するとともに（各章冒頭を参照）、関係者の判断による個別のカスタマイズや技術進歩への対応、新たな技術の採用にもできる限り柔軟に対応可能なものとすることを意識した。

e　本指針は、API連携を目指す銀行とFinTech企業等が個別に協議して仕様を検討することや各銀行におけるオープンAPIに係る戦略等を踏まえた仕様の汎用性や拡張性を確保する取組みを妨げるものではなく、むしろこれらの取組みは積極的に推奨される。

5　全銀協アンケート調査（2016年6月～7月、有効回答99行／正会員120行）でも、会員各行から仕様の標準化や共通規格の策定に係る要望が多数寄せられた。

6　日本銀行金融研究所・中村啓佑（2016）「金融分野のTPPsとAPIのオープン化：セキュリティ上の留意点」（11頁）を参照。こうした点を踏まえ、同レポートでは、「標準化の対象は、データ記述言語やアーキテクチャ・スタイル、関数名やリターン値等に限定し、個別のプログラムについては、各金融機関が独自に作成、管理する方が望ましい」と指摘。

7　例えば、英国Open Banking Standard（2016）では、APIの仕様（7a.4 API Standards）、データの定義や範囲（7a.8 Data Standards）の標準化に向けた方針が打ち出されているが、現段階ではアーキテクチャ・スタイルやデータ表現形式等の大枠を定めるのみとなっている。

8　なお、アクセス権限の付与や個々の取引に係る認証方式、アクセス権限／トークンの管理、トークンの有効期限、通信方式、不正アクセス発生時の対応等に関する仕様については、「3.セキュリティ対策および利用者保護について」を参照。

f　なお、本報告書の討議過程においては、複数のFinTech企業から、各銀行の開発する
　APIの詳細仕様についての期待も数多く寄せられた。これらは、各銀行がAPIの仕様を
　検討するうえで、参考になる部分も多いと考えられることから、末尾（2.5　その他）
　に参考として掲載している。これらの期待・要望の指針上の取扱いについては、本指針
　の改訂等を行う際、必要に応じて引き続き検討する。

g　当検討会は、本報告書が、関係者におけるAPI開発上の指針として参照され[9]、わが
　国におけるオープン・イノベーションの活性化に寄与することを期待する。

【図表3】　開発原則、開発標準、電文仕様標準の関係

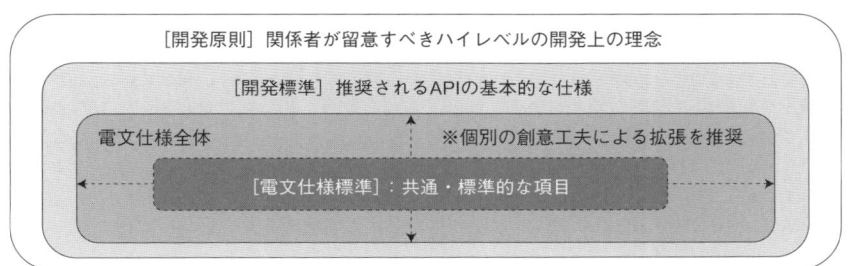

2.2　開発原則
2.2.1　開発原則の目的と位置付け
a　「開発原則」は、関係者がAPIを開発・仕様決定するに当たり、留意すべきハイレベ
　ルの開発上の理念を定めるものである。

b　オープンAPIは、オープン・イノベーションを実現していくためのキー・テクノロ
　ジーの一つであり、今後、本技術を活用して、様々なビジネスモデルやサービスの提供
　が期待される。個々の銀行とFinTech企業等とが個別に協業・連携して検討する革新的
　な金融サービスを含め、その全てに対応する標準仕様を定めることは困難かつ適当では
　なく、本報告書でもそれを目的としていない。

c　他方、オープンAPIは、銀行システムへの接続仕様等を他の事業者等に公開するもの
　であり、基本的に自行のみがユーザーとなる銀行システムと異なり、APIの種類に拘ら
　ず、ユーザーとなる他の事業者等を意識したオープンな設計思想が求められる。

d　「開発原則」は、かかる観点から、関係者がAPIを開発・仕様決定するに当たり、留
　意すべき開発上の理念を示すことで、オープン・イノベーションが醸成されやすい環境
　の実現を後押しすることを目的としている。

e　「開発原則」には、APIを開発する関係者において既に実践されているものも含まれ
　ており、新たにAPIを開発しようとする関係者において参考となる有益な取組み事例に
　ついては、可能な範囲で紹介している。なお、これらは2017年6月現在のものである。

2.2.2　開発原則
【原則1】API利用者目線を意識した分かりやすくシンプルな設計・記述とすること
a　オープンAPIは、他の事業者等による利用を前提とするものであり、API利用者目線

9　銀行以外の事業者がオープンAPIに取り組む場合にも本指針が参考になることを期待する。

を意識したわかりやすくシンプルな設計・記述とすることが求められる[10]。かかる設計・記述は、API利用者側でのバグの発生リスクの抑制や複数銀行と接続するFinTechサービスにおける銀行間の仕様差異の調整の容易化、銀行が他の事業者等と連携する際のAPIの汎用性、拡張性の確保にも資する。

b　設計・記述に当たっては、API接続候補先等の事業者等ともよく協議・連携することが望ましい[11]。また、APIの仕様決定後は、接続相手方が関係する部分の仕様について自行特有の用語や金融業界特有の略語等を使用しない平易な解説書（仕様書）を準備する等によって、APIの仕様に対する接続相手方の誤解・誤認等を防止することが推奨される。

c　シンプルな設計・記述とすることは、実際のサービスに必要な項目のみを抽出のうえ提供する等の対応を意味し、メッセージ上の項目数の削減のみを目的に種類・性質の異なる複数の項目を結合・統合する等の対応を意味しない。一般に、統合された項目を分離して接続相手方がシステムに取り込むよりも、分離された項目を接続相手方において統合する方が、接続相手方のシステム設計がシンプルかつ汎用性の高いものとなる[12]。

d　API利用者目線を意識した分かりやすくシンプルな設計・記述として、オープンAPIに先行的に取り組む関係者においては、例えば以下の取組み事例がある[13]。

（例）・URIにAPIの機能が判別できる名称を設定している。URIを、可読性が高く、修正が容易な記述としている。

　　　・URIの表記ルールを自行内で統一し、表記内容には一般的に利用されている（意味がわかりやすい）名詞を採用している。

　　　・データを接続相手方から指定できる仕様としている（指定された情報以外の全ての情報を応答するような仕様としない）。

　　　・エラー原因を接続相手方が判別できるよう詳細情報も応答する仕様としている。

【原則2】APIの種類に応じた適切なセキュリティレベルを確保すること

a　バンキングAPIでは、銀行の保有する秘匿性の高い情報が提供されるため、APIの種類に応じた適切なセキュリティレベルを確保することが必要である。認証方式、通信方式等を含めた、具体的なセキュリティ対策やその水準については、「3　セキュリティ対策および利用者保護について」を参照のこと。

b　セキュリティレベルを確保するうえでは、提供する各APIのスコープ（機能）を適切な粒度とし、接続相手方が認可された権限以上のAPIを使用できないようにすることが必要である[14]。

c　サイバー攻撃やサイバー犯罪の手口は年々巧妙化しているため、APIのセキュリティ対策および水準は、接続相手方とも連携のうえ、継続的な改善・見直し、高度化を図っていくことが必要である[15]。

10　不必要に複雑かつ特殊な仕様とすることは原則として回避することが望ましい。一般に、API利用者によって使い易いAPIとは、APIの裏側にある銀行システム等の仕様等を理解しなくとも、API利用者がAPIの仕様を理解し、利用可能なAPIとされる。

11　ただし、接続相手方の要望を一方的に受け入れることを求めるものではない。

12　討議過程において、当検討会メンバーであるFinTech協会からは、「電文の粒度は細かければ細かい方が良い」との見解が示されている。

13　開発中のAPIにおける取組み事例を含む。以下、本章において同じ。

14　「3．セキュリティ対策および利用者保護について」の「アクセス権限／トークンの管理」も参照。

15　同上「3.3.5　セキュリティ対策の継続的な改善・見直し、高度化」も参照。

d　APIの仕様書を一般に公開する場合、セキュリティに及ぼす影響について留意することが必要である。

e　APIのセキュリティ水準を確保する観点から、オープンAPIに先行的に取り組む関係者においては、例えば以下の取組み事例がある。

　（例）・接続相手方と銀行間の通信経路について、BCP195に従いTLSを使用して暗号化、保護している。

　　　　・XSS、XSRF等の一般的なセキュリティ対策に加え、JSONハイジャック[16]等のAPI特有の脆弱性にも十分な対策を講じている。

　　　　・API実行回数の制限や制限値を超えた要求が行われた場合のエラー対応等の対策をとっている。

　　　　・ユーザーが意図しないAPI操作が実行された場合を想定して、トークンのリボーク（失効）機能を実装している。

　　　　・取引番号や接続相手方の特定番号等、取引を特定するための識別子を導入している。

【原則3】デファクトスタンダードや諸外国のAPI標準、国際標準規格との整合性を意識すること

a　参照可能な国際標準規格等が存在する場合は可能な限り使用することが推奨される。例えば、日付や時刻の表現形式にはRFC3339やISO8601/JISX0301、通貨コードの表現形式にはISO4217といった標準がある。また、2017年6月現在、文字コードはUTF-8が実質的なデファクトスタンダードとなっている。

b　アーキテクチャ・スタイルやデータ表現形式、認可プロトコル等の仕様については、デファクトスタンダードや諸外国のAPI標準、国際標準規格等との整合性を踏まえ、「2.3　開発標準」において推奨される基本的な仕様を定めている。

c　デファクトスタンダード等との整合性を意識した対応として、オープンAPIに先行的に取り組む関係者においては、例えば以下の取組み事例がある。

　（例）・仕様の決定に当たっては、諸外国を含む他行のAPIの仕様を調査のうえ、整合性を意識した設計としている。

　　　　・ステータスコードを含め標準化されているHTTPの仕様を最大限利用し、独自仕様の利用を最小限とするよう努めている。

【原則4】仕様変更によるAPI利用者への影響をコントロールすること

a　APIの仕様変更は、ユーザーである接続相手方でもプログラム変更等の影響が生じることから、影響を適切にコントロールすることが必要である。バンキングAPIは、金融・決済システムの一部として機能する可能性があるため、仕様変更によって接続相手方が突然接続不能となった場合、接続相手方のサービスを利用する多くの利用者（預金者）に影響・混乱が生じるおそれがある。

b　仕様変更による接続相手方への影響を抑制するため、APIは、予めできるだけ汎用性、拡張性の高い設計とし、また、仕様変更が発生する可能性（機能追加、停止、バグ修正、データ形式の変更等）をできるだけ予め考慮した設計とすることが望ましい。これらは、各銀行におけるAPIの仕様変更コストを低減することにも資する。

c　一方的な仕様変更によって接続相手方に混乱が生じないよう、仕様変更に当たっては、原則として十分な余裕をもって事前のアナウンスを行うことが必要である。また、

16　APIからJSONにより送られてくる情報を悪意ある第三者が盗み取る行為。

新バージョン移行後も新旧バージョンを一定期間並行稼働させる、旧仕様を包含した新バージョンをリリースする等の対応も推奨される。

d　パートナー型のオープンAPIの場合、通常、銀行側からAPI連携先を特定することが可能であるため、事前アナウンス等は比較的容易であるが、公開情報等をパブリック型のオープンAPIを通じて提供する場合等では、銀行側からAPI利用者を特定できない場合がある。また、パートナー型のオープンAPIであっても、銀行への通知なくAPIの連鎖を許容している場合は[17]、仕様変更の影響範囲を銀行側で十分把握できない場合がある。このため、仕様変更に当たっては、影響範囲を十分慎重に見極めたうえで進めることが重要である。

e　推奨される具体的なバージョン管理の方法については、「2.3　開発標準」において定めている。

f　仕様変更によるAPI利用者への影響をコントロールするため、オープンAPIに先行的に取り組む関係者においては、例えば以下の取組み事例がある。

（例）・開発ポータルを準備し、新バージョンリリース前に接続相手方がテストを行える環境を整備している。
　　　・仕様変更を行った場合でも後方互換性をできる限り確保できるような設計を予め行っている。

2.3　開発標準

2.3.1　開発標準の目的と位置付け

a　「開発標準」は、推奨されるAPIの基本的な仕様を定めるものである。具体的には、①アーキテクチャ・スタイル、②データ表現形式、③認可プロトコル、④バージョン管理の四点について推奨される仕様を示す。

b　「開発標準」は、関係者がAPIの基本的な仕様を選択する際の目安となり、仕様の乱立による社会的コストを低減し、オープン・イノベーションが醸成されやすい環境の実現を後押しすることを目的としている。

c　「開発標準」への準拠は、各銀行において検討・判断される[18]。接続相手方との協議やサービスの特性等に応じて、親和性の高い適切な仕様が選択されることが重要である[19]。

d　「開発標準」において推奨される基本的な仕様は、「2.2　開発原則」にもとづいて、2017年6月現在、諸外国を含めたAPI利用者から支持されている仕様や、諸外国における標準（例：英国Open Banking Standard）等との整合性を踏まえて定められている。

---

[17] 「3.　セキュリティ対策および利用者保護について」の「API接続先のAPI接続先の取扱い」を参照。

[18] 「開発標準」は標準（Standard）であり、規則（Regulation）ではない。なお、「開発標準」に準拠しようとする銀行のうち、先行してAPIを開発済の銀行においては、バージョンアップやリプレイス等のタイミングで準拠を目指すといった様々な取組みが考えられる。

[19] 「開発標準」は、N対N型の接続を前提として、オープン・イノベーションが醸成されやすい環境の実現を後押しすることを目的としており、相対型の接続（1対1型）や中央管理インフラ型の接続（1対N）の接続を前提とするAPIでは、その業務の特性や提供するサービスの内容に応じて異なる仕様を採用することも考えられる。例えば、XML形式も技術標準として確立されている。加えて、2017年6月現在、W3C（World Wide Web Consortium。ウェブ上で使用される各種技術の標準化を推進する非営利団体）においては、決済指図を利用者が使用するブラウザ等を用いて直接銀行に送信する仕組み（Payment Request API）も検討されている。

e 当検討会は、「開発標準」が将来的な技術革新等に伴って陳腐化するリスクについて
も認識している。「開発標準」は、今後の技術革新の動向を踏まえ、必要に応じて見直
すこととする。なお、「開発標準」の改訂は、一般社団法人全国銀行協会が事務局と
なって、銀行界、IT事業者、FinTech企業等の各関係者の意見を参考にしつつ行うもの
とする。

f 「開発標準」は、各銀行における、推奨された仕様以外の先進的な仕様や技術の採用
を妨げるものではない。特に、セキュリティに関連する仕様については、より強固なセ
キュリティ水準を確保可能な最新の仕様があれば、同仕様を採用することが推奨され
る。

2.3.2 開発標準（2017年6月現在）

a 「アーキテクチャ・スタイル」として、REST[20]を、「通信プロトコル」にはHTTPsの
使用を推奨する。RESTは、Richardson Maturity Model[21] Level 2 （GET/POST/PUT/
DELETE等のHTTP動詞の導入）を充足する設計とすることを推奨する[22]。これらは、
2017年6月現在、APIにおける主流の仕様である。

b 「データ表現形式」として、JSON[23]を推奨する。RESTでは、JSON、XML等の様々
なデータ表現形式の利用が可能であるが、JSONは簡素かつ軽量に構造化したデータを
記述可能であるため、2017年6月現在、新たに開発されるAPIにおいてはJSONが主流
となっている。

c 「認可プロトコル」として、OAuth2.0認可フレームワーク （以下「OAuth2.0」とい
う。）[24]を推奨する。なお、金融分野におけるAPIへのOAuth2.0の適用に関する詳細仕
様は、2017年6月現在、OpenID Foundation Financial API WG （FAPI WG） におい
て、セキュリティ水準を確保する観点から、標準化作業が実施されている。同団体で
OAuth2.0適用の詳細仕様が発行された際には、各銀行において同仕様への準拠や準拠
に向けた方針等が検討されることが望ましい[25]。

d 「バージョン管理」として、セマンティック・バージョニング[26]を推奨する。仕様変
更によるAPI利用者への影響をコントロールする観点から、メジャー、マイナー、パッ
チ等の区分を用いて仕様変更レベルを管理する。

2.4 電文仕様標準

2.4.1 電文仕様標準の目的と位置付け

a 「電文仕様標準」は、APIのメッセージ上の標準的な項目やその定義等の目安を定め
るものである[27]。

b 「電文仕様標準」のあり方には、以下、複数の選択肢が考えられる。

ⅰ 電文の構造、項目、Value （値）、パラメータを含む、そのまま実装しても動作す

---

20 Representational State Transferの略。ソフトウェアがデータを連携するための設計原則の一
つ。

21 https://martinfowler.com/articles/richardsonMaturityModel.htmlを参照。

22 なお、Richardson Maturity Modelでは、Level 3 （HATEOAS：hypermedia as the engine
of application state） の設計レベルも定められているが、2017年6月現在、必ずしも広く普及し
ていないため、本開発原則の設計レベルとしては採用しない。

23 JavaScript Object Notationの略。RFC7159で規定される軽量データ記述言語。

24 https://oauth.net/を参照。

25 準拠しない場合は、その合理性・許容性についての検討を含む。

26 http://semver.org/を参照。

る完全かつ詳細な電文仕様の標準を定める方法。（例：全銀協ICキャッシュカード標準仕様[28]）

　　ii　APIのメッセージ上の標準的な項目およびその定義等についてのみ定め、それ以外の仕様は、APIでの連携を目指す銀行とFinTech企業等とが互いに協議のうえ任意に拡張して定めることを前提とする方法。（例：英国Open Banking Standard[29]）

　　iii　電文仕様の標準化は行わず、デファクトスタンダードの確立に委ねる方法。（例：一般事業者やFinTech企業等が開放するWeb APIの仕様等もこれに相当する）

　c　上記いずれの選択肢にも一長一短があるが、当検討会では、①完全かつ詳細な電文仕様を定める社会的コスト（標準の策定・維持・改訂コスト、イノベーションがむしろ阻害されるコスト、等）、②デファクトスタンダードの確立に委ねる社会的コスト（確立されるまでの間、仕様が細分化するコスト、定義に一貫性のないデータの流通によって、FinTechサービスにおいて加工、集計／統合が困難化するコスト、利用者に誤認等が生じるコスト、等）に鑑み[30]、当面の対応として、iiの方法で標準化を行うこととした。

　d　「電文仕様標準」は、FinTechサービスにおいて使用される基本的な項目やデータについて、定義の一貫性を確保し、接続相手方において加工、集計／統合を容易化するとともに、利用者の誤認を防止し、もってオープン・イノベーションが醸成されやすい環境の実現を後押しすることを目的としている。

　e　「電文仕様標準」への準拠は、「2.3　開発標準」と同様、各銀行において検討・判断される[31]。また、最終的な仕様は、電文仕様標準に機械的に準拠するのではなく、APIの汎用性、拡張性も十分考慮するとともに、接続相手方との協議やサービスの特性等を踏まえて、決定されることが重要である。

　f　当検討会は、「電文仕様標準」が将来的な技術革新等に伴って陳腐化するリスクについても認識している。「電文仕様標準」は、今後の技術革新等の動向を踏まえ、必要に応じて見直すこととする。なお、「電文仕様標準」の改訂は、一般社団法人全国銀行協会が事務局となって、銀行界、IT事業者、FinTech企業等の各関係者の意見を参考にしつつ行うものとする。

27　なお、OAuth2.0の詳細仕様等については、2017年6月現在、OpenID Foundation Financial API WG（FAPI WG）において標準化作業が行われているため、本章では、API連携サービスに関する電文仕様についてのみ定める。

28　なお、全銀協ICキャッシュカード標準仕様は、セキュリティ上の観点から、利用条件を定め、一般社団法人全国銀行協会が許可した相手方に限り仕様書を提示している。

29　英国Open Banking Standard（2016）では、仕様の標準化に関して、イノベーションと安定性のバランスの観点から、全ての業務分野に共通するリソースである"Core"（簡単には変更されない部分）について標準を定め、それ以外の仕様については、関係者が自由に分岐・拡張可能なアプローチが採用されている（7a.2.1節参照）。ただし、2017年6月現在、Coreに関する標準は決定・公表されていない。

30　わが国では、地域金融機関を中心として特定のIT事業者が開発した共通システムを共同利用しているケースが多いこと、かかる共通システムでは、各IT事業者の努力によって共通システム単位で仕様の標準化が行われていることから、完全かつ詳細な電文仕様の標準を定めなくとも、過度な仕様の細分化が生じにくいことも考慮した。

31　「電文仕様標準」は標準（Standard）であり、規則（Regulation）ではない。なお、「電文仕様標準」に準拠しようとする銀行のうち、先行してAPIを開発済の銀行においては、バージョンアップやリプレイス等のタイミングで準拠を目指すといった様々な取組みが考えられる。

2.4.2　電文仕様標準のあり方について

a　「電文仕様標準」の策定は、一般社団法人全国銀行協会が事務局となって、銀行界、
IT事業者、FinTech企業等の各関係者の意見も参考にしつつ進める。

b　当検討会は、「電文仕様標準」の策定に当たって、関係者に対して以下の点に留意す
ることを要請する。

・「電文仕様標準」を策定する対象範囲は、複数の銀行、複数のFinTech企業等との接
続を前提とする（すなわち銀行間で共通の）APIとし、当面の対象としては、預金に
係る、①残高照会、②入出金明細照会、③振込[32]とすること。

・特に残高照会および入出金明細照会については、2017年6月現在、一部のFinTech企
業等において、預金者のインターネット・バンキングのログインID／パスワード等
の重要な認証情報を利用したスクレイピングが活用されている状況に鑑み、APIへの
円滑なシフトを可能とする観点から、速やかに標準の策定に向けた検討を進めること
が期待される。

・「電文仕様標準」の内容は、①応答メッセージに記述する共通項目（含む項目粒度）、
②当該共通項目の定義、③パラメータの記述ルール（複数許容する場合はそのパター
ン）を軸に検討を進めること。

・「電文仕様標準」の策定に当たっては、「2.2　開発原則」に従うとともに、各銀行に
よる拡張を前提とし、また関係者におけるAPI連携に向けた先行的な取組みを阻害し
ないよう、標準の位置付け、範囲に留意すること。取組みを阻害しないよう、標準の
位置付け、範囲に留意すること。

・策定した「電文仕様標準」は、関係者が広く参照し、自由に利用できるよう公表する
こと。

・その他の点については、銀行界、IT事業者、FinTech企業等の各関係者の意見を参考
に進めること。

2.5　そ　の　他

a　本報告書の討議過程において、検討会メンバーである複数のFinTech企業から、各銀
行の開発するAPIの詳細仕様についての期待も数多く寄せられた。これらは、各銀行が
APIの仕様を検討するうえで、参考になる部分も多いと考えられることから、以下に示
す[33]。

b　これらの期待・要望の指針上の取扱いについては、本指針の改訂等を行う際、必要に
応じて引続き検討する。

（参考）　APIの詳細仕様に対するFinTech企業の期待（例）[34]

接続仕様について

✓インターネット・バンキング契約のない顧客でもAPIの利用を可能とするほか、インター
ネット・バンキングの対象業務に限定せず広く消費者ニーズを探ることが、金融包摂や金融
サービス業のパイ拡大の観点で重要であり、インターネット・バンキングを前提にAPIを設

32　同一銀行内の振替は除く。
33　なお、各指針に反映したものは除外して掲載している。
34　2017年3月現在のもの。

計しないでほしい[35]。

✓ 現在、日本において提供されているAPIの多くはインターネット・バンキング経由で提供されるため、インターネット・バンキングの契約番号およびパスワードが認証情報になっているケースが多いが、それ以外の非対面取引をする際の認証方法の採用も検討してほしい[36]。

✓ 参照系APIには、接続相手方が銀行の情報を「取得しに行く」フェッチ型と、銀行のAPIが接続先に情報を「伝えにいく」プッシュ型の2種類がある。「フェッチ型」だけでなく、「プッシュ型」のAPI導入の期待も大きく、特に、法人取引については、EDI・XMLのAPI化伴い顧客企業の業務効率化につながることが想定される。

認可仕様とスコープ

✓ 認可内容は程よいスコープ定義としてほしい。あまり細かいと、利用者がスクロールして読まないことや、連携される権限の量だけで漠然と不安を感じる利用者もいると懸念される。

電文仕様について

✓ バッチやオフラインの業務も入ることによってAPIで取得する情報はリアルタイムではない可能性があるため、「○○現在」という属性情報も実装してほしい。なお、API提供側システムの処理負荷軽減のため、差分の明細等を取得する際は検索範囲の日時指定を必須化することは支障ない（新規および変更がある明細しか返されない仕様）。

✓ 日本の銀行の口座番号は、7桁の口座番号でできているため、accountNumberのようなフィールドが設定されると、7桁の数字にする仕様となり、API利用者として大変ありがたい（例：0で左詰める）。

✓ APIでも口座情報確認機能を付与することにより、未処理取引の削減や誤入金に伴う組戻しの回避等、API提供者および顧客にメリットがあるのではないか。

✓ 顧客が振込結果を確認できることにより、API提供者への照会が不要となる、または軽減されるのではないか。

✓ アクセス不可の場合等のステータスコードを統一し、コードのみでエラー内容を判別可とできないか。

その他

✓ APIを一般に広く公開する場合は、Stub/Mock環境は簡単に公開できるため、イノベーションの観点から見て良い。

✓ 本番移行後も、継続的に（期間を区切る等により）テスト環境へのアクセスが認められることを希望。FinTech企業側で自らバージョンアップする時のテストは必須（APIを介し影響を排除するとの前提で、API利用者が独自にバージョンアップすることがある）。

✓ 各環境では、必要なテストケースを網羅できるだけのデータが提供されることを希望。

3 セキュリティ対策および利用者保護について

3.1 基本的な考え方

a 　金融分野におけるオープンAPIの活用は、現在、世界的にも試行錯誤フェーズにあり、考え方の整理が必要な論点が多い。とりわけ、セキュリティ対策、利用者保護は、オープンAPIを活用したサービスに対する利用者の信頼を確保し、オープンAPIの普

35 　なお、本報告書では、インターネット・バンキングを前提としない仕様についても許容している（例えば、「3　セキュリティ対策および利用者保護について」の「アクセス権限の付与に係る認証」を参照）。

36 　同上。

及、活用促進・円滑化を図るうえで、重要な論点である。

b　オープンAPIでは、利用者からの申請・同意にもとづいて行われるとはいえ、銀行が保有する秘匿性の高い顧客情報がFinTech企業等の他の事業者等（以下「API接続先」という。）に提供され当該API接続先において蓄積・保存されるほか、銀行が決済指図等を利用者ではなくAPI接続先を経由して受け取ることになる。それゆえ、オープンAPIに取り組むに当たっては、関係者において十分なセキュリティ対策、利用者保護が図られることが必要となる。

c　他方、API接続先に対して、銀行と同水準のセキュリティ対策、利用者保護策を徒に求めれば、API接続先と銀行の協働・連携による利便性の高い革新的なサービスの提供や金融サービスの高度化、イノベーションに向けた取組みが阻害され、利用者がテクノロジーの進展の恩恵を受ける機会を失うおそれがある。

d　こうした認識の下、当検討会では、APIの機能[37]や連携するデータの種類・秘匿性等に応じたリスクベース・アプローチにもとづいて、利用者利便と利用者保護のバランスを踏まえた、銀行分野のオープンAPI（バンキングAPI）におけるセキュリティ対策および利用者保護に関する基本的な考え方を取りまとめた。

e　取りまとめに当たっては、イノベーションを阻害しないよう留意するとともに、銀行、API接続先双方に対して対応水準の目安を示すことで、銀行によるAPI接続先に対する過度に保守的なセキュリティ対策の要求や、セキュリティ上の懸念から生じる銀行側のオープンAPIへの取組みに対する躊躇といった課題を解消し、銀行とFinTech企業等の協業・連携の円滑化に資するものとすることを意識した。

f　なお、先述のとおり、オープンAPIは、オープン・イノベーションを実現していくためのキー・テクノロジーの一つであり、今後、本技術を活用して、様々なビジネスモデルやサービスが提供されることが期待される。それゆえ、ビジネスモデルやサービスによって異なるリスクと対策の全てを網羅的に検討することは困難であり、本報告書では、様々なビジネスモデルやサービスに共通すると思われる主なリスクに対応したセキュリティ対策および利用者保護策に焦点をあてて取りまとめている。

g　具体的なセキュリティ対策および利用者保護策については、各銀行のポリシーや、個別のビジネス、各サービスのリスク、API接続先の態様等に応じて個々に判断されるものであり、利用者保護の観点から、関係当事者において本報告書の趣旨を十分に踏まえつつ、検討されることを期待する。例えば、リスクの内容等を勘案して本報告書では挙げていない追加的な対策を講じることも考えられる。他方で、リスクが小さいと考えられるビジネスやサービス等についてはセキュリティ対策を軽減することも考えられる。

h　以下では、オープンAPIにおいて想定される主なリスクを整理したうえで、セキュリティ原則および利用者保護原則を示す[38]。

37　例えば、更新系APIにおいて、決済指図上限が定められていない場合、不正送金によって利用者に大きな損害が生じる可能性がある。

38　なお、セキュリティ原則および利用者保護原則の各規定の語尾の趣旨は以下のとおり。
　・「しなければならない」：社会規範として強く求められる対応を意味する。
　・「必要である」：銀行およびAPI接続先がオープンAPIを活用するに当たってのベストプラクティスとして期待される対応を意味する。
　・「努めなければならない」：その状態になるよう努力が期待される対応を意味する。
　・「考えられる」：銀行またはAPI接続先が任意に選択可能な対応を意味する。
　・「期待される」：対象となる機関や団体に対する当検討会の期待を意味する。

3.2　オープンAPIの主なリスク

オープンAPIでは、金融機関のシステムに新たな通信路を設けて他の企業等を経由した新たなサービスを利用者(預金者)に提供することになるため、当該通信路を悪用したデータの漏洩・改竄や不正取引等が生じるリスクがある。これらオープンAPIにおいて想定される主なリスクを列挙すれば、以下のとおり。

3.2.1　セキュリティ上の脅威とリスク

a　API接続先のログインID/パスワード等が何らかの原因で漏洩し、第三者によって、API接続先が不正にアクセスされるリスク

b　API接続先のシステムが第三者から攻撃を受けて、API接続先のサービス機能の停止や、API接続先からの大規模な情報流出、情報改竄/消失、不正送金等が発生するリスク

c　トークン[39]の発行を管理する銀行側のAPI連携システムが第三者によって不正に認証され、トークンが不正に取得されるリスク

d　トークンの流出や偽造等により、銀行からの大規模な情報流出、情報改竄/消失、不正送金等が発生するリスク

e　ルータ等の通信経路へのハッキング、無線通信等の傍受等により、情報流出、情報改竄/消失、不正送金等が発生するリスク

f　API接続先のプログラム不備等により、銀行のシステムがダウンするリスク

g　銀行のオープンAPIの通信路に不必要に大量のデータが送信され、銀行側システムの負荷が増加し、他の銀行サービスにも影響が生じるリスク

h　内部の役職員が利用者情報を不正に利用(転売、私的利用を含む)するリスク

i　内部の役職員が、トークンを不正に使用して、口座残高情報の不正取得や不正決済指図を行うリスク

3.2.2　利用者保護上のリスク

a　API接続先の事業内容や社会的信用に疑義があり、APIを利用したサービスによって、利用者に被害や混乱が生じるリスク

b　API接続先の利用者保護態勢、経済的信用、資力等に疑義があり、利用者が十分な保護を受けられないリスク

c　API接続先が利用者との緊急時の連絡方法を有しておらず、十分な顧客保護対応ができないリスク

d　利用者が、誰に何の権限を与えているのか、それにどのようなリスクがあるのか、API接続先に取得される情報の利用目的は何か等について、十分に理解しないまま、APIを活用したサービスを利用するリスク

e　トラブルが発生した場合に、利用者がどこに問い合わせたら良いかわからなくなるリスク

f　十分な説明、表示を尽くしても、利用者がよく読まずに手続きを行うリスク

g　API接続先のシステムにおいて不具合、バグ等が発生し、銀行から提供された情報が正しく表示されないリスク

h　API接続先と銀行間の通信経路に起因する障害により、利用者・API接続先と銀行の間に取引の齟齬が発生するリスク

39　OAuth2.0において、銀行と他の企業等のアプリケーションを連携するための認証情報を保持した「許可証」(以下同じ)。

3.3　セキュリティ原則

3.3.1　API接続先の適格性

（事前審査）

a　銀行は、他の事業者等とのAPI接続に先立ち、セキュリティ等の観点から、API接続先の適格性を審査することが必要である[40]。なお、銀行が共通システムを通じてAPI接続先と接続する場合については、銀行によるAPI接続先の審査結果にもとづき、共通システム提供事業者がAPI接続先との接続を行うものとする。

b　セキュリティに関連した適格性の審査に当たっては、少なくとも以下の点についてAPI接続先に確認することが必要である[41]。
　・セキュリティ原則の充足状況
　・過去に発生したセキュリティ関連の不祥事案と改善状況
　・利用者の属性や取引のリスクに応じた、継続的なセキュリティ対策の高度化に向けた態勢やリソースの有無

c　適格性の審査は、画一的・機械的に行うものではなく、また、上記に限らず、各企業等とのAPI接続によって目指すビジネスモデルやその固有リスク、各銀行のセキュリティポリシー等に応じて、各銀行が独自に必要と判断した事項も加えて実施する必要がある。

d　なお、API接続先が任意に定めたセキュリティポリシーやセキュリティ関連文書、API接続先が取得した情報セキュリティ関連の認証（ISO27001、TRUSTe、等）は、上記の適格性の審査に当たっての参考になると考えられる。

e　複数の銀行とAPI接続する企業等における審査対応負担を軽減する観点から、情報セキュリティ関連機関において、銀行がAPI接続先の適格性を審査する際に使用する、必須確認項目と独自確認項目からなる「API接続先チェックリスト」（仮称）を制定することが期待される[42]。

f　なお、事前審査は、各銀行がそれぞれ独立に行うことを前提としつつも、複数の銀行とAPI接続する企業等における審査対応負担の軽減や銀行による事前審査水準の標準化の観点から、当該銀行の責任において他の銀行に事前審査を委ねたり、他の銀行が既に行った事前審査の結果を参考にすることも考えられる[43]。

（モニタリング）

g　銀行は、API接続先の情報セキュリティに関連した適格性について、API接続後も定期的にまたは必要に応じて確認することが必要である[44]。

h　モニタリングの方法、深度、頻度等については、利用者の属性や取引のリスク、各企業等とのAPI接続によって目指すビジネスモデルやその固有リスク、各銀行のセキュリ

40　情報セキュリティ以外の適格性については、「3.4.　利用者保護原則」の「3.4.1　API接続先の適格性」を参照。

41　API接続先がASPやクラウドサービスを利用している場合には、API接続先から必要な開示が行われる必要があることに留意する。

42　必須確認項目については、却ってAPI接続先の対応負担が重くならないよう極力共通した内容に止めるとともに、投入人数や資本額等の形式面ではなく運用を含めた実質面に着目した確認を可能な内容とする等の留意が必要と考えられる。

43　本方式を採用する場合の銀行間の取決めに係る留意点については、FISC「金融機関等のシステム監査指針」において定められている「共同監査方式」の枠組みが参考になると考えられる。

44　API接続先が定期的な情報セキュリティ関連の外部監査を受けている場合には、それらの結果を活用すること等も考えられる。

ティポリシー等に応じて、個別に判断されると考えられる。

i　銀行は、API接続に当たって、API接続先との間でモニタリングに関する事項（例：方法、深度、頻度、必要に応じた立入検査等、情報セキュリティ対策の大幅な変更を行う場合の対応、等）を予め取り決めておくことが必要である。（例：方法、深度、頻度、必要に応じた立入検査等、情報セキュリティ対策の大幅な変更を行う場合の対応、等）を予め取り決めておくことが必要である。

j　銀行は、API接続先の情報セキュリティに関連した適格性に懸念があると判断した場合には、API接続先に対して改善を求め、利用者保護の観点から、必要な場合にはAPI接続先のアクセス権限の制限、停止、取消等を行わなければならない[45]。

k　なお、モニタリングは、各銀行がそれぞれ独立に行うことを前提としつつも、複数の銀行とAPI接続する企業等におけるモニタリング対応負担の軽減や、銀行によるモニタリング水準の標準化の観点から、当該銀行の責任において他の銀行にモニタリングを委ねたり、他の銀行が既に行ったモニタリングの結果を参考にすることも考えられる[46]。

3.3.2　外部からの不正アクセス対策

a　以下は、アクセス権限の認可にOAuth2.0[47]を実装したシステムを前提とした記載。なお、同等のまたはより強固な認可・認証が可能な他のプロトコル（新たなテクノロジーを含む）の採用を妨げるものではない[48]。

（アクセス権限の付与に係る認証）

b　銀行は、公表情報または匿名加工情報を提供する場合を除き、API接続先に対するアクセス権限の付与（OAuth2.0においては「認可」）を利用者の申請にもとづき行うこととし、その際、利用者の本人認証を行わなければならない。

c　認証方式は、利用者の属性や付与するアクセス権限の内容とそのリスクに応じた強度とすることが必要である[49]。例えば、決済指図の権限を付与する場合には、残高・入出金明細を取得する権限を付与する場合と比較してより強固な認証方式とする等が考えられる。

d　認証方式の選択に当たっては、当該銀行において採用されている他のオープンネットワークを利用した取引チャネル（例：インターネット・バンキング）の認証方式の水準が一つの目安となり得るが、以下の点にも留意が必要である。
　・個々の取引に係る認証ではなく、アクセス権限の認可に係る認証であること
　・APIを通じて指図を受ける個々の取引に係る認証方式も勘案した全体の不正アクセスリスクに応じた認証強度とする必要があること

e　当該銀行において採用されている他のオープンネットワークを利用した取引チャネルの認証方式と比較して、強度の劣後する認証方式を採用する場合には（例：インターネット・バンキング契約のない利用者を対象として暗証番号認証を許容する場合等）、

45　ただし、銀行が恣意的な判断によりアクセスを制限してAPI接続先の事業に影響を与えることのないよう留意する。

46　本方式を採用する場合の銀行間の取決めに係る留意点については、FISC「金融機関等のシステム監査指針」において定められている「共同監査方式」の枠組みが参考になると考えられる。

47　アクセス権限の認可を行うためのシステムフローに関する規格。一般向けに公開されており、API開発者は誰でも参照することが可能。IETF（Internet Engineering Task Force：インターネットで利用される技術の標準化を策定する組織）が管理・運営。

48　API仕様の標準化については、「2．　API仕様の標準化について」を参照。

49　各銀行の判断にもとづき、利用者保護の観点から、強固な認証方式を一律に採用することも妨げない。

不正アクセスリスクが高まることを踏まえた利用者保護上の別途の対策が必要となる。例えば、店頭手続・郵送確認等を併用する、資金移動上限を少額に制限する、トークンの有効期限を短期とする、不正使用発生時の補償を予め定める、等が考えられる。

f　その他の留意点については、「主要行等／中小・地域金融機関向けの総合的な監督指針」（Ⅲ-3-8／Ⅱ-3-5：インターネット・バンキング）や「預金等受入金融機関に係る検査マニュアル（別紙2-Ⅲ-1-(5)インターネットを利用した取引の管理）」、金融情報システムセンター（FISC）の「金融機関等コンピュータシステムの安全対策基準」、一般社団法人全国銀行協会の「インターネット・バンキングにおいて留意すべき事項について」等を参考にすることが考えられる。

（アクセス権限／トークンの管理）

g　銀行は、API接続先に付与するアクセス権限（OAuth2.0においては「トークン」が発行される）の管理について、以下の点に留意することが必要である。

・付与するアクセス権限は、API接続先が提供するサービスに必要な範囲に限定すること（利用者からの申請／同意があったとしても、不必要なアクセス権限をAPI接続先に付与しないこと）

・API接続先に発行するトークンには、利用者属性やアクセス権限の内容とそのリスク、利用者の利便性等を踏まえた適切な有効期限を設定すること

・アクセス権限の内容に応じたトークンの偽造・盗用対策を講じること

・不正アクセス等を検知、または発生した場合に速やかにアクセス権限の制限、停止、取消が可能な仕組みとすること

h　銀行は、アクセス権限やトークンを管理するシステムに堅牢なセキュリティ対策を講じなければならない。また、API接続先に対しても、トークンの適切な管理とセキュリティ対策を求めなければならない。

（個々の取引に係る認証）

i　利用者からの個々の取引指図（残高・入出金明細取得指図、決済指図、等）は、利用者がAPI接続先のシステムにアクセスする際にAPI接続先において行われる認証[50]と、銀行が個々の取引指図をAPI接続先から受け付ける際に銀行において行われる認証の、二段階の認証を経て処理される。

j　利用者保護や不正アクセス／情報流出防止の観点からは、上記いずれの認証方式とも、利用者の口座保有銀行において採用されている他のオープンネットワークを利用した取引チャネルにおける個々の取引に係る指図の認証方式と同水準以上の強度とすることが原則であると考えられる。

k　例えば、法人利用者の口座保有銀行のインターネット・バンキングにおいて残高・入出金明細の確認に可変式パスワードや電子証明書等の固定式のログインID/パスワードのみに頼らない認証方式が採用されている場合、API接続先、銀行の双方において同水準以上の強度の認証方式を採用することが原則となる[51]。

l　他方で、強固な認証方式の中には利用者に手続負担が大きいものやAPI接続先の対応

50　ただし、API接続先がNFC（Near Field Communication：近距離無線通信）技術を用いた物理媒体による決済サービスを提供する場合等については、API接続先における個々の取引に係る認証は、物理媒体の所持・使用をもって行われることがある。

51　逆に、例えば、API接続先の認証強度がインターネット・バンキング等と比較して劣後する場合、認証強度が脆弱なAPI接続先が集中的に狙われて情報流出等が発生するリスクが高まることになる。

に大きな投資が必要なものもあるため、原則的な考え方を一律に適用すれば、利用者利便の大幅な低下や、利便性の高いサービスのフィージビリティが確保できなくなるおそれがあると考えられる。

m　このため、他の利用者保護策や不正アクセス／情報流出対策を組み合わせることで、利用者利便を確保しつつ、個人・法人等の利用者の属性や認証する取引のリスク等に見合った利用者保護の徹底を図っていくことも考えられる。組み合わせる他の利用者保護策や不正アクセス／情報流出対策としては、例えば以下の対策が考えられる。

・資金移動指図に係る銀行側の認証方式をトークン認証に加えて帯域外認証も組み合わせ、その都度利用者を銀行側で直接認証する
・生体認証や端末認証、複数経路認証等、一定の認証強度を確保しつつ、利便性が確保される認証方式を採用する
・資金移動が行われた場合には、銀行またはAPI接続先から利用者に対して電子メール等で通知する
・利用者がアクセス可能な端末をセキュリティが確保された特定の端末や特定の種類の端末に限定する
・利用者とAPI接続先間またはAPI接続先と銀行間あるいはその両方の通信方式を閉域ネットワークとする
・トークンの有効期限を短期に設定する（例えば、１回限りとする、１か月から数か月で失効させる等）
・提供する情報の範囲や期間を制限する
・資金移動上限を少額に制限する（例えば、１回あたりの資金移動上限をＸ円、かつ簡易な認証方式にもとづく資金移動の累積上限をＹ円とする）
・資金移動先口座を強固な認証手続によって登録された口座に限定する
・資金移動先口座を同一銀行内の本人口座に限定する
・サービスを利用可能な利用者の属性を制限する（例えば、一定の属性要件を満たす個人に限る、法人に限る、系列企業や従業員に限る、等）
・不正送金、情報漏洩が発生した場合に銀行またはAPI接続先が利用者に対して被害額を補償する[52]
・利便性が高まる半面、認証強度が低下することによるリスクについて利用者の十分な理解と同意を得たうえでサービスを提供する
・銀行が利用者からの決済指図をAPI接続先を経由せずに直接受け付ける[53]

n　なお、上記の例を組み合わせれば即座に認証強度を引き下げることが可能になるわけではなく、採用する認証方式と上記の利用者保護策を組み合わせた後においても、個人・法人等の利用者の属性や認証する取引のリスクに見合った利用者保護が十分に確保されることが必要である。

（通信方式）

o　通信方式としてオープンネットワークを使用する場合、第三者による盗取等を防止する観点から、TLSを使用して保護することが必要である。

---

[52]　ただし、資金移動上限を定めない場合、被害は補償されても、反社会的勢力等に巨額の資金が盗取される可能性がある点には留意が必要。
[53]　2017年６月現在、W3C（World Wide Web Consortium。ウェブ上で使用される各種技術の標準化を推進する非営利団体）においては、決済指図を利用者が使用するブラウザ等を用いて直接銀行に送信する仕組み（Payment Request API）も検討されている。

（システムの堅牢性）

p　銀行は、顧客情報について、商慣習または信義則にもとづく私法上の義務として守秘義務を負うほか、銀行法（13条の3の2：顧客の利益の保護のための体制整備、等）、「金融分野における個人情報保護に関するガイドライン」、「主要行等／中小・地域金融機関向けの総合的な監督指針」（Ⅲ-3-3-3／Ⅱ-3-2-3：顧客等に関する情報管理態勢、Ⅲ-3-7／Ⅱ-3-4：システムリスク、等）や「預金等受入金融機関に係る検査マニュアル（別紙2）」、FISCが定める「金融機関等コンピュータシステムの安全対策基準」、全国銀行個人情報保護協議会が定める「個人情報保護指針」・「個人データの安全管理措置等に関する指針」等にもとづき、顧客の利益が不当に害されることのないよう当該業務に関する情報を適正に管理し、かつ当該業務の実施状況を適切に監視するための体制の整備その他必要な措置を講じることが求められている。また、態勢が不十分な場合は、銀行法にもとづく業務改善命令等の対象となる。

q　銀行が保有する顧客情報の秘匿性を踏まえれば、利用者保護や不正アクセス／情報流出防止の観点から、API接続先（特に複数銀行の大量の顧客情報を蓄積しているPFM事業者）においても、銀行と同水準のセキュリティ対策が講じられることが理想的であるものの、銀行業を前提とした上記安全管理措置を一律にAPI接続先に適用することは必ずしも適当ではないと考えられる。また、銀行法、監督指針、検査マニュアル等において定められている銀行の外部委託先に対するシステムリスク管理の考え方についても、参考になるものの、オープンAPIでは、外部委託と異なり、銀行からAPI接続先への情報提供は利用者からの申請／同意にもとづくものであることや高い堅牢性が求められる銀行システムの一部を外部委託するものではないことから、外部委託先管理の枠組みを一律に適用できるわけではないと考えられる。

r　API接続先が確保すべき安全管理措置の水準は、API接続先が取得・保有する情報の内容と量、情報が万一流出した場合に想定される利用者への影響や被害、API接続先に対する利用者の情報管理に関する期待の程度等を踏まえて、第一義的にはAPI接続先が自らリスクベースで個別に判断することが必要である。

s　API接続先が確保すべき安全管理措置の目安水準については、情報セキュリティ関連機関において、考え方や留意点の整理が行われることが期待される。ただし、最低限、API接続先においても以下の措置は必要である。

・ウィルス対策ソフトの導入
・機密性の高い情報（例：API接続先のログインパスワードやクライアント証明書、トークン、等）の暗号化
・ファイアーウォール等のサイバー攻撃に対する多層防御の導入
・サーバ変更監視（改竄検知）、ネットワーク監視
・公開サーバ脆弱性対策
・API実行ログ（ユーザー、操作、結果、等）取得、保管
・情報喪失等に備えたバックアップ等の対策

t　なお、API接続先に、顧客の同意を得て銀行が提供する個人情報（個人データ）の個人情報保護法上の取扱いは、個別のスキームに応じて個々に判断されるべきものではあるが、原則的には銀行はAPI接続先に対して、個人情報委託先の監督義務（同法第22条）を負っていないと解するのが適当と考えられる。

（不正検知・監視機能）

u　不正検知・監視機能は、不正アクセス被害の発生やその拡大を未然に防止するうえで

重要な機能の一つである。

v　銀行については、FISCが定める「金融機関等コンピュータシステムの安全対策基準」において、データ改竄、不正アクセス、不正な取引、異常取引の検知・監視等に関する枠組みが定められている。

w　ただし、オープンAPIにおいては、利用者のIPアドレスや認証失敗回数等の不正検知に活用される情報を銀行が直接入手できなくなるため、取引のリスクに応じて、銀行が必要とする場合には、API接続先から銀行に不正検知に必要な情報が提供される仕組みを構築することが必要である。

x　API接続先についても、API接続先が取得・保有する情報の内容と量、当該情報が万一流出した場合に想定される利用者への影響や被害、API接続先に対する利用者の情報管理に関する期待の程度等を踏まえて、情報セキュリティ関連機関において、不正検知・監視機能の要否やその水準等についての考え方や留意点の整理が行われることが期待される。

3.3.3　内部からの不正アクセス対策

a　外部からの不正アクセス対策は、内部からの不正アクセスに対して効果を発揮しない場合がある。それゆえ、銀行、API接続先の双方において内部からの不正アクセス対策が講じられることが必要である。

（銀行における内部不正対策）

b　銀行については、銀行法（13条の3の2：顧客の利益の保護のための体制整備、等）、「金融分野における個人情報保護に関するガイドライン」、「主要行等／中小・地域金融機関向けの総合的な監督指針」（Ⅲ-3-3-3／Ⅱ-3-2-3：顧客等に関する情報管理態勢、Ⅲ-3-7／Ⅱ-3-4：システムリスク、等）や「預金等受入金融機関に係る検査マニュアル（別紙2）」、FISCが定める「金融機関等コンピュータシステムの安全対策基準」等において、内部からの不正アクセス防止に関する枠組みが定められている。また、態勢が不十分な場合は、銀行法にもとづく業務改善命令等の対象となる。

（API接続先における内部不正対策）

c　銀行が保有する顧客情報の秘匿性を踏まえれば、利用者保護や不正アクセス／情報流出（役職員による私的な閲覧・利用、転売を含む）防止の観点から、API接続先（特に複数銀行の大量の顧客情報を蓄積しているPFM事業者）においても、銀行と同水準のセキュリティ対策が講じられることが理想的であるものの、銀行業を前提とした上記安全管理措置を一律にAPI接続先に適用することは必ずしも適当ではないと考えられる。また、銀行法、監督指針、検査マニュアル等において定められている銀行の外部委託先に対するシステムリスク管理の考え方についても、参考になるものの、オープンAPIは、銀行システムの一部を外部委託するものではないことから、外部委託先管理の枠組みを一律に適用できるわけではないと考えられる。

d　API接続先が確保すべき内部不正アクセス対策の水準は、API接続先が取得・保有する情報の内容と量、当該情報が万一流出した場合に想定される利用者への影響や被害、API接続先に対する利用者の情報管理に関する期待の程度等を踏まえて、第一義的にはAPI接続先が自らリスクベースで個別に判断することが必要である。

e　API接続先が確保すべき内部不正アクセス対策の目安水準については、情報セキュリティ関連機関において、考え方や留意点の整理が行われることが期待される。ただし、最低限、以下の措置についてはAPI接続先においても必要である。

・役職員に対するシステムアクセス権限の適切な設定・運用

・アクセスログの記録保存、定期的な査閲
・役職員に対する教育・研修の実施
・サーバルームの監視、認証、入退出管理[54]
・重要な機密情報・顧客情報の媒体（USB）等へのデータのコピー制限、禁止
・重要な機密情報・顧客情報のデータの持出、削除、廃棄管理

3.3.4　不正アクセス発生時の対応

（システム設計・仕様）

a　銀行およびAPI接続先は、不正アクセスが判明した場合に被害発生やその拡大を未然に防止する観点から、速やかに、銀行においてはアクセス権限の制限、停止、取消を、API接続先においてはサービス利用の制限、停止を行うことができるシステム設計・仕様としなければならない。

b　銀行およびAPI接続先は、不審な資金移動等についての利用者からの照会への対応や、不正アクセス発生時の原因調査、必要な対策の検討を行うため、適切なアクセスログの記録および保存を行わなければならない。

（情報連携、対策協議）

c　不正アクセス発生時には、速やかに銀行とAPI接続先の間で情報連携を行うとともに、原因調査や必要な対策の協議等を協力して行っていくことが必要である[55]。必要な対応については、銀行とAPI接続先との間で予め取り決めて明確化しておくことが必要である。

3.3.5　セキュリティ対策の継続的な改善・見直し、高度化

a　サイバー攻撃やサイバー犯罪の手口は年々巧妙化しているうえ、オープンAPIを活用した金融サービスの提供は世界的にみても現状、初期段階にある。そのため、銀行およびAPI接続先は、自社のみならず他社での不正アクセス事例等を踏まえ、セキュリティ対策の継続的な改善・見直し、高度化を図っていくことが必要である。

b　セキュリティ対策の改善・見直し、高度化に向けては、銀行およびAPI接続先は、協力して取り組むことが重要と考えられる。

3.4　利用者保護原則

3.4.1　API接続先の適格性

（事前審査）

a　銀行は、他の事業者等とのAPI接続に先立ち、利用者保護等の観点から、API接続先の適格性を審査することが必要である[56]。なお、銀行が共通システムを通じてAPI接続先と接続する場合については、銀行によるAPI接続先の審査結果にもとづき、共通システム提供事業者がAPI接続先との接続を行うものとする。

b　適格性の審査に当たっては、少なくとも以下の点についてAPI接続先に確認することが必要である。

・グループ会社を含めた事業内容、兼業内容

54　クラウドサービスを利用している場合においては、FISC「金融機関等コンピュータシステムの安全対策基準」の「クラウドサービスの利用」に定めるところに拠る。

55　その他の不正アクセス発生時の対応については、「3.4　利用者保護原則」の「3.4.4　被害発生・拡大の未然防止」を参照。

56　情報セキュリティ関連の適格性については、「3.3　セキュリティ原則」の「3.3.1　API接続先の適格性」を参照。

・反社会的勢力との関係の有無を含む社会的信用、組織ガバナンス
・法令遵守態勢
・利用者保護態勢[57]
・利用者保護原則の充足状況
・過去に発生した利用者保護関連の不祥事案と改善状況
・利用者の属性や取引のリスクに応じた、継続的な利用者保護策の高度化に向けた態勢やリソースの有無

c　適格性の審査は、画一的・機械的に行うものではなく、また、上記に限らず、各企業等とのAPI接続によって目指すビジネスモデルやその固有リスク、各銀行の顧客保護等管理規程等に応じて、各銀行が独自に必要と判断した事項も加えて実施する必要がある。

d　なお、API接続先が定めた社内規定等は、上記の適格性の審査に当たっての参考になると考えられる。

e　複数の銀行とAPI接続する企業等における審査対応負担を軽減する観点から、情報セキュリティ関連機関において、銀行がAPI接続先の適格性を審査する際に使用する、必須確認項目と独自確認項目からなる「API接続先チェックリスト」(仮称)を制定することが期待される[58]。

f　なお、事前審査は、各銀行がそれぞれ独立に行うことを前提としつつも、複数の銀行とAPI接続する企業等における審査対応負担の軽減や銀行による事前審査水準の標準化の観点から、当該銀行の責任において他の銀行に事前審査を委ねたり、他の銀行が既に行った事前審査の結果を参考にすることも考えられる[59]。

(モニタリング)

g　銀行は、API接続先の適格性について、API接続後も定期的にまたは必要に応じて確認することが必要である。

h　モニタリングの方法、深度、頻度等については、利用者の属性や取引のリスク、各企業等とのAPI接続によって目指すビジネスモデルやその固有リスク、各銀行の顧客保護等管理規程等に応じて、個別に判断されると考えられる。

i　銀行は、API接続に当たって、API接続先との間でモニタリングに関する事項(例えば、方法、深度、頻度、API接続先に提出を求める情報、API接続先が大幅な態勢見直しや業務停止等を行う場合の対応、等)を予め取り決めておくことが必要である。

j　銀行は、API接続先の利用者保護態勢等に関する適格性に懸念があると判断した場合にはAPI接続先に対して改善を求め、利用者保護の観点から必要な場合にはAPI接続先のアクセス権限の制限、停止、取消等を行わなければならない[60]。

k　なお、モニタリングは、各銀行がそれぞれ独立に行うことを前提としつつも、複数の銀行とAPI接続する企業等におけるモニタリング対応負担の軽減や、銀行によるモニタ

57　特に顧客情報の適切な取扱い・管理態勢や、取得情報の利用目的の適切性、利用約款の適切性(過度な免責規定等、利用者保護に著しく欠ける条項の有無)について確認する。

58　必須確認項目については、却ってAPI接続先の対応負担が重くならないよう極力共通した内容に止めるとともに、投入人数や資本額等の形式面ではなく運用を含めた実質面に着目した確認を可能な内容とする等の留意が必要と考えられる。

59　本方式を採用する場合の銀行間の取決めに係る留意点については、FISC「金融機関等のシステム監査指針」において定められている「共同監査方式」の枠組みが参考になると考えられる。

60　ただし、銀行が恣意的な判断によりアクセスを制限してAPI接続先の事業に影響を与えることのないよう留意する。

リング水準の標準化の観点から、当該銀行の責任において他の銀行にモニタリングを委ねたり、他の銀行が既に行ったモニタリングの結果を参考にすることも考えられる[61]。

（その他の留意点）

l　API接続先においてAPI接続を通じて提供する金融サービスに関して利用者保護に欠ける不祥事案等が発生した場合、銀行とAPI接続先との関係、利用者からの見え方等によっては、銀行側も社会的な批判を浴びる等のレピュテーションリスクが生じる可能性に留意が必要である。

m　API接続先が提供するサービスが銀行の提供するサービス（例：インターネット・バンキング）を実質的に代替するものであって、かつ銀行側も自行サービスの提供を取り止めて、預金者に対してAPI接続先のサービスの利用を推奨する場合は、形式上、銀行とAPI接続先の間に外部委託契約が締結されていなくとも、その実態において同視され、銀行法にもとづく外部委託規制の対象となる可能性があることに留意が必要である。

n　API接続先が提供するサービスが銀行の提供するサービス（例：インターネット・バンキング）を実質的に代替するものであって、かつ利用者の大部分が当該API接続先のサービスの利用に依拠する場合は、API接続先のシステム障害や業務停止等によって、利用者が金融サービスを利用できなくなり、混乱が生じるおそれがあることに留意が必要である。

o　事前の取決めにおいて、API接続先における障害等によって銀行の業務に影響が生じるおそれがある場合には、ただちに銀行に連絡するよう定めておくことが必要である。なお、その他の障害等の報告要否やタイミングについても、予め取り決めておく必要があることに留意する。

p　API接続先もしくは銀行の都合によるサービス停止を行う際は、一定期間の事前通知期間を設定することが必要である。

3.4.2　説明・表示、同意取得

（重要な情報の表示、同意取得）

a　インターネットを利用した取引は、基本的に画面に表示される情報にもとづいて利用者の判断・同意が行われ、また、必要な情報を表示しても、利用者が十分に確認せずに、手続きを進める可能性がある。

b　そのため、銀行およびAPI接続先は、利用者の判断・同意に必要な情報を単に提供・表示するに止まらず、わかりやすく画面表示するとともに、誤認・誤解を招く表現を避け、また、利用者に重要な判断・同意を求めるものについては注意喚起プロセスを設けることや、利用者のシステム操作による同意を求めること等、利用者保護に十分配慮した表示方法、画面構成とすることに努めなければならない。

c　銀行は、トークン発行に当たって、少なくとも以下の点について、わかりやすく画面表示のうえ、利用者の同意を求めることが必要である。

・アクセス権限を付与するAPI接続先の名称
・API連携するサービス等の名称
・付与する権限の内容・範囲
・付与する権限の有効期限[62]

61　本方式を採用する場合の銀行間の取決めに係る留意点については、FISC「金融機関等のシステム監査指針」において定められている「共同監査方式」の枠組みが参考になると考えられる。

62　リフレッシュトークンを発行する場合には同トークンによって延長される最大の有効期限。

・付与した権限の削除、解除方法

・その他注意喚起が必要な事項

d　API接続先は、サービス提供に当たって、少なくとも以下の点について、わかりやすく画面表示のうえ、利用者の同意を求めることが必要である。

・個人情報保護法にもとづく取得情報の利用目的、共有範囲（第三者提供の有無）

・取得した情報の削除に関する事項

・サービス利用上の制限

・その他注意喚起が必要な事項

（リスク等に関する表示）

e　API接続先は、提供するサービスに関して生じる主なリスクの適切な表示に努めなければならない。

f　API接続先は、サービス提供時間帯または停止時間帯、休日・休業等のサービス提供上の制約について適切な表示に努めなければならない。

（利用者の誤認防止）

g　以下の点については、特に利用者の誤認や誤解が生じるおそれがあることに留意し、適切に表示することに努めなければならない。

・API接続先が提供するサービスは銀行が提供するサービスとは異なること

・銀行とAPI接続先の関係、それぞれの役割（特にAPI接続先が銀行代理業者または銀行の外部委託先でないこと）

・決済指図取引と他のサービスの区別

・銀行とAPI接続先の画面の区別

h　なお、銀行は、API接続先が虚偽または意図的に誤認を招く表示を行っていることが判明した場合には、API接続先に対して是正を求め、利用者保護の観点から、必要な場合にはAPI接続先のアクセス権限の制限、停止、取消、関係当局への通報等の必要な措置を講じなければならない。

（その他の表示）

i　銀行およびAPI接続先は、利用者からの相談・照会、苦情、問合せがあった場合の役割分担、業務フロー等を、予め取り決めておくことが必要である。

j　銀行およびAPI接続先は、上記の取決め内容を踏まえ、利用者からの相談・照会、苦情、問合せに対応するための連絡先を表示することが必要である。

k　API接続先は、商号、代表者、住所、連絡先等について表示することが必要である。

l　API接続先は、電磁的方法による決算公示を選択している場合、会社法にもとづく決算公告についても表示することが必要である。

3.4.3　不正アクセスの未然防止

a　API接続先は、不正アクセスを未然に防止する観点から、例えば以下の点について、利用者に注意喚起することに努めなければならない。

・API接続先のログインパスワード等は、銀行サービスに利用しているパスワード等と異なるものを設定すること

・API接続先のログインパスワード等は、類推されやすいものを避けること、適切な管理に努め第三者に貸与、開示しないこと、定期的に変更すること

・ウィルス対策ソフトを導入すること

b　API接続先は、利用者に対して、API接続先のパスワード等の紛失、漏洩や不正アクセスの懸念がある場合には、ただちにAPI接続先に対して連絡するよう求めておくこと

が必要である。

3.4.4　被害発生・拡大の未然防止

（初動対応）

a　銀行またはAPI接続先において不正アクセス等が判明した場合、被害発生・拡大を未然に防止する観点から、速やかに、銀行においてはアクセス権限の制限、停止、取消を、API接続先においてはサービス利用の制限、停止を行うことが必要である。

b　銀行とAPI接続先双方において速やかに機能制限、停止、その他必要な措置を行う観点から、一方でAPIに関連した不正アクセス、情報流出・漏洩が判明した場合にはただちに他方に連絡することとし、その場合の連絡先や連絡方法等を銀行とAPI接続先間において予め取り決めておく等、被害拡大防止に向けた必要な態勢を整備しておくことが必要である。

c　API接続先が複数の銀行と接続している場合において、他の銀行においても同様の事案が発生するおそれがある場合には、API接続先は当該他の銀行に対してもただちに連絡し、被害拡大を未然に防止することに努めなければならない。

（利用者への連絡）

d　被害が発生した利用者への連絡や、被害が広範な利用者に及ぶ可能性がある場合に利用者にただちに十分な注意喚起（例えば、ただちにパスワード等の変更を求める等）ができるよう、API接続先は、利用者との連絡手段を予め確保しておくことが必要である。

e　利用者に届出・登録を求める連絡手段の範囲については、提供するサービスの内容や取引のリスクに応じて、個別に判断されると考えられる。

f　銀行は、API接続先が利用者との十分な連絡手段を予め確保することができない場合、被害発生時に、銀行がAPI接続先に代わって利用者に対し連絡、注意喚起する必要が生じる可能性に留意することが必要である。

3.4.5　利用者に対する責任・補償[63]

a　オープンAPIでは、取引指図の処理・実行にAPI接続先と銀行の双方が関与するため、情報流出や不正送金、システム上の不具合等により利用者に損害が発生した場合、利用者に対する責任の所在や、対応窓口・主体等が不明確になるおそれがある。

b　当事者の民事上の最終的な損害賠償責任を司法の判断に委ねた場合、速やかな被害回復、補償等が図られず、利用者保護に欠けるおそれがある[64]。

（当事者間における事前の取決め）

c　銀行およびAPI接続先は、利用者に対して速やかな被害回復、補償等を図る観点から、不正アクセスや情報流出、不正送金、システム上の不具合等が発生した場合の対応窓口や、利用者に損害が生じた場合の補償・返金方法（含む、その主体)[65]、補償範囲について、予め取り決めておかなければならない[66]。なお、利用者に対して双方とも責

63　2016年12月27日付で公表された金融審議会「金融制度ワーキング・グループ」報告書では、「金融機関は（中略）業者との間で締結する契約において顧客に生じた損失の分担を定め、公表することとする」（報告書8頁参照）とされており、当該記述を踏まえ、本節は、利用者の保護を適切に確保していくための銀行およびAPI接続先と顧客との間の損失分担ルールのあり方について検討したもの。

64　なお、本節における記述は、API接続先および銀行が利用者保護の観点から自主的に行うことが期待される取組みであり、それぞれの利用者に対する最終的な法的責任を加重または軽減するものではない。

65　利用者への補償・返金後の、銀行とAPI接続先の間の内部分担（求償）についても、別途予め取り決めておくことが望ましい。

任を負わない等の利用者保護に著しく欠ける取決めは、行ってはならない[67]。

d　API接続先および銀行は、予め取り決めた利用者に対する補償・返金方法とその補償範囲（免責事由も含む）について、ウェブサイト等において利用者が常時確認できるよう表示するとともに、API接続先が利用者と利用契約を締結する際にわかりやすく画面表示する等により、利用者が補償・返金を求める際の対応窓口やその方法について十分認識できるよう努めなければならない。

（補償内容・範囲に関する考え方）

e　APIを利用したサービスによる預金等の不正な払戻しについて、銀行およびAPI接続先に過失がない場合でも、利用者が個人であって利用者自身の責任によらずに被害に遭われた場合については、上記事前の取決めにもとづいて銀行またはAPI接続先から補償を行うことが必要である。なお、利用者に重大な過失または過失がある場合については、被害に遭った利用者の態様やその状況等を加味して、全額あるいは一部を利用者負担にすることも含め、個別に判断されることが必要である。

f　法人の利用者については、個人の利用者と比較して、セキュリティ対策等への対応力が相対的に高いと考えられる。利用者の利用環境やセキュリティレベルを原因として不正利用される可能性がある中では、サービス提供者側のセキュリティ対策に加え、利用者においてもセキュリティ対策を講じ、不正利用被害の防止に努めていくことが重要であると考えられる。こうした点を踏まえ、法人の利用者に対する補償については、利用者が行っていたセキュリティ対策や不正利用被害の防止に関する状況、法人の属性やセキュリティ対策への対応力等の点を考慮して、個別に判断されることが必要である。

g　銀行およびAPI接続先は、APIを活用したサービスの形態や利用者の属性等に鑑みて、上記と異なる補償内容・範囲とすることに合理的な理由がある場合であって、かつ利用者に不測の損害が生じないよう、かかる補償内容・範囲について利用者に適切に説明または表示した場合に限り、補償内容・範囲を個別に定めることができる。

（API接続先が補償・返金責任を負う場合の留意点）

h　銀行とAPI接続先との間の取決めにもとづきAPI接続先が利用者に対して補償・返金責任を負う場合、銀行は、API接続先の利用者に対する補償・返金に係る態勢や資力等が利用者保護に欠けるおそれがないかに留意のうえ、API接続の是非を判断するとともに、それらの状況について定期的にまたは必要に応じて確認することが必要である。

i　銀行は、API接続先の補償・返金の態勢や資力等が利用者保護に欠けるおそれがあると判断した場合、API接続先に対して態勢の見直しや責任財産の充実、責任保険への加入を求め、API接続先においてそれが困難な場合はAPI接続しない（あるいは接続の停止または取消を検討する）等の対応を行うことが必要である。

j　API接続先の利用約款等においてAPI接続先の免責事由が過大に定められている等（例えば、過失責任も負わない等[68]）、実質的に利用者に対する補償・返金責任が果たさ

66　銀行およびAPI接続先が利用者に対して連帯して責任を負うこととする場合でも、利用者からみて対応窓口・主体等がわかりにくくなるおそれがあることから、任意の一次的な補償・返金方法（含む、その主体）等について、予め取り決めておくことが望ましい。

67　その前提として、銀行は、API接続先の利用約款について、消費者契約法等を踏まえ、不相当にAPI接続先の責任を限定する条項が定められていないかを精査することが必要である。

68　なお、事業者の債務不履行により消費者に生じた損害を賠償する責任の全部を免除する条項や、当該事業者、その代表者またはその使用する者の故意または重大な過失による事業者の債務不履行により消費者に生じた損害を賠償する責任の一部を免除する条項等は、消費者契約法（第8条乃至第10条）にもとづきそもそも無効とされる。

れないおそれがある場合、消費者契約法等を踏まえ、見直しを求めることが必要である。

3.5　その他
（公表情報の取扱い）

a　店舗・ATMの所在地等、銀行のウェブサイト等においてログイン等の手続きを要さずに取得可能な公表情報（以下「公表情報」という。）をAPI接続先に提供する場合は、上述の記載にかかわらず、以下の取扱いとすることが考えられる。

　　・銀行とAPI接続先との通信経路において改竄が行われることを防止する観点から、銀行とAPI接続先との通信方式は、セキュリティ原則「3.3.2　外部からの不正アクセス対策」に定める通信方式に拠るものとする。

　　・API接続先は、システム上の不具合や外部または内部からの攻撃による改竄等によって、銀行に利用者からの問い合わせが行われる可能性のある事態が発生した場合には、ただちに関係銀行に対し連絡するよう努めなければならない。

　　・銀行は、APIの利用約款等において、不具合発生時等の責任について予め定めておくことが望ましい。

　　・銀行は、公表情報を提供するAPIのアクセス量を銀行側でコントロールできない場合には、システムキャパシティの超過が原因で不具合が発生するリスクに留意するものとする。

（「API接続先のAPI接続先」の取扱い）

b　銀行は、API接続先との間で「API接続先のAPI接続先」（以下「API連鎖接続先[69]」という。）の取扱いについて予め取り決めておくことが必要である。

c　これには、例えば、API接続先と同様に取扱う（銀行がAPI連鎖接続先と直接契約を締結）、APIの連鎖接続について銀行の承諾または銀行への事前通知を条件とする、連鎖接続を許容する条件を双方協議のうえ予め定める、API接続先の責任と管理の下で連鎖接続を許容する等、様々な方法が考えられる[70]。

d　いずれの方法による場合であっても、API連鎖接続先において、本原則の趣旨を踏まえて、十分なセキュリティ対策と利用者保護が図られていることが重要である。

e　なお、API接続先が有する自社の情報を同接続先のAPIを通じて他の事業者等に提供することは、APIの連鎖には該当しないが、個人情報保護法等にもとづき適切な利用者保護が図られる必要があることに留意する。

（バンキングAPI以外のAPIにおける本原則の活用）

f　当検討会は、銀行以外の事業者がオープンAPIに取り組む場合においても、本報告書で定めたセキュリティ原則・利用者保護原則が、当該事業者におけるセキュリティ対策、利用者保護態勢を整備するうえで、参考になることを期待する。

---

[69]　銀行に対するAPI接続先からの取引指図が、API接続先とAPI接続する他の事業者等の取引指図にもとづいて行われる場合における、当該他の事業者等をいう。

[70]　API連鎖接続先の取扱いは、例えば、取引のリスクに応じて参照系APIと更新系APIとの間や、API連鎖接続先がAPI接続先と同一グループに属するか否かによって異なる取扱いとすることも考えられる。

4.1　API仕様の標準化に関する取組み

a　電文仕様標準の策定については、一般社団法人全国銀行協会が事務局となって、銀行界、IT事業者、API接続先企業等の各関係者の意見も参考にしつつ、預金に係る、振込を対象とした検討が進められる予定となっている[71]。

b　また、今後、APIを活用した新たなサービスが展開され、仕様の標準化が必要となった場合には、それらについても同様に検討が行われることが期待される。

4.2　情報セキュリティ関連機関との連携

（API接続先チェックリストの制定）

a　複数の銀行とAPI接続する企業等における審査対応負担を軽減する観点からは、銀行がAPI接続先の適格性を審査する際に使用する「API接続先チェックリスト」（仮称）の制定が期待される[72]。

b　かかる観点から、FISCにおいては、2017年2月、「API接続先チェックリスト（仮称）ワーキンググループ」が設置され、現在、API接続先チェックリストの制定に向けた検討が行われている。

c　当検討会は、FISCの取組みを歓迎する。当検討会は、同センターの取組みが、今後のAPI接続先と銀行の協業・連携の円滑化やセキュリティ対策等に係る双方のコミュニケーションコストの軽減等に資することを期待する。

（業界・企業横断的なセキュリティ対策強化に向けた取組み）

d　サイバー攻撃やサイバー犯罪の手口は年々巧妙化しているうえ、オープンAPIは、銀行が他の事業者等に対して銀行システムとの接続口を提供する仕組みであるため、仮にAPIのシステムに脆弱性があった場合、システムトラブルや最悪の場合、不正送金や顧客情報の情報流出等が生じるおそれがある。

e　オープンAPIは新たな技術であるため、技術の利用形態や技術仕様そのものが現段階では成熟していないことに鑑みれば、個別銀行レベルでの対策に加え、業界・企業横断的にも、不正アクセス事案やセキュリティ関連対策について、情報セキュリティ関連機関と連携して情報共有等を行う枠組み等を整備し、銀行、API接続先におけるセキュリティ対策の継続的な改善、見直し、高度化を後押ししていくことが重要である。

f　かかる観点から、サイバーセキュリティに関する情報共有や分析等を行う「金融ISAC」[73]においては、FinTechに関する業界全体のセキュリティ対策の底上げに向けた取組みとして、金融機関やAPI接続先企業等が参加する「FinTechセキュリティWG」を設置し、当面の課題として、オープンAPIのセキュリティに関する情報収集および情報共有に注力する方針が打ち出されている。

g　当検討会は、金融ISACの取組みを歓迎する。当検討会は、同団体の取組みが、わが国金融機関における安全かつ利便性の高いオープンAPIの取組みの後押しとなることを期待する。

71　預金に係る、残高照会および入出金明細照会の電文仕様標準については、別紙のとおり策定済。

72　「3.　セキュリティ対策および利用者保護原則」を参照。

73　http://www.f-isac.jp/

4.3 銀行とFinTech企業等の協業・連携の円滑化に向けた取組み

a 2016年12月27日に公表された金融審議会「金融制度ワーキング・グループ（以下「金融制度WG」という。）報告—オープン・イノベーションに向けた制度整備について—」[74]においては、銀行とFinTech企業等の協業・連携を促し、オープン・イノベーションを促進する観点から、金融機関は電子決済等代行業者との契約締結の可否に係る判断の基準を策定・公表することとしている。

b 一方、わが国においては、多数の銀行が存在するため[75]、FinTech企業等が、ウェブサイト等に掲示された各銀行の判断の基準を網羅的に確認し、各銀行にコンタクトすることには負担があると考えられる。また、FinTech企業等との積極的な協業・連携を進める銀行においても、FinTech企業等における確認負担が大きい場合、革新的なFinTech企業等との協業・連携機会を失する可能性がある。

c 一般社団法人全国銀行協会においては、銀行とFinTech企業等の協業・連携を円滑にする観点から、金融制度WG報告書や関連法令の動向を踏まえつつ、オープンAPIに関する取組み実施状況（会員各行における判断の基準の公表や会員各行の照会窓口の設置等）について、当該銀行の了解を得たうえでリスト等の形で集約し、公表する等の取組みが期待される。

d また、当検討会は、今後設立予定の「認定電子決済等代行事業者協会」[76]の業務の具体化に当たって、同協会と銀行界の連携・コミュニケーションが重要であると認識している。特に、同協会における安全管理のために必要な規則の制定、利用者の利益の保護に係る対応については、本報告書において取りまとめたセキュリティ原則・利用者保護原則を踏まえたものとすることが期待される。

4.4 本報告書の改訂、継続的なコミュニケーション

（関係法令等を踏まえた改訂）

a 事務局においては、関連法令の制定等を踏まえつつ、本報告書の改訂要否の検討を行い、改訂を行う場合は当検討会メンバーとも連携することが期待される。

（銀行界とAPI接続先事業者団体等との継続的な連携・コミュニケーション）

b オープンAPIは世界的にみても初期段階にある取組みであり、新たに発生した様々な課題や諸問題について、銀行界とAPI接続先事業者団体、IT事業者等が継続的に連携・コミュニケーションしていくことが重要である。

c かかる観点から、銀行界、API接続先等の関係する団体においては、関係団体間で協議のうえ、継続的な意見交換の場を設ける等の取組みが期待される。

（その他の改訂等）

d 事務局においては、新たな事象の発生等を踏まえて、必要に応じて本報告書の見直し・改訂等を検討していくことが期待される[77]。事務局における改訂要否の検討等の参考とするため、本報告書に対する意見提出先として、open-api@zenginkyo.or.jpを窓口

---

74 http://www.fsa.go.jp/singi/singi_kinyu/tosin/20161227-1.html
75 一般社団法人全国銀行協会正会員120行、準会員71行、特例会員1行。
76 銀行法等の一部を改正する法律（平成29年5月26日成立）による改正が行われた、銀行法第52条の61の19等を参照（別添「登録対象業者と認定電子決済等代行事業者協会について」も参照のこと）。
77 本報告書の改訂を行う場合の方法、枠組み等については、内容に応じてその都度、事務局において検討を行うものとする。

として設置する。

4.5　APIエコシステムの形成に向けて

a　オープン・イノベーションの活性化に向けては、銀行によるオープンAPIの取組みの
　みならず、他の事業者等においてもオープンAPIの取組みが進展し、金融分野に限ら
　ず、様々な事業者の間で価値のある情報が相互にやりとりされていく生態系（「APIエ
　コシステム」）が形成されていくことが重要である。

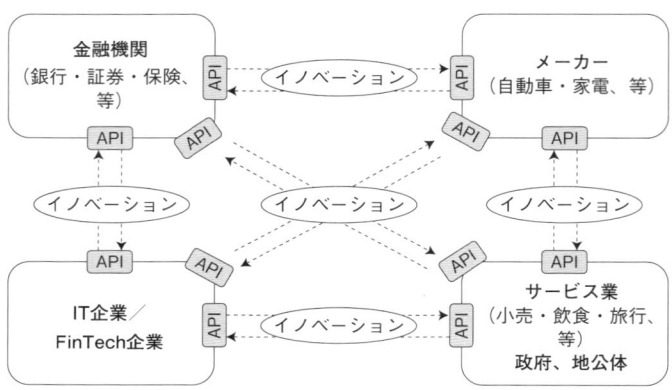

b　当検討会は、こうしたAPIエコシステムの形成に向けて、銀行界におけるオープン
　APIに関する取組みを契機に、銀行以外の事業者等においても、オープンAPIの取組み
　が拡がっていくことを期待する。

以　上

登録対象業者と認定電子決済等代行事業者協会について

a　銀行法等の一部を改正する法律（平成29年5月26日成立）による改正後の銀行法第52条の61の19等においては、業界団体による自主的な取組みを促進するため、認定電子決済等代行事業者協会に関する制度を設けている。

b　電子決済等代行業者と金融機関とのオープン・イノベーションを効率的に進め、同時に利用者の保護を実効的なものとするためには、こうした業界団体による自主的な取組みが重要であり、当検討会においても、こうした動きに対応し、関係者間での連携・コミュニケーションが適切に行われることが重要となる。

c　そのためには、認定電子決済等代行事業者協会への加盟資格の外延を画することになる登録対象業者の範囲が十分周知されていることが必要である。例えば、決済指図の伝達サービスの中でも、定期的な口座振替サービスについては適用除外とされているため、このサービスを行う事業者は登録対象とはならないが、クラウド会計サービスのほか、改正法の趣旨・規定等を踏まえれば、例えば、リアルタイム口座振替サービスやPay-easy等を利用した口座振込サービス等の不定期的なサービスを行う事業者は登録対象になると見込まれると考えられる。ただし、こうした業者を含め、登録対象業者に対して、今後も、関係当局において、制度内容に係る幅広い周知・説明を行っていくことが必要であると考えられる。

以　上

（別紙）

銀行分野のオープンAPIに係る
電文仕様標準について

※全国銀行協会のウェブサイトにおいて、平成30年12月27日に本文書の第2版を公表いたしましたので、そちらをご利用ください。

（更新履歴）
・平成29年7月13日　初版制定

目　次

1 はじめに

a 本文書は、「オープンAPIのあり方に関する検討会報告書」[1]（以下、同報告書という）を踏まえ、預金に係る、①残高照会、②入出金明細照会、③振込[2]を当面の対象として、APIのメッセージ上の標準的な項目やその定義等の目安となる「電文仕様標準」を定めるものである。

b 同報告書「API仕様の標準化について」（8頁）においては、当面のAPI開発上の指針として、本文書で定める「電文仕様標準」のほか、関係者がAPIを開発するに当たって留意すべき「開発原則」、推奨されるAPIの基本的な仕様を定める「開発標準」の三点が定められている。本文書の参照にあたっては、これら他の指針も併せて確認されたい。

c なお、本文書は、API連携を目指す銀行とFinTech企業等が個別に協議して仕様を検討することや各銀行におけるオープンAPIに係る戦略等を踏まえた仕様の汎用性や拡張性を確保する取組みを妨げるものではなく、むしろこれらの取組みは積極的に推奨される。

【参考】 開発原則、開発標準、電文仕様標準の関係

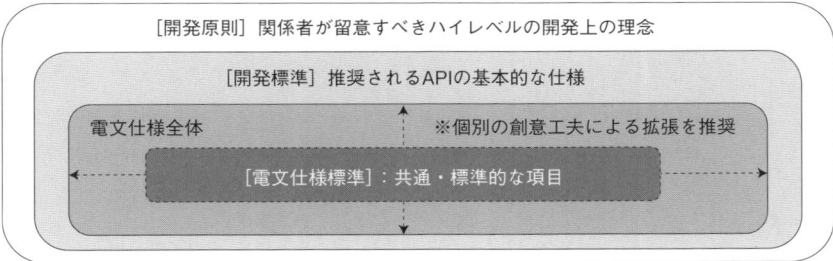

2 電文仕様標準の目的と位置付け

a 「電文仕様標準」は、APIのメッセージ上の標準的な項目やその定義等の目安を定めるものである[3]。項目の規定に際し、以下2区分を定義する。

標準項目：各項目の定義が明確であり、且つ最低限必要と考えられるもの。

拡張項目：任意項目の例示位置付け。各金融機関で定義が異なるもの等。

b 「電文仕様標準」は、FinTechサービスにおいて使用される基本的な項目やデータについて、定義の一貫性を確保し、接続相手方において加工、集計／統合を容易化すると

---

1 原文は、https://www.zenginkyo.or.jp/news/detail/nid/8261/から入手可能。

2 同一銀行内の振替は除く。なお、振込に係る電文仕様標準は今後検討を行う予定であり、「3. 電文仕様標準」への追加を想定している。

3 なお、OAuth2.0の詳細仕様等については、2017年6月現在、OpenID Foundation Financial API WG（FAPI WG）において標準化作業が実施されているため、本文書では、API連携サービスに関する電文仕様についてのみ定めている。

ともに、利用者の誤認を防止し、もってオープン・イノベーションが醸成されやすい環境の実現を後押しすることを目的としている。

c 「電文仕様標準」への準拠は、各銀行において検討・判断される[4]。
また、最終的な仕様は、電文仕様標準に機械的に準拠するのではなく、APIの汎用性、拡張性も十分考慮するとともに、接続相手方との協議やサービスの特性等を踏まえて、決定されることが重要である。

d 「電文仕様標準」は、一般社団法人全国銀行協会が事務局となって、銀行界、IT事業者、API接続先企業等の各関係者の意見も参考[5]にしつつ、取りまとめられた。今後も必要に応じて内容の追加や見直しの検討が行われること、および関係者におけるAPI開発上の指針として参照されることを期待する。

3 電文仕様標準

3.1 残高照会
個人預金口座、法人預金口座それぞれに係る残高照会機能を有するAPIの 応答メッセージの電文仕様標準を以下のとおりとする。

3.1.1 個人預金口座

［応答メッセージ］

#	項目	値の記述方法	説明
標準項目			
1	口座識別子＊1、2	任意に設定	対象口座を特定するための情報 例）支店コードや預金種目、口座番号を組み合わせた値
2	通貨コード＊3	原則として、ISO4217等の標準規格に準拠。	通貨単位を示す。 例）JPY、USD（ISO4217の場合）
3	現在残高	半角表記。原則として、ISO4217等の標準規格に準拠。 応答時点または基準日時における現在残高を示す。	
4	基準日＊4	原則として、RFC3339、ISO8601／JISX0301等の標準規格に準拠。	応答日付、もしくは現在残高および支払可能残高の基準日を示す。
5	基準時刻＊4	原則として、RFC3339、ISO8601／JISX0301等の標準規格に準拠。	応答時刻、もしくは現在残高および支払可能残高の基準日における基準時刻を示す。
拡張項目（例）			

4 「電文仕様標準」は標準（Standard）であり、規則（Regulation）ではない。なお、「電文仕様標準」に準拠しようとする銀行のうち、先行してAPIを開発済の銀行においては、バージョンアップやリプレイス等のタイミングで準拠を目指すといった様々な取組みが考えられる。

5 例えば、入出金取引明細にて借入や負債、支払等をマイナスにするなど、表現の統一を図ることで、新しいサービスの提供が期待されるとの意見が寄せられた。

#	項目	値の記述方法	説明
6	支払可能残高	半角表記。原則として、ISO4217等の標準規格に準拠。	応答時点または基準日時における支払可能残高を示す。金融機関により貸越極度や資金化されていない手形残高等を含むため、留意が必要。 例）現在残高－他店券残高＋貸越極度額

＊1　単一口座のみの残高照会機能の場合は省略可。
＊2　支店コード（または支店名）、預金種目コード（または預金種目）、口座番号、口座名義人等の各項目を応答。
＊3　応答する残高の通貨コードが常に同一の場合（例えば円）は省略可。
＊4　応答時点の最新の現在残高および支払可能残高を示す場合は省略可。

3.1.2　法人預金口座

［応答メッセージ］

#	項目	値の記述方法	説明
標準項目			
1	口座識別子＊1、2	任意に設定	対象口座を特定するための情報 例）支店コードや預金種目、口座番号を組み合わせた値
2	通貨コード＊3	原則として、ISO4217等の標準規格に準拠。	通貨単位を示す。 例）JPY、USD（ISO4217の場合）
3	現在残高	半角表記。原則として、ISO4217等の標準規格に準拠。	応答時点または基準日時における現在残高を示す。
4	基準日＊4	原則として、RFC3339、ISO8601／JISX0301等の標準規格に準拠。	応答日付、もしくは現在残高および支払可能残高の基準日を示す。
5	基準時刻＊4	同上	応答時刻、もしくは現在残高および支払可能残高の基準日における基準時刻を示す。
拡張項目（例）			
6	支払可能残高	半角表記。原則として、ISO4217等の標準規格に準拠。	応答時点または基準日時における支払可能残高を示す。金融機関により貸越極度や資金化されていない手形残高等を含むため、留意が必要。 例）現在残高－他店券残高＋貸越極度額
7	他店券残高	同上	応答時点または基準日時における他店券金額を示す。
8	貸越極度額	同上	応答時点または基準日時における貸越極度額を示す。

#	項目	値の記述方法	説明
9	前日残高	同上	応答時点または基準日時における起算日取引等を勘案した前日残高を示す。
10	前月末残高	同上	応答時点または基準日時における起算日取引等を勘案した前月末残高を示す。

＊1　単一口座のみの残高照会機能の場合は省略可。

＊2　支店コード（または支店名）、預金種目コード（または預金種目）、口座番号、口座名義人等の各項目を応答。

＊3　応答する残高の通貨コードが常に同一の場合（例えば円）は省略可。

＊4　応答時点の最新の現在残高および支払可能残高を示す場合は省略可。

3.2　入出金取引明細照会

個人預金口座、法人預金口座それぞれに係る入出金取引明細照会機能を有するAPIの応答メッセージの電文仕様標準を以下のとおりとする。

3.2.1　個人預金口座

［応答メッセージ］

#	項目	値の記述方法	説明
標準項目			
応答情報明細			
1	口座識別子＊1、2	任意に設定	対象口座を特定するための情報 例）支店コードや預金種目、口座番号を組み合わせた値
2	通貨コード＊3	原則として、ISO4217等の標準規格に準拠。	通貨単位を示す。 例）JPY、USD（ISO4217の場合）
3	対象期間（From）＊4	原則として、RFC3339、ISO8601／JISX0301等の標準規格に準拠。	応答する明細の対象期間を表示。
4	対象期間（To）＊4		
5	基準日＊5	同上	応答日付、もしくは入出金取引明細の基準日を示す。
6	基準時刻＊5	同上	応答時刻、もしくは入出金取引明細の基準時刻を示す。
7	継続情報	任意に設定	応答した入出金取引明細の継続情報の有無を示すフラグや取得キー、照会番号等を回答。 例）続き有り、1/2ページ
入出金取引明細			

#	項目	値の記述方法	説明
8	取引日	原則として、RFC3339、ISO8601／JISX0301等の標準規格に準拠。	記帳された取引日を示す。
9	起算日（該当時のみ）	同上	取引日と起算日が異なる場合に起算日を応答。
10	入払区分＊6	任意に設定	入出金の状態を示す。例）1：入金、2：出金（全銀フォーマットの場合）
11	取引金額＊6	半角表記。原則として、ISO4217等の標準規格に準拠。	取引金額を示す。金融機関によっては他店券金額を含む場合に、取引金額中の他店券金額も応答。
12	摘要内容	左詰めで記載。文字形式は任意に設定。	紐付く摘要内容を示す。例）振込依頼人名、口座振替引落明細
13	取引後残高	半角表記。原則として、ISO4217等の標準規格に準拠。	取引後残高を示す。複数の取引明細を一括処理するケースにおいては、当該取引単位での残高を応答。
14	取引時刻	原則として、RFC3339、ISO8601／JISX0301等の標準規格に準拠。	入出金明細情報の取引時刻を示す。#8、9とあわせての応答も可。

＊1　単一口座のみの入出金取引明細照会機能の場合は省略可。
＊2　支店コード（または支店名）、預金種目コード（または預金種目）、口座番号、口座名義人等の各項目を応答。
＊3　応答する残高の通貨コードが常に同一の場合（例えば円）は省略可。
＊4　リクエスト電文で期間が明確であり、その対象期間をそのまま応答する場合は省略可。
＊5　応答時点の最新の入出金取引明細を示す場合は省略可。
＊6　入払区分と取引金額の組合せによる応答に代えて、「入金金額」、「出金金額」等を用いて取引金額を表示することも可。

3.2.2　法人預金口座

［応答メッセージ］

#	項目	値の記述方法	説明
標準項目			
応答情報明細			
1	口座識別子＊1、2	任意に設定	対象口座を特定するための情報例）支店コードや預金種目、口座番号を組み合わせた値
2	通貨コード＊3	原則として、ISO4217等の標準規格に準拠。	通貨単位を示す。例）JPY、USD（ISO4217の場合）

#	項目	値の記述方法	説明
3	対象期間（From）*4	原則として、RFC3339、ISO8601／JISX0301等の標準規格に準拠。	応答する明細の対象期間を表示。
4	対象期間（To）*4		
5	基準日*5	同上	応答日付、もしくは入出金取引明細の基準日を示す。
6	基準時刻*5	同上	応答時刻、もしくは入出金取引明細の基準時刻を示す。
7	継続情報	任意に設定	応答した入出金取引明細の継続情報の有無を示すフラグや取得キー、照会番号等を回答。 例）続き有り、1/2ページ
入出金取引明細			
8	取引日	原則として、RFC3339、ISO8601／JISX0301等の標準規格に準拠。	記帳された取引日を示す。
9	起算日 （該当時のみ）	同上	取引日と起算日が異なる場合に起算日を応答。
10	入払区分*6	任意に設定	入出金の状態を示す。 例）1：入金、2：出金 　　　（全銀フォーマットの場合）
11	取引金額*6	半角表記。原則として、ISO4217等の標準規格に準拠。	取引金額を示す。 金融機関によっては他店券金額を含む場合に、取引金額中の他店券金額も応答。
12	摘要内容	左詰めで記載。 文字形式は任意に設定。	紐付く摘要内容を示す。 例）振込依頼人名、口座振替引落明細
拡張項目　（例）			
13	取引後残高	半角表記。原則として、ISO4217等の標準規格に準拠。	取引後残高を示す。 複数の取引明細を一括処理するケースにおいては、当該処理単位での残高を応答。
14	EDI情報*7	入出金取引に紐付くEDI情報を左詰め。	入力されたEDI情報を示す。
15	振込依頼人名	振込依頼人名を左詰め。	被仕向振込入金に関する振込依頼人名を示す。
16	取引時刻	原則として、RFC3339、ISO8601／JISX0301等の標準規格に準拠。	入出金明細情報の取引時刻を示す。 #8、9とあわせての応答も可。

＊1　単一口座のみの入出金取引明細照会機能の場合は省略可。

＊2　支店コード（または支店名）、預金種目コード（または預金種目）、口座番号、口座名義人等

の各項目を応答。

* 3　応答する残高の通貨コードが常に同一の場合（例えば円）は省略可。
* 4　リクエスト電文で期間が明確であり、その対象期間をそのまま応答する場合は省略可。
* 5　応答時点の最新の入出金取引明細を示す場合は省略可。
* 6　入払区分と取引金額の組合せによる応答に代えて、「入金金額」、「出金金額」等を用いて取引金額を表示することも可。
* 7　2017年6月現在、「XML電文への移行に関する検討会（事務局：全国銀行協会）」等において、金融EDIの活用やXML電文への移行に向けた対応が実施されている。

4　共通事項

　電文標準仕様として定義することではないが、API連携を目指す銀行とFinTech企業等が詳細検討を行ううえで、事前に整理、明確化しておくことが望ましい項目を以下にまとめる。

#	項目	留意事項
1	データ型	int、string等のデータ型を明確化
2	英字表記	各項目の英字表記を明確化 例）現在残高→current balance等
3	エラー電文の内容	エラーコード（HTTPステータスコード）、エラーメッセージの一覧とその意味をリスト化
4	応答を省略する 場合の返答方法	項目をセットするか否かについて明確化。 また項目セットし応答する場合は「Null」や「-（半角ハイフン）」等を項目毎に記載。
5	口座を特定するための情報	口座情報をユニークに特定するための情報の組み合わせ方法を例示。口座識別子として特定の体系を定めている場合は、その体系を示すことでも可。 例1）支店コード、預金種目コード、口座番号を組み合わせることで特定。 例2）ICキャッシュカード基本形等の基準に準拠。
6	取引明細を特定する情報	取引明細をユニークに特定するための情報の組み合わせ方法を例示[6]。固有の識別子がある場合は当該情報を示すことでも代替可能。

以　上

6　例えば日付や時刻等との組み合わせが考えられる。

〈巻末資料④〉

銀行法に基づくAPI利用契約の条文例

※本書は、銀行と電子決済等代行業者の間で締結されるAPI利用契約の条文例および
その解説で構成されている。解説には、本条文例を取りまとめるに至るまでの議論
を踏まえた事項が記載されていることから、本書の利用に当たっては、条文例だけ
ではなく解説も併せて参照することを推奨する。

※本書は、2018年12月27日現在の銀行法および関係法令に基づくものである。

※本書は、銀行法第52条の61の10の契約締結義務に基づき、銀行及び接続事業者の早
期契約締結に資するために作成された一案であり、本条文例に則り締結することを
強制するものではなく、双方の合意に基づき本条文例と異なる条項で合意すること
を妨げるものではない。

初版

2018年12月27日

オープンAPIのあり方に関する検討会

（事務局：一般社団法人全国銀行協会）

版数	発行日	改訂履歴
2018年7月暫定版	2018年7月6日	（オープンAPI推進研究会作成）
初版	2018年12月27日	銀行と電子決済等代行業者間の契約実務において明らかになった課題を踏まえて改訂

（著者注：本書に掲載する報告書は更新される可能性があるため、最新版を全国銀行協会
のウェブサイトで確認していただきたい。）

序　文

　平成29年5月26日、銀行法等の一部を改正する法律（同年6月2日公布、平成29年法律第49号。）が成立し、電子決済等代行業者（以下「電代業者」という。）に対する登録制の導入、電代業者の銀行との契約締結義務、銀行における電代業者との連携・協働に係る方針の策定・公表等のオープン・イノベーションの推進に係る措置が整備された。

　また、この動きに合わせるかたちで、「オープンAPIのあり方に関する検討会」（以下「当検討会」という。）は、わが国におけるオープン・イノベーションの活性化を目指し、イノベーションの促進とセキュリティ、利用者保護とのバランスを考慮した、オープンAPIの活用促進に向けた官民連携のイニシアティブである「オープンAPIのあり方に関する検討会報告書」（以下「検討会報告書」という。）を取りまとめたところである（平成29年7月13日公表）[1]。

　官民においてオープン・イノベーションの促進に向けた制度整備が行われる中、電代業者による預金に係る残高照会や入出金明細照会に関するサービス提供が開始されるなど、銀行におけるAPI開放の取組みも進んでいる。銀行と電代業者の間でAPI連携を行うに当たっては契約締結が必要となるが、今後さらにAPI連携が加速した場合、複数の銀行、電代業者間で契約締結事務が発生することから、その効率化が課題として認識されるようになった。そこで、銀行、事業者、弁護士をメンバーとした、実務者による意見交換の場である「オープンAPI推進研究会」（以下「研究会」という。）を設置し、銀行法等の法令および検討会報告書の内容を踏まえたうえで、API接続を行うに当たっての契約条文例を示すとともに、共通的に議論となる事項等について論点整理を行った。

　API利用に関する契約は銀行と電代業者間で個別に定めるものではあるが、契約の条文例、事前に検討しておくべき論点事項を両者間で共有することは、API接続によるサービスを始めるに当たっての契約締結事務の効率化に資するものである。銀行と電代業者が銀行法に基づくAPI利用契約を締結する典型的な場合を想定して、研究会における論点整理を踏まえて、当検討会において当該契約の条文例およびその解説（以下「本条文例」という。）を取りまとめた[2]。

　当検討会は、本条文例が、銀行と電代業者間の契約にかかるコミュニケーションコストの低減、円滑なAPI接続に資するものとなり、APIエコシステムの形成・発展に繋がることを期待する。

1　https://www.zenginkyo.or.jp/abstract/council/openapi/
2　本条文例が広く活用されていく中で、実務上の課題点が明らかになった場合は、必要に応じて議論し、本条文例を改善していくことも考えられる。

オープンAPIのあり方に関する検討会名簿（2018年12月）

メンバー	佐野　泰志	㈱三井住友銀行決済商品開発部長
	岩瀬　　豪	㈱三菱UFJ銀行デジタル企画部副部長
	阿部　展久	㈱みずほフィナンシャルグループデジタルイノベーション部長
	平田　慶介	㈱福岡銀行デジタル戦略部長
	松木誠一郎	㈱京葉銀行営業企画部デジタル戦略担当部長
	吉本　憲文	住信SBIネット銀行㈱FinTech事業企画部長
	佐畑　大輔	㈱NTTデータ　ｅ－ビジネス営業統括部長
	羽川　茂雄	日本アイ・ビー・エム㈱金融・郵政Gサービス事業部金融ビジネスソリューションパートナー
	水上　　保	㈱日立製作所全国金融システム本部企画販売推進部長
	丸山　弘毅	Fintech協会代表理事会長／㈱インフキュリオン・グループ代表取締役
	Mark Makdad	Fintech協会理事／マネーツリー㈱常務取締役
	瀧　　俊雄	一般社団法人電子決済等代行事業者協会代表理事／㈱マネーフォワード取締役兼Fintech研究所長
	岡本浩一郎	一般社団法人コンピュータソフトウェア協会理事／弥生㈱代表取締役社長
	増島　雅和	森・濱田松本法律事務所パートナー弁護士
	森下　哲朗	上智大学法科大学院教授
	小出　　篤	学習院大学法学部教授
	松尾　元信	金融庁企画市場局参事官
	志村　秀一	金融情報システムセンター企画部長
	永沢裕美子	Foster Forum良質な金融商品を育てる会世話人
オブザーバー	副島　　豊	日本銀行決済機構局審議役FinTechセンター長
	鎌田沢一郎	日本証券業協会管理本部共同本部長
	正木　秀人	日本クレジットカード協会／三菱UFJニコス㈱経営企画部経営情報室長
事務局	一般社団法人全国銀行協会	

（敬称略）

オープンAPI推進研究会メンバー

　オープンAPI推進研究会は、API接続に関わる12社（銀行界から6行、事業者から6社）、弁護士3名をメンバーとし、オブザーバーとして金融庁および金融情報システムセンターに参加いただいた。平成29年11月27日から平成30年12月3日までに計14回開催。

（敬称略）

銀行	株式会社みずほ銀行 　ｅ－ビジネス営業部　調査役　中村和博（第1回〜第13回） 　ｅ－ビジネス営業部　調査役　安藤邦浩（第14回）
	株式会社三菱UFJ銀行 　デジタル企画部　次長　原田一雪（第1回〜第9回） 　デジタル企画部　次長　岩田廉平（第10回、第11回、第13回） 　デジタル企画部　調査役　正木綾香（第12回、第14回）
	株式会社三井住友銀行 　決済商品開発部　部長代理　加賀卓哉（第1回〜第13回） 　決済企画部　部長代理補　戸井智浩（第14回）
	住信SBIネット銀行株式会社 　FinTech事業企画部長　吉本憲文（第1回〜第11回、第14回） 　企画部　担当部長　服部隆幸（第12回、第13回）
	株式会社千葉銀行 　経営企画部フィンテック事業化推進室　副室長　関谷俊昭（第1回、第2回、第6回、第7回、第9回、第13回） 　経営企画部フィンテック事業化推進室　副調査役　大塚めぐみ（第3回〜第5回、第8回、第10回〜第12回） 株式会社福岡銀行 　経営企画部　調査役　平川昌路（第14回）
	株式会社栃木銀行 　営業統括部営業戦略室　主任調査役　森山仁（第1回、第2回、第4回〜第6回、第8回、第9回、第12回、第13回） 　事務システム部　主任調査役　平出友仁（第3回） 　営業統括部営業戦略室　副調査役　加藤雅之（第7回、第10回、第11回） 株式会社京葉銀行 　東京事務所　調査役　鈴木弘（第14回）
事業者	株式会社インフキュリオン・グループ 　代表取締役　丸山弘毅（第1回、第3回、第4回） 株式会社Zaim 　代表取締役　閑歳孝子（第2回） freee株式会社 　執行役員　木村康宏（第5回〜第14回）
	株式会社オービックビジネスコンサルタント 開発本部　部長　日野和麻呂（第1回、第3回） 　営業部ファイナンスシステム営業室　課長　梅川哲彦（第2回、第4回〜第

		14回）
		株式会社TKC 　システム開発研究所　次長　矢生弘行（第1回〜第11回、第13回） 　システム開発研究所　チーフ　海来達矢（第12回、第14回）
		マネーツリー株式会社 　取締役　Head of Platform マーク・マクダッド（第1回、第2回、第4回、 　第6回、第7回、第9回） 　取締役　CFO　鈴木塁（第3回、第5回、第8回、第10回〜第14回）
		株式会社マネーフォワード 　取締役　瀧俊雄（第1回〜第6回、第8回〜第14回） 　管理本部　本部長　坂裕和（第7回）
		弥生株式会社 　代表取締役社長　岡本浩一郎（第1回〜第7回、第9回〜第11回、第13回、 　第14回） 　マーケティング部　担当マネジャー　内山正彦（第8回、第12回）
弁護士		渥美坂井法律事務所・外国法共同事業　弁護士　落合孝文（第1回〜第7回、 　第9回〜14回）
		渥美坂井法律事務所・外国法共同事業　弁護士　中井計雄（第8回）
		TMI総合法律事務所　弁護士　白石和泰
		森・濱田松本法律事務所　弁護士　堀天子
関係当局 （オブザーバー）		金融庁 　総務企画局企画課信用制度参事官室　フィンテック企画調整官　三輪純平 　（第1回〜第13回） 　総務企画局企画課信用制度参事官室　総括補佐　玉川英資（第9回） 　監督局銀行第一課　課長補佐　池田和世（第9回〜第13回） 　企画市場局総務課信用制度参事官室　企画調整官　尾川豊（第14回）
		公益財団法人金融情報システムセンター 　企画部　次長　大澤英季（第1回〜第3回、第5回、第7回〜第13回） 　企画部　部長　小林寿太郎（第4回、第6回） 　企画部　部長　志村秀一（第14回）
事務局		一般社団法人全国銀行協会
		森・濱田松本法律事務所　弁護士　湯川昌紀

銀行法に基づくAPI利用契約の条文例

> **第1条　目的**
>
> 　本契約は、銀行が指定する銀行のサービスの利用者が、接続事業者の提供するサービスを通じて銀行のサービスを利用できるようにするために、銀行が接続事業者に本APIの非独占的な使用を許諾し、接続事業者が本APIを使用して利用者に接続事業者のサービスを提供することについて、使用条件その他の基本的事項を定めることを目的とする。

　契約の「目的」については、一般的に契約書で設けられる例が多く、銀行のAPI利用契約の実例でも設けられている例が多かったことから、条文例としても設けている。

　なお、研究会では、API利用契約に記載されていることがAPI接続を行う上での条件、前提の全てであるとの誤解を与えないように留意すべきとの意見があった。条文例でAPI利用契約が「基本的事項」を定めるものであるとしており、銀行の定める基準や、APIの仕様書において定められる事項もあるものと考えられる。

　さらに、APIには様々な種類があり、特定のAPIのみに関する事項について、本契約とは別の契約を締結することも考えられる。例えば、更新系APIについての経済条件やサービスの内容については別途定める場合が考えられ、これを明確にするために「但し、本更新系APIについては本契約のほか、○○契約による。」と規定することも考えられる。

> **第2条　定義**
>
> (1)　「営業日」とは、日本において銀行の休日として定められた日以外の日をいう。
> (2)　「検証環境」とは、本APIを利用するソフトウェアの動作確認を行うために別途開放する銀行のシステムの検証環境をいう。
> (3)　「書面等」とは、書面及び電磁的記録をいう。
> (4)　「セキュリティチェックリスト」とは、接続事業者がセキュリティに関して銀行に提出する書面等による報告をいう（本契約の締結前に提出したものであるかを問わない。また、変更があった場合は変更後のものをいう。）。
> (5)　「接続試験」とは、接続事業者が本APIを利用するソフトウェアを本APIに係る仕様に準拠していることを銀行が確認するために行われる試験をいう。
> (6)　「トークン等」とは、接続事業者が本APIを通じて銀行のシステムにアクセスするためのトークンその他の情報をいう。
> (7)　「不正アクセス等」とは、不正アクセス、ハッキング、ネットワークへの不正侵入をいう。
> (8)　「本API」とは、アプリケーション・プログラミング・インターフェースであって、銀行が接続事業者に別途差し入れる仕様書（以下「本API仕様書」という。）の仕様によるものをいう。
> (9)　「本APIアクセス権」とは、接続事業者が非独占的に本API連携することができる権利をいう。
> (10)　「本API連携」とは、接続事業者が本APIを使用して、本銀行機能と本サービスを連携させることをいう。

(11) 「本銀行機能」とは、銀行が利用者に提供する銀行のサービスをいう。

[(12) 「本更新系API」とは、本APIのうち、利用者の預金口座の残高を移動するものとして本API仕様書において定められたものをいう。]

[(13) 「本参照系API」とは、本APIのうち、利用者の預金口座の残高を取得するものとして本API仕様書において定められたものをいう。]

(14) 「本サービス」とは、接続事業者が本APIを用いて利用者に対し提供するものとして別紙に定めるサービスをいう。但し、第17条第3項に基づき本サービスに新たなサービスが追加され、又は本サービスが変更された場合は、追加又は変更後の内容をいう。

(15) 「利用者」とは、本サービス及び本銀行機能を利用することに同意した者であって、接続事業者が本サービスの利用を認め、銀行が本銀行機能の利用を認めた者をいう。

(16) 「利用者情報」とは、接続事業者が利用者の指図に基づき本APIを通じて銀行から取得した利用者に関する情報をいう。

(17) 「連鎖接続」とは、本APIを通じて取得した情報の全部又は一部を利用者に伝達することを目的として連鎖接続先に提供し、又は利用者の指図（当該指図の内容のみを含む。）を連鎖接続先から受領して本APIを通じて銀行に伝達することをいう。

(18) 「連鎖接続先」とは、銀行法施行規則第34条の64の9第3項に規定される電子決済等代行業再委託者をいう。

　契約書における「定義」は、「定義」の条を置いてまとめて定義する例と、契約書中で必要な定義を行う例があるが、分かりやすさの観点から、条文例としては「定義」の条を設けている。

　「接続試験」の定義について、検証環境における試験と本番環境における試験を分けている例があったが、契約書の規定として分ける必要性まではないとの議論があり、これらを合わせて定義している。これは契約書でどこまで細かく規定するかの議論であって、実態として本番環境での試験に先立って検証環境での試験を行うことの必要性を否定する趣旨ではないことに留意が必要である。

　「本銀行機能」については、銀行が利用者に対して提供している銀行のインターネットバンキング等のサービスを意味しており、接続事業者が本APIを用いて提供する本サービスを含まない銀行の機能を指すものとして定義している。

　「トークン等」の定義であるが、OAuth2.0の下では、アクセストークンやリフレッシュトークンが該当する。もっとも、中長期的にはAPI連携のための認可の仕組みやテクノロジーが変わる又は追加される可能性もあり、「トークンその他の情報」と広範な定義を置いている。

　「本更新系API」及び「本参照系API」の定義において、銀行法等の一部を改正する法律（平成29年法律第49号）による改正後の銀行法（以下「銀行法」という。）第2条第17項第1号及び第2号を踏まえて「預金口座」としているが、実際に提供するAPIによっては、預金口座以外にも、借入れや投資信託等に関する記載を含める（又は単に「口座」とする）ことも考えられる。なお、本条文例において、ブラケット（[　]）を付している箇所は、状況に応じて規定するか規定しないかを選択するべき箇所であり、いずれが原則であるという趣旨ではない。以下のブラケットについても同様である。

　「本サービス」は、接続事業者が本APIを用いて利用者に対し提供するサービスである

が、いかなる範囲を本サービスと画するのかについては、サービス内容等に応じて様々な場合があり得るため、別紙に定めることとしている。本サービスの範囲を広く定める場合には、その範囲で広くデータを利用できる一方で（本契約第17条第2項）、本サービスに関して接続事業者にかかる義務（本契約第3条第3項及び第4項、第7条第1項、第2項、第3項、第6項及び第7項、第8条第1項及び第2項、第9条第1項及び第4項、第10条第1項等）の中には、必ずしも本サービスの全体に一律に適用する必要がないと考えることも可能なものも含まれ得ることから、本サービスのうち個別の部分に応じて個々に検討することが考えられる。また、本サービスを広く定める場合であっても、利用者情報を使用せずに提供するサービスにまで本サービスの範囲を広げることによって、不必要に接続事業者の義務の範囲を広げることは想定されていない。

金融庁が平成30年5月30日に公表した「『銀行法施行令等の一部を改正する政令等（案）』に対するパブリックコメントの結果等について」の別紙1（以下「パブコメ結果」[3]という。）のNo.171では、銀行法第52条の61の10第2項第2号における「当該電子決済等代行業者が電子決済等代行業の業務に関して取得した利用者に関する情報」には加工した情報も当然に含まれるとされており、本契約における「利用者情報」の定義にあたっては、加工した情報を除くものとはしていない。また、パブコメ結果のNo.172では、銀行から取得した利用者に関する情報が利用者に提供されたことをもって適正な取扱い及び安全管理のために行う措置が不要になるものではないとされており、本契約における「利用者情報」の定義にあたっては、利用者に提供されるに至った情報を除くものとはしていない。

「連鎖接続」を定義するため、まず銀行法施行規則第34条の64の9第3項に規定されている電子決済等代行業再委託者を「連鎖接続先」と定義した上で、連鎖接続先に対して情報を提供し、連鎖接続先から受け取った指図を銀行に伝達する行為を「連鎖接続」と定義している。銀行法施行規則第34条の64の9第3項では、預金者の二以上の段階にわたる委託を受ける場合や接続事業者への委託が二以上の段階にわたる場合も電子決済等代行業再委託者に該当するとされており、他の連鎖接続先を通じて情報を提供したり、他の連鎖接続先を通じて指図を受領したりする場合も連鎖接続に該当する。なお、預金者の委託（二以上の段階にわたる委託を含む。）を受けない場合は連鎖接続に該当しない（パブコメ結果No.139にも同趣旨の記載がある。）。また、パブコメ結果のNo.140及びNo.142に電子決済等代行業再委託者にあたらない場合の考え方が示されており、これらの場合も連鎖接続に該当しないと考えられる。

第3条　本APIの利用等 第1項（非独占的な使用許諾）

銀行は、接続事業者に対し、本サービスを提供する目的の範囲内で、本APIの非独占的な使用を許諾する。なお、接続事業者は銀行の事前の書面等による承諾なく、本APIアクセス権について、譲渡、信託、［承継、］担保権設定その他の一切の処分をすることができず、かつ、第三者に対して再使用許諾することはできない。［但し、第22条但書の規定に基づき、本APIアクセス権が譲渡［又は承継］されることに係る承諾は不要とする。］

銀行法では、銀行が不当に差別的な取扱いをすることなく複数の電子決済等代行業者にAPIを提供することが想定されており、使用許諾することを規定している。銀行は同じAPIを複数の電子決済等代行業者に不当に差別的な取扱いをすることなく提供することになるため、非独占的な使用許諾とする必要がある。

使用許諾を受けた接続事業者が本APIアクセス権の譲渡等の処分を行ったり、第三者に対して再使用許諾することができないのは、通常必要なものであり、実例でも設けられているものがあったことから、条文例でも設けている。なお、承継の禁止を定めるかどうかについては第22条を参照されたい。また、第22条に譲渡や承継の禁止の例外を定める場合には、本項においても例外となるようにブラケット内の記載を入れる必要がある。

研究会では、連鎖接続と再使用許諾との関係が議論になったが、連鎖接続先から受け取った指図を本APIを通じて銀行に伝達する場合としても、本APIを使用しているのは接続事業者であるため、再使用許諾には当たらないと考えられ、条文例に「連鎖接続を除く」といった記載は追加していない。記載を追加するか否かによらず、本項は連鎖接続の可否を決めるものではなく、連鎖接続の可否やその条件は第13条で定めるところに従うことになると考えられる。

第3条　本APIの利用等　第2項（API仕様の変更）
2　本APIの仕様は銀行が定める本API仕様書のとおりとする。銀行は、変更の●営業日前までに接続事業者に変更後の仕様の内容を書面等により通知することにより、接続事業者の承諾を得ることなく、本APIの仕様を変更することができるものとする。［但し、セキュリティの改善等のため迅速な対応が必要になる変更については、速やかな通知で足りるものとする。］

本APIの仕様の変更について、提供を行っている全ての接続事業者の承諾を得ないとできないとしたのでは、必要なアップデートもできなくなるおそれがあり、実例でも銀行からの通知により変更できるとされていた。

研究会では、接続事業者側から、仕様変更するのであれば準備期間を設けるというのがこの条項の趣旨であり、単に「事前通知」とするのではなく、「●営業日前」と契約で通知期間を合意すべきであるとの意見があり、条文例では「●営業日前」と合意することとしている。なお、合意された通知日数は最低の基準であり、重大又は広範な仕様変更を行う場合には、本サービスにおけるインシデント発生等による利用者への悪影響が生じないよう、接続事業者が実務的に対応可能な通知期間を設けるべき場合もあり得るところであり、留意が必要である。

他方、通知期間を長めに設ける場合には、セキュリティホール等の迅速な対応が必要になる変更については通知期間の例外とすることが必要である。

第3条　本APIの利用等　第3項、第4項、第5項（第三者との共同実施及び連携並びに第三者への委託）
3　接続事業者は、第13条第1項に基づく連鎖接続又は銀行の事前の書面等による承諾を得た場合（第三者との共同実施や連携を行う旨を別紙に定める場合を含む。次項において同じ。）を除き、本サービスの全部若しくは一部又は本APIの使用を、

第三者と共同して実施し、又は第三者に連携（利用者が接続事業者から利用者情報を取得するために使用するソフトウェアを第三者が開発すること、及びかかるソフトウェアを利用者が使用することを含まない。次項において同じ。）させてはならない。

4 　接続事業者は、前項に基づく銀行の事前の書面等による承諾により、本サービスの提供の全部若しくは一部又は本APIの使用を、第三者と共同して実施し、又は第三者に連携させる場合には、当該第三者の行為についても本契約の定め（情報の適正な取扱い及び安全管理のための措置並びに法令等に基づき必要な事項に限る。以下本項において同じ。）による責任を負担し、当該第三者をして本契約の定めを遵守させるものとする。

5 　接続事業者は、本サービスの全部若しくは一部又は本APIの使用を第三者に委託する場合、セキュリティチェックリストに記載されているときを除き、銀行に［事前に］通知するものとする。［但し、委託を行うことによりセキュリティチェックリストにおける記載を変更する必要があるとき［又は別紙に定める種類の業務の委託について］は、接続事業者は、銀行の事前の書面等による承諾を得るものとする。］

　本契約が接続事業者に対して本APIの使用を許諾するものであることを踏まえ、「連鎖接続」の定義に当たらない第三者との共同実施や連携については個別に銀行と接続事業者が協議して行う必要がある旨を規定している。

　なお、連鎖接続については、研究会において、その必要性や前提が議論された上で条文例の第13条に規定されており、第13条にしたがって行われる連鎖接続は本項の禁止の対象外である。

　パブコメ結果のNo.139及びNo.179において、電子決済等代行業再委託者でない第三者に対して利用者情報を提供することについても情報の適正な取扱い及び安全管理のための措置を講ずることが必要とされていることから、第4項において、連鎖接続には当たらない第三者との共同実施や連携に際して、当該第三者に本契約のうち情報の適正な取扱い及び安全管理のための措置並びに法令等に基づき必要な事項を遵守するよう定めている。

　研究会では、接続事業者が本サービスや本APIの使用について第三者に委託する場合について、銀行への通知や承諾が必要とする意見があった。他方、接続事業者側のセキュリティ態勢として外部委託管理が適切に行われることが求められているところであり（公益財団法人金融情報システムセンターが平成30年10月12日に公表した「API接続チェックリスト（2018年10月版）」のNo.10及び11を参照）、これを踏まえて第7条第5項のセキュリティチェックリストに重要な委託先の名称等も記載を必要とする場合、同項でセキュリティチェックリストに重要な変更が生じるときは変更後のセキュリティチェックリストを銀行に提出することとされていることから、変更後のセキュリティチェックリストの内容を確認することで足りるとの考え方も可能である。

　なお、パブコメ結果のNo.107において、一定の場合のクラウドサービスについては委託先に当たらないとの考え方が示されており、第5項においても同様に考えられる。但し、当然ながら委託先に当たらない場合でも接続事業者はクラウドサービスの使用に係る責任を免れるものではないと考えられる。

　APIの使用許諾に際して、使用許諾を受けた接続事業者がAPIを使用することができるという権利を超える権利を有することとなるものでない旨を規定することは使用許諾に際して必要と考えられ、実例でも設けられているものがあったことから、条文例でも設けている。

　なお、但書は、本APIにより提供されるデータについて銀行が著作権を有している場合に、加工が同一性保持権の侵害に当たり、第3項に基づく第三者への連携及び第13条に基づく連鎖接続先への提供が複製権の侵害に当たる懸念があるとの指摘を踏まえたものである。

　条文例では使用許諾料は別途定めることとし、研究会ではこの点については議論していない。

4　銀行及び接続事業者は、銀行法第52条の61の10の義務に基づいて本契約を締結する場合には、［第２項の通知後速やかに／第３項の銀行による通知後速やかに］銀行法第52条の61の10第３項に定める事項を合意した上で公表する。

　銀行から接続事業者へのAPI仕様書の差入れ、接続事業者から銀行へのセキュリティチェックリストの提出に関して本契約の守秘義務を適用する場合や、接続試験に関する本契約の規定を適用する場合には、本API接続を開始する前に本API利用契約を締結することになる。

　他方、研究会では、接続事業者からAPI接続の依頼があった場合に銀行である程度の審査を行った上で契約を締結するといった場合もあり得るので、条文例では柔軟な対応ができるようにすべきであるとの意見が銀行側からあった。他方、接続事業者側からは、多数の銀行と契約を締結する際に、API接続の開始までのプロセスがなるべく標準化されていることが望ましいとの意見があった。さらに、銀行の定める基準を満たしていることの確認や検査を迅速に行うべきことを条文例に入れるべきとの意見もあった。これらの点について、銀行側の体制はさまざまであり、一律に義務的な規定を設けることは困難であるとの意見を踏まえて条文例では設けていないが、銀行法第52条の61の11第３項によって銀行は不当に差別的な取扱いを行ってはならないこととなる（パブコメ結果のNo.193で「銀行が公表している基準に記載されていない事項であっても、例えば、反社会的な者と関係を有している者でないことなど、社会通念上判断の基準とすることが当然であると認められるような要件について電子決済等代行業者が充足していない場合には、銀行が契約締結を拒むことも許容されるものと考えます。他方、『自行のサービス又は子会社・関連会社・提携先会社のサービスと競合している』との理由のみで拒絶すること等は、当該事項が基準として公表されているか否かを問わず、通常合理的な理由によるものとはいえないと考えられます。」とされていることについても留意が必要である。）。

　条文例では、API接続までの間に、セキュリティチェックリスト等の確認、接続試験を規定しているが、API利用契約の締結の段階でこれらが完了しているのであれば、このような規定は必要ない。これに対し、接続試験が契約締結後に行われるという実務を想定した場合、銀行法第52条の61の11第１項では、銀行は電子決済等代行業者との間で銀行法第52条の61の10第１項の契約を締結するに当たって基準を設けるとされているところ、条文例のようにAPI利用契約を締結した上で銀行の定める基準の確認をするということであれば、本条第２項の銀行による通知によって銀行法第52条の61の10第１項の契約の締結に当たる（接続の依頼に対して承諾の通知を行うことで契約が成立する）と整理することも可能であるし、本条第３項の銀行による通知によって契約の締結に当たると整理することも可能であると考えられる。パブコメ結果のNo.182では、銀行法第52条の61の10第３項に基づいて公表する内容は要約でも良いとされており、本条第４項では銀行と接続事業者がその内容について合意した上で公表することとしている。

　なお、接続試験について、検証環境で行うものと本番環境で行うものを分け、検証環境での試験を完了した後に本番環境で試験を行う旨規定している例があったが、研究会では契約書の記載として分けて記載する必要まではないとの意見があり、条文例ではまとめて記載している。但し、検証環境での試験が不要であるという趣旨ではない点に留意が必要である。

　また、銀行のセキュリティは接続事業者ごとの個別対応を前提としていないため、接続事業者ごとに締結する本契約では、銀行のセキュリティについて規定していないが、銀行

は「オープンAPIのあり方に関する検討会報告書」（以下「検討会報告書」という。）等を踏まえて適切なセキュリティを維持することになると考えられる。

第6条　認証とトークン

銀行は、利用者の申請に基づき、銀行が定める利用者の本人認証手続その他の手続により本API連携を認める場合、接続事業者に当該利用者に係るトークン等を付与する。

2　接続事業者は、銀行が発行したトークン等を自己の費用と責任において厳重に管理するものとし、トークン等を第三者に使用させ、又は貸与、譲渡、売買、質入れ等をしてはならないものとする。

3　接続事業者は、トークン等を当該トークン等に係る利用者の指図（包括的なものを含む。以下、この条において同じ。）に基づいて使用するものとし、銀行に伝達する指図その他の情報の過誤、取違え、改ざん及び漏洩について責任を負う。

4　銀行は、トークン等の使用があった場合で特段の事情がないときは、接続事業者が当該トークン等に係る利用者からの指図に基づいて使用しているものとみなすものとする。

5　接続事業者は、トークン等の盗難、不正利用の事実を知った場合、直ちにその旨を銀行に対して通知するものとし、銀行から指示があった場合には、これに従って対応するものとする。

6　接続事業者のトークン等の管理が不十分であること、又は接続事業者のトークン等の使用に過誤があることに起因して、銀行、接続事業者又は利用者その他の第三者に損害が発生した場合、当該損害に関する責任は接続事業者が負担するものとする。但し、当該損害の発生について、銀行の責めに帰すべき事由がある場合には、その責任割合に応じて接続事業者からの求償に応じるものとする。

第1項は、銀行が本人認証手続その他の手続によって本API連携を認めるという手順を規定している。基本的には、銀行が本API連携を認めるにあたり、利用者本人からの申込みであることを確認する本人認証手続が必要であると思われる。また、利用者本人からの申込みであったとしても、銀行が把握している口座の使用状況等に照らして不正な使用が疑われる等によってAPI連携を行うことが適当ではないと判断することもあり得ることから、本人認証手続その他の手続と規定している。

第2項は、トークン等の管理を接続事業者の責任とするものであり、トークン等が接続事業者に付与されるものであることを踏まえた規定である。研究会では、接続事業者がトークン等を窃取され、銀行に当該トークン等の無効化を求めたが、銀行が無効化を行うことが可能であったにもかかわらず相当な期間内に無効化の処理を行わなかったために損害が生じた場合の扱いが議論されたが、銀行がトークン等の無効化に関して利用者に対して義務を負い、銀行が当該義務を果たしていない場合には、銀行が利用者に対して責任を負う可能性がある点に留意が必要である。

第3項は、トークン等は利用者のために使用することが前提となっていることから、利用者の指図に基づいて使用する旨規定している。なお、研究会では、実態としては本APIへのアクセス毎に利用者からの指図があるわけではなく、接続事業者側で随時本APIにアクセスすることが想定されているとの指摘があり、条文例では包括的な指図で足りる旨明

記している。

　第4項は、第3項と対になるものであり、銀行としてはトークン等を用いて本APIにアクセスがあった場合には利用者本人からのアクセスと看做すことにせざるを得ない。この点は、銀行と利用者の間の利用規約等でも手当されることになると考えられるが、接続事業者との間での契約にも規定している例があり、条文例でも設けている。また、専ら利用者以外が用いる想定のAPI（例えば、支払いを受ける側から送金指図の完了を確認するためのAPI等）については、当該特定のAPIについてアクセスするための条件（例えば、支払いの原因となる契約の存在等）を規定する必要がある。なお、特段の事情がある場合には利用者本人からのアクセスとみなさないとしているが、このような特段の事情がある場合としては、例えば銀行がトークン等の不正利用が一見明らかであると認識した場合が該当する。

　第5項は、トークン等の盗難等があった場合に、銀行がセキュリティを維持するための対策を講じることができるようにするための規定である。なお、上記の第2項に関する議論を踏まえ、トークン等の盗難等があったことの報告があった場合に一定期間内に銀行が無効化の措置を講じる旨規定することも考えられるが、無効化のための具体的な手順は銀行毎に異なると思われるため、条文例では設けていない（なお、銀行が無効化の措置を講じるためには相応の期間を要するものと考えられるが、この期間を一律に定めることも困難と思われる。）。但し、第2項に関する議論にあるように、銀行がトークン等の無効化に関して利用者に対する義務を負い、当該義務を果たしていない場合には、銀行が利用者に対して責任を負う可能性がある点に留意が必要である。

　第6項では、接続事業者のトークン等の管理についての責任を規定している。もっとも、銀行が責任を負うかどうかは本API利用契約に書かれているか否かで決まるものではなく、上記の第2項及び第5項に関する議論にあるように、銀行がトークン等の無効化に関して利用者に対する義務を負い、当該義務を果たしていない場合には、銀行が利用者に対して責任を負う可能性がある点に留意が必要である。なお、接続事業者のトークン等の管理が不十分であること、又は接続事業者のトークン等の使用に過誤があること以外に起因する利用者に生じた損害については、第10条によって補償及び賠償並びに求償が行われる。

第7条　接続事業者の義務　第1項（本サービスの利用規約）

　接続事業者は、利用者との間で、本サービスの方法及び内容に関し、利用規約を定めて利用者の同意を得るものとし、利用規約の内容を銀行に［事前に／事後遅滞なく］通知するものとする。接続事業者が、本サービスの方法及び内容を変更し、もって利用規約を変更しようとする場合も、その内容を銀行に［事前に／事後遅滞なく］通知するものとする。銀行は、利用者保護等の観点から必要と客観的かつ合理的な事由により判断するときは、接続事業者に本サービスの利用規約の内容を改善するよう求めることができ、合理的な期間内に改善が十分になされていないと客観的かつ合理的な事由により判断するときは［、接続事業者に事前に通知した上で、］本API連携を停止することができる。

　接続事業者の義務として、本サービス（接続事業者が本APIを用いて利用者に対し提供するサービス）の利用規約を作成することや、その内容を銀行に通知するよう義務付けて

いる例があった。API接続契約に利用規約に定めるべき事項を列挙する例もあったが、API接続契約に利用規約に定めるべき事項を列挙する場合には、法令やガイドライン等の改正に伴ってAPI接続契約の変更等の対応が煩瑣になるため、条文例では、個別に列挙せず、銀行に通知した上で銀行が必要と判断するときに改善を求めることとしている。

　研究会では、本APIに関係ない利用規約を通知することは接続事業者と銀行双方にとって煩瑣であるとの意見があり、本APIに関係する「本サービス」に関するものだけを通知の対象としている。なお、本APIに関係する「本サービス」に関する利用規約のうち本APIに関する部分に限定することも可能との意見もあったが、本APIに関する部分であるかどうかが明確にならない場合もあるため、条文例ではそのような限定は入れていない。なお、条文例では「本サービスの方法及び内容を変更し、もって利用規約を変更しようとする場合」に通知が必要としているので、本サービスの方法及び内容の変更を伴わない利用規約の変更は通知対象外となる。

　なお、研究会では、銀行が改善を必要と判断したり、改善が不十分と判断したりすることについて、恣意的な判断がされることを懸念する意見があり、条文例では「客観的かつ合理的な事由により判断する」としている（他の条項でも同様に手当てしている。）。

第7条　接続事業者の義務　第2項（誤認防止）

2　接続事業者は、本サービスにおいて虚偽又は誤認のおそれのある表示、説明等を行ってはならず、利用者の保護のために必要な表示、説明等を行うものとする。銀行は、接続事業者が虚偽又は誤認のおそれのある表示を行い、その他誤認防止、利用者保護、利用者情報の適正な取扱い若しくは安全管理又は法令等遵守の観点から問題があると客観的かつ合理的な事由により判断するときは、接続事業者に対して改善を求めることができ、合理的な期間内に改善が十分になされていないと客観的かつ合理的な事由により判断するときは、［接続事業者に事前に通知した上で、］本API連携を停止することができる。但し、銀行は、接続事業者が虚偽又は誤認のおそれのある表示を行い、その他誤認防止、利用者保護、利用者情報の適正な取扱い若しくは安全管理又は法令等遵守の観点から高度に問題があると客観的かつ合理的な事由により判断するときは、改善を求めることを経ずに、接続事業者への事前通知を行うことなく、本API連携を停止することができる。

　本サービスにおいて、利用規約の他にも利用者に対する表示及び説明が行われることがあると考えられ、これについて定めている例があった。銀行法第52条の61の8第2項でも誤認防止のための情報提供が定められている。

　条文例では、問題がある場合には銀行が改善を求め、改善されない場合に本API連携を停止できる旨規定している。但し、例えば、銀行が行うサービスであるかのように表示して接続事業者が為替取引に係る指図の伝達に係るサービスを行っているような著しい問題がある場合等、利用者保護等の観点から高度に問題がある場合には、改善を求めることを経ずに本API連携を停止することができるとしている。

　第1項と同様、個別に利用者に説明すべき事項を列挙する例もあったが、API接続契約に利用規約に定めるべき事項を列挙する場合には、法令やガイドライン等の改正に伴ってAPI接続契約の変更等の対応が煩瑣になるため、条文例では、個別に列挙せず、銀行に通知した上で銀行が必要と判断するときに改善を求めることとしている。

第7条　接続事業者の義務　第3項（問合せ窓口の設置）

3　接続事業者は、本サービスに関する利用者［及び連鎖接続先］からの苦情、問合せ等に対応するため、問合せ窓口を設置し、銀行に通知するとともに、公表するものとする。本サービスに関して利用者［及び連鎖接続先］から苦情、問合せ等が寄せられたときは、接続事業者は適切［かつ迅速］に対応するものとする。接続事業者は、本サービスに関する利用者又は第三者からの苦情、問合せ等に対応する上で必要な銀行の協力を求めることができる。

　接続事業者において問合せ窓口を設置し、一次的には接続事業者において問い合わせ等に対応することとしている例が多く、また「本サービス」は接続事業者のサービスであるという位置付けであり、条文例では接続事業者において問い合わせ窓口を設置することとしている。

　研究会では、接続事業者と銀行双方に問い合わせ窓口を設けるべきである、更新系では銀行が問い合わせ窓口を設けるべきであるとする意見があった。銀行側には本銀行機能に関する問い合わせ窓口が設置されているため、双方が直接エスカレーションを行うことができる態勢を整え、利用者のたらい回しが発生しないように対応を行う前提で、条文例では、「本サービス」が接続事業者のサービスであることから、問合せ窓口（本サービスに関する問合せ窓口であり、本銀行機能に関する問合せ窓口ではない。）を接続事業者としている。

　また、銀行と接続事業者の間で合意したウェブサイトにおいて問合せ窓口を掲載した場合に銀行への通知を要しないとする例外を設けることも考えられる。

　なお、問合せ等を行う者には本サービスの内容によっては必ずしも利用者に限られず、本サービスに連鎖接続が含まれていれば連鎖接続先が想定される等、本サービスの内容に応じて苦情、問合せ等への対応を行うべき者を追加する必要がある。

第7条　接続事業者の義務　第4項（サービス利用環境等の整備）

4　接続事業者が本APIを経由して銀行のシステムにアクセスするために必要な、コンピュータ、ソフトウェアその他の機器、クラウド環境又はクラウド環境にアクセスするために必要な利用環境、その他の通信回線等の準備及び維持は、接続事業者の費用と責任において行うものとする。

　銀行は本APIを使用させるだけであり、使用するための設備等は接続事業者の費用と責任で準備する必要があることについて、当然のことと考えられるが、定めている例が多かったことから、条文例でも定めている。なお、本項は、本サービスの提供の場面に限定しておらず、本API連携のための接続試験の場面でも適用されると考えられる。

第7条　接続事業者の義務　第5項、第6項（セキュリティ）

5　接続事業者は、銀行に提出したセキュリティチェックリストにしたがい、かつ銀行の定める基準にしたがったセキュリティを維持する。接続事業者は、セキュリティチェックリストに重要な変更が生じるときは、変更の●営業日前までに銀行に

変更後のセキュリティチェックリストを提出する。但し、接続事業者が緊急にセキュリティ対策を行う必要があるなどやむを得ない場合には、変更後のセキュリティチェックリストを速やかに銀行に提出する。銀行は、接続事業者のセキュリティが銀行の定める基準を満たさないと客観的かつ合理的な事由により判断するときは接続事業者に改善を求めることができ、合理的な期間内に改善が十分になされていないと客観的かつ合理的な事由により判断するときは［、接続事業者に事前に通知した上で、］本API連携を停止することができる。

6　接続事業者は、本サービスに関し、コンピュータウィルスへの感染防止、第三者によるハッキング、改ざん又はその他のネットワークへの不正アクセス又は情報漏洩等を防止するために必要なセキュリティ対策を、接続事業者の費用と責任において行うものとする。

　銀行は接続事業者が提出したセキュリティチェックリストに基づいて銀行の定める基準を満たしているかを確認しているため、①提出したセキュリティチェックリストと銀行の定める基準を満たすこと、②変更があった場合に銀行に変更後のセキュリティチェックリストの提出を行うこと、③銀行の定める基準を満たさないと判断するときは銀行が改善を求めることができることを定めている。

　研究会では、緊急性を要する場合に事前に通知することが困難との意見があったが、条文例では「重要な変更」について事前に通知することとしており、セキュリティ向上のための緊急の対応は「重要な変更」には当たらないと解することにより、第5項によって緊急の対応ができないことにはならないと考えられる。

　第6項は、不正アクセス等を防止するためのセキュリティ対策を接続事業者の費用と責任において行うとする例が多かったことから、条文例でも定めることとしたものである。なお、銀行のセキュリティは接続事業者ごとの個別対応を前提としていないため、接続事業者ごとに締結する本契約では、銀行のセキュリティについて規定していないが、銀行は検討会報告書等を踏まえて適切なセキュリティを維持することになると考えられる。

　また、接続事業者のセキュリティ対策に関して、検討会報告書3.3.2qでは、「オープンAPIでは、外部委託と異なり、銀行からAPI接続先への情報提供は利用者からの申請／同意にもとづくものであることや高い堅牢性が求められる銀行システムの一部を外部委託するものではないことから、外部委託先管理の枠組みを一律に適用できるわけではないと考えられる」とされており、この点にも留意が必要である。

第7条　接続事業者の義務　第7項（本サービスの提供）

7　接続事業者は、事前に銀行に通知した内容により、自らの責任において本サービスを提供する。接続事業者は、本サービスを停止又は終了しようとするときは、銀行に事前に通知した上で、利用者に事前に周知するものとする。但し、緊急的なセキュリティ対策等による一時的な停止の場合は、事後速やかに銀行への通知及び利用者への周知を行うものとする。

　本サービスが接続事業者の責任において提供される旨定めている。緊急的なセキュリティ対策等による一時的な停止の場合に、事前通知を行うことは困難であるとの意見があったことから、条文例では、当該緊急的な一時停止の場合は事後速やかに通知を行うこ

ととしている。また、事前の通知に関し、1か月前等期限の定めを設ける例があったが、緊急的なセキュリティ対策等による一時的な停止の以外の場面においても、緊急時にやむを得ずサービスを停止することが考えられるため、条文例では特に期限の定めを設けていない。また、銀行と接続事業者の間で合意したウェブサイトにおいて本サービスの停止又は終了を事前に掲載した場合に銀行への通知を要しないとする例外を設けることも考えられる。

　なお、本サービスの内容の変更により利用規約の変更が生じるときは、第7条第1項による通知が必要である。また、本サービスに新しいサービスを追加するときは第17条第3項による手続きが必要である。

第8条　不正アクセス等発生時の対応　第1項、第2項（報告、原因究明）
　　　銀行及び接続事業者は、本API連携又は本サービスに関し、不正アクセス等若しくは不正アクセス等による情報の流出・漏洩・改ざん等若しくは不正アクセス等による資金移動が発生した場合、又は不正アクセス等による情報の流出・漏洩・改ざん等若しくは不正アクセス等による資金移動の具体的な可能性を認識した場合（銀行以外の金融機関との連携に関して不正アクセス等が判明した場合を含む。以下本条において同じ。）、直ちに相手方に報告するものとする。
2　銀行及び接続事業者は、本API連携又は本サービスに関し、不正アクセス等若しくは不正アクセス等による情報の流出・漏洩・改ざん等若しくは不正アクセス等による資金移動が発生した場合、又は不正アクセス等による情報の流出・漏洩・改ざん等若しくは不正アクセス等による資金移動の具体的な可能性を認識した場合、速やかに実施可能な対策を講じた上で、相手方と協力して原因の究明及び対策を行う。銀行は、十分な対策が講じられるまでの間、本API連携を制限又は停止することができる。

　第1項では、不正アクセス等が発生し、又はその可能性を認識した場合には、銀行と接続事業者が相手方に対して直ちに報告する旨を定めている。研究会では、不正アクセスの可能性自体は頻繁に生じており、これを逐次報告することは現実的ではないが、不正アクセス等による情報の流出、漏洩、改ざん等の可能性であれば報告することは現実的であるとの指摘があった。これを踏まえ、不正アクセス等は実際に生じたもののみを報告対象とし、不正アクセス等による情報の流出、漏洩、改ざん等若しくは不正アクセス等による資金移動については実際に生じたもののほか可能性についても報告対象としている。

　銀行が改善の申入れを行うとする例と銀行と協力して対応するとする例があったが、条文例では、検討会報告書3.3.4aを踏まえ、接続事業者が速やかに実施可能な対策は申入れを待つことなく実施し、その後に原因の究明と対策について銀行と協力して行うとしている。

第8条　不正アクセス等発生時の対応　第3項、第4項（情報開示、アクセスログ）
3　不正アクセス等若しくは不正アクセス等による情報の流出・漏洩・改ざん等若しくは資金移動が発生した場合、又は不正アクセス等による情報の流出・漏洩・改ざん等若しくは不正アクセス等による資金移動の具体的な可能性を認識した場合、銀

　第8条第3項は、銀行と接続事業者間の情報の開示に係る、情報の管理について定めて
いる。もっとも、個人情報保護法の対象となる個人データに関しては、この規定によって
当該開示について利用者の同意が不要となるものではなく、個人情報保護法23条1項2号
「人の生命、身体又は財産の保護のために必要がある場合であって、本人の同意を得る
ことが困難であるとき」に該当する可能性もあるものの、原則として利用者からの同意を得
た上で提供することが必要である。

　第8条第4項は、検討会報告書3.3.4bを踏まえたものである。具体的な保存期間や方法
等を定めている例はなかったが、銀行の定める基準に保存期間等を定めている場合には、
契約書においても同様に定めることが考えられる。

338

> 復旧に必要な事項が生じた場合には、銀行と接続事業者が協議の上それぞれ必要な措置を行うものとする。

　検討会報告書3.3.1oを踏まえたもの。銀行の業務に支障のおそれのあるものに限定する例、重大なものに限定する例もあったが、限定せずに報告対象としている例もあった。条文例では、本サービスの継続的提供に重大な影響を及ぼし、又は及ぼすおそれのある事由として限定している。

第10条　利用者への補償

　接続事業者は、本サービスに関して利用者に損害が生じたときは、速やかにその原因を究明し、本サービスの利用規約に基づき賠償又は補償が不要となる場合を除き、本サービスの利用規約に従い、利用者に生じた損害を賠償又は補償する。但し、当該損害が預金等の不正払戻しに起因するものである場合、接続事業者は、一般社団法人全国銀行協会が公表しているインターネットバンキングにおける預金等の不正な払戻しに関する申し合わせにおける補償の考え方に基づき、利用者に補償を行うものとする。

2　接続事業者は、前項に基づき本サービスに関して利用者に生じた損害を利用者に対して賠償又は補償した場合であって、当該損害が専ら銀行の責めに帰すべき事由によるものであることを疎明したときは、接続事業者が利用者に賠償又は補償した損害を銀行に求償することができる。また、接続事業者は、前項に基づき本サービスに関して利用者に生じた損害を利用者に対して賠償又は補償した場合であって、当該損害が銀行及び接続事業者双方の責めに帰すべき事由によるものであることを疎明したときは、銀行に対し双方の責めに帰すべき事由の大きさを考慮して、誠実に協議の上銀行と合意した額を求償することができる。

3　接続事業者が第1項に基づき本サービスに関して利用者に生じた損害を賠償又は補償した場合において、当該損害が、銀行又は接続事業者のいずれの責めにも帰すことができない事由により生じたとき、又はいずれの責めに帰すべき事由により生じたかが明らかではないときは、銀行及び接続事業者は、当該損害に係る負担について、誠実に協議を行う。

4　銀行は、本銀行機能若しくは本APIに関して利用者に生じた損害を利用者に対して賠償若しくは補償した場合、又はやむを得ないと客観的かつ合理的な事由により判断して本サービスに関して利用者に生じた損害を利用者に対して賠償若しくは補償した場合、以下のとおり接続事業者に求償できる。

(1)　当該損害が専ら接続事業者の責めに帰すべき事由によるものであることを銀行が疎明したときは、銀行が利用者に賠償又は補償した損害を接続事業者に求償することができる。

(2)　当該損害が銀行及び接続事業者双方の責めに帰すべき事由によるものであることを銀行が疎明したときは、接続事業者に対し双方の責めに帰すべき事由の大きさを考慮して、誠実に協議の上接続事業者と合意した額を求償することができる。

(3)　当該損害が、銀行又は接続事業者のいずれの責めにも帰すことができない事由により生じたとき、又はいずれの責めに帰すべき事由により生じたかが明らかで

> はないときは、銀行及び接続事業者は、当該損害に係る負担について、誠実に協議を行う。

　銀行法第52条の61の10第2項第1号には、電子決済等代行業者が銀行との間で締結する契約において、電子決済等代行業の業務に関し利用者に損害が生じた場合における当該損害についての銀行と電子決済等代行業者との賠償責任の分担に関する事項を定める旨規定されている。また、検討会報告書3.4.5eでは、利用者が個人であって利用者自身の責任によらずに預金等の不正な払戻しの被害に遭った場合には銀行と接続事業者のいずれに過失がない場合でも補償を行うことが必要であり、利用者に重過失又は過失があるときは全部又は一部を利用者負担にするなど、個別対応とするとされている。検討会報告書3.4.5fでは、法人の利用者に係る預金等の不正な払戻しの被害については個別に判断するとされている。

　第1項では、本サービスに関して利用者に損害が生じた場合には、本サービスの主体である接続事業者が一次的な賠償又は補償を行うこととしている。預金等の不正な払戻し以外については、本サービスの利用規約に基づいて行うこととしているが、利用規約は利用者保護の観点から十分なものとなっていることが必要であり、銀行は、接続事業者の利用規約について、消費者契約法等を踏まえ、不相当にAPI接続先の責任を限定する条項が定められていないかを確認し、改善が必要であれば第7条第1項に基づき改善を求めることとなる。

　第1項但書では、APIを利用した預金等の不正な払戻しについては、一般社団法人全国銀行協会が公表しているインターネットバンキングにおける預金等の不正な払戻しに関する申し合わせにおける補償の考え方を踏まえて補償を行うこととしている。インターネットバンキングにおける預金等の不正な払戻しに関する申し合わせは、賠償又は補償を行うべき事案が生じた時々のものを指すことから、仮に見直しがあったとしても本契約を随時変更する必要はないと考えられる。なお、本サービスにおいて参照系APIのみを使用している利用者について、本サービスに関して不正な払戻しがされることは想定されず、本サービスに関しない損害は第1項の適用対象外となるため、参照系APIの場合と更新系APIの場合で書き分けることとはしていないが、契約の対象を参照系APIに限定する場合には第1項但書を削除することが考えられる。

　本サービスに関して生じた損害であるかどうかについては、例えば、本サービスが利用者の委託により送金の指図を銀行に伝達することを役務として提供するものであり、本銀行機能が当該送金の指図に基づいて送金の処理を行うことであった場合において、送金の指図の銀行への伝達は正しく行われたが、銀行が伝達された指図の内容と異なる内容の送金の処理を行ったことにより利用者に損害が生じた場合、当該損害は本サービスに関して生じたものではなく、本銀行機能に関して生じたものと考えられ、これに関して利用者に生じた損害は、接続事業者が補償するのではなく、銀行が補償することが想定される。

　第1項に基づき一次的に接続事業者が利用者に生じた損害の賠償又は補償を行うことを規定した上で、第2項及び第3項において当該損害の分担を規定している。なお、第2項及び第3項で求償の対象となるのは利用者に生じた相当因果関係の範囲内の損害である。したがって、接続事業者が上記損害額の範囲を越えて利用者に支払った部分は求償の対象とはならない。

　第1項で接続事業者が利用者に生じた損害の賠償又は補償を行う場合には、銀行と協議することで利用者に対する賠償又は補償を円滑に行うことが可能となること、銀行との間

340

で負担の協議が生じる可能性があることを踏まえると、賠償又は補償の前に利用者に賠償又は補償すべき額について銀行と協議しておくことが望ましい。

第2項では、一次的な賠償又は補償は接続事業者が行ったものの、利用者の損害の発生が銀行の責めに帰すべき事由による場合には接続事業者が銀行に求償できることを定めている。上記のとおり、求償の対象となるのは利用者に生じた相当因果関係の範囲内の損害である。したがって、第2項第1文の場合（専ら銀行の責めに帰すべき事由による場合）には、接続事業者が賠償又は補償を行った額のうち、利用者に生じた当該相当因果関係の範囲内の損害のみが求償の対象となる。また、第2項第2文の場合（双方の責めに帰すべき事由による場合）においても、第1文の場合と同様であるが、実際の求償額については誠実に協議の上銀行と合意した額となる。

第3項では、銀行と接続事業者のいずれの責めに帰すことのできない事由により生じた利用者の損害については、誠実に協議して負担割合を決定することとしている。

第4項では、利用者に生じた損害について銀行が一次的に補償する場合に、第2項及び第3項と同様の要件のもとで、銀行が接続事業者に求償できるとしている。但し、本サービスに関しては一次的には接続事業者が対応することになるため、銀行が本サービスに関して利用者に生じた損害について補償又は賠償できるのは、やむを得ない事由がある場合としている。やむを得ない事由としては、第1項によって接続事業者が利用者に賠償又は補償を行う必要があるのに賠償又は補償を行えず銀行が補償を行った場合が考えられる。

銀行は、第4項に基づき補償又は賠償した場合に、条文例では第2項及び第3項と同様に求償ができるとしているが、第4項においては銀行が一次的に補償を行う例外的な場合であることを踏まえて銀行が接続事業者に対して求償できる場合を第2項及び第3項よりも相対的に広く認める（例えば、専ら銀行の責めに帰すべき事由により生じたものであることが明らかである場合以外は求償できる等とする）べきとの意見もあった。

なお、本銀行機能に関して利用者に生じた損害について、第2項及び第3項と同様の要件を満たせば銀行が接続事業者に求償できる余地があるものとしている。但し、当然のことながら、専ら銀行の責めに帰すべき事由による損害については接続事業者に対して求償することは想定されない。第4項で求償の対象となるのは利用者に生じた相当因果関係の範囲内の損害である。したがって、銀行が上記損害額の範囲を越えて利用者に支払った部分は求償の対象とはならない。

利用者に生じた損害が専ら本APIの開発過程又は運用における銀行の責めに帰すべき事由（本APIの内容及び構成の決定並びに運用については、原則として銀行の責任においてなされるべきものと考えられる。）によって発生したことが、当該損害の発生時ないしその直後に明らかとなった場合には、接続事業者が第1項に基づいて補償又は賠償を行った上で第2項に基づいて求償を行うことが双方にとって合理的ではなく、そのような場合には第1項から第3項までの定めにかかわらず、双方が合意の上で、銀行が直接利用者に対して補償又は賠償を行うことが合理的であると考えられる。但し、そのような場合でも、利用者からの問い合わせには引き続き接続事業者も対応し、接続事業者において銀行の窓口を案内するなどして適切な引継ぎを行った上で、銀行が補償又は賠償を行うことが望ましいと考えられる。

第11条　モニタリング・監督
　銀行は、接続事業者のセキュリティ、利用者保護、本サービスの提供又は経営状

況が銀行の定める基準を満たしていない可能性があると客観的かつ合理的な事由により判断する場合、接続事業者に対し、セキュリティ、利用者保護、本サービスの状況及び経営状況について、報告及び資料提出を求めることができるものとし、接続事業者は実務上可能な範囲内で速やかにこれに応じるものとする。

2　銀行は、接続事業者のセキュリティ、利用者保護、本サービスの提供又は経営状況が銀行の定める基準を満たしていない可能性があると客観的かつ合理的な事由により判断する場合、接続事業者の同意を得て、自ら又は銀行が指定する者による立入り監査を実施することができ、接続事業者は、拒絶する客観的かつ合理的な事由がない限り同意するものとし、実務上可能な範囲内でこれに協力するものとする。

3　銀行は、前二項の結果、必要があると客観的かつ合理的な事由により判断するときは、接続事業者に改善を求めることができるものとし、合理的な期間内に改善が十分になされていないと客観的かつ合理的な事由により判断するときは［●日前までに接続事業者に通知の上で］本API連携を制限又は停止することができるものとする。

　第1項では銀行が接続事業者に報告及び資料提出を求めることができることとしており、第2項では立入り監査を実施できる旨規定している。条文例では、いずれも客観的かつ合理的な事由がある場合に行うことができることとしている。なお、第1項で経営状況について報告及び資料提出を求めることができるとしているのは、銀行の定める基準を満たしているか確認するためのものであって、経営状況一般について広範に報告及び資料提出を求めることは想定されていない。

　第2項の立入り監査については、接続事業者の同意を得て行うこととしつつ、接続事業者は拒絶する客観的かつ合理的な事由がない限り同意することとしている。拒絶する事由としては、例えば、緊急の必要がない場合に営業時間外の監査を求める場合が考えられる。

　第3項において、銀行が本API連携を制限又は停止する場合には、利用者に周知する期間を設けるべきという観点から「接続事業者に一定の通知期間を置いて通知する」とするべきとの意見もあったが、既に合理的な期間内に改善が十分になされていない状況に重ねて通知期間を設ける必要はないとの意見もあり、条文例では通知期間は設けないこととしている。通知期間を設ける場合には、ブラケットを付した「●日前までに接続事業者に通知の上で」と追記することが考えられる。

第12条　免責

　両当事者は、天災、労働紛争、停電、通信インフラの故障、公共サービスの停止、自然現象、暴動、政府の行為、テロ、戦争その他の不可抗力により相手方に生じた損害について責任を負わない。

2　本APIに関する免責事項については本API仕様書で定めるものとする。また、銀行は、通信機器、回線、インターネット、コンピュータ、ソフトウェア等の障害、メンテナンス、セキュリティ改善のために本APIの提供ができないことについて、銀行の責めに帰すべき事由がない限り、責任を負わない。

3　銀行は、接続事業者に対し、別途接続事業者と合意する場合を除き、本サービス及び本API連携のための技術支援、保守、機能改善等の役務を提供する義務を負わ

ない。

4　接続事業者は、第3条第2項に基づく本API仕様書に定める銀行の免責事項の変更について、銀行から通知を受けてから●営業日以内に限り異議を述べることができるものとし、接続事業者が異議を述べた場合には、銀行と接続事業者は誠実に協議するものとする。

　銀行のみの免責を規定している例が多かったが、API利用契約に限らず一般的な不可抗力については両当事者に当てはまることから、第1項として規定している。なお、銀行と接続事業者が本項に基づいて相互に責任を負わない場合であっても、相手方との間で損害の負担について協議することは本項によって妨げられるものではない。

　第2項では、本APIに関する免責事項については個別の事情によって異なると考えられるため、本API仕様書で定めるとしている。但し、通信機器、回線、インターネット、コンピュータ、ソフトウェア等の障害、メンテナンス、セキュリティ改善のために本APIの提供ができないことについては第2項で定めている。

　第3項は、規定している例があったことから条文例でも設けているものであるが、銀行が接続事業者と個別に協議して役務提供を行うことが否定されるものではない。なお、本項は、銀行が本APIについて利用者保護の観点から必要と判断する保守を行わないことを意味するものではない。

第13条　連鎖接続先

　接続事業者は、連鎖接続先の名称、連鎖接続の内容、開始時期その他予め両当事者が合意した事項を銀行に［事前に］通知することにより、連鎖接続を行うことができる。接続事業者は、連鎖接続先、連鎖接続の内容その他予め両当事者が合意した事項に変更があるときは、銀行に［事前に］通知する。

2　接続事業者は、連鎖接続を新たに開始し、又は連鎖接続先若しくは連鎖接続の内容に［重要な］変更があるときは、これにより影響を受ける利用者の同意を得るものとする。

3　接続事業者は、全部又は一部の連鎖接続先に係る連鎖接続を停止又は終了したときは銀行に［速やかに］通知する。

4　接続事業者は、連鎖接続先に対し、本契約第7条、第8条、第9条、第10条、第11条、本条、第14条、第16条、第17条及び第18条における接続事業者と同等の義務を負わせ、連鎖接続先の費用と責任においてこれを遵守させる。

5　接続事業者は、連鎖接続先に対し、当該連鎖接続先のセキュリティ、利用者保護、利用者情報の適正な取扱い及び安全管理のために、連鎖接続先との間で連鎖接続の方法及び内容に関して契約を締結し、必要に応じて報告を求め、指導又は改善を行うものとする。銀行は、連鎖接続先に前項の義務の不履行があり、又は、接続事業者が連鎖接続先に対するかかる指導若しくは改善を適切に行っていないと客観的かつ合理的な事由により判断するときは、接続事業者に当該連鎖接続先との連鎖接続の停止を求めることができるものとし、又は接続事業者が相当期間内に当該連鎖接続先との連鎖接続を停止しない場合に本API連携を制限若しくは停止することができるものとする。銀行は、連鎖接続の停止を求める場合に可能な範囲でその理由を接続事業者に説明する［よう努める］ものとする。

> 6 接続事業者は、連鎖接続先が本条第4項に基づいて負う義務の不履行について、連鎖接続先と連帯して責任を負う。
> 7 接続事業者は、連鎖接続先のサービスを利用する者に生じた損害について連鎖接続先とともに責任を負うものとし、銀行は、銀行の責めに帰すべき事由がある場合を除き、連鎖接続先又は連鎖接続先のサービスを利用する者に生じた損害について責任を負わないものとする。

　連鎖接続先の取扱いについては、①接続先が銀行に事前に報告し、問題がある場合に接続先事業者に対して連鎖接続先との接続の停止を求めることができるとする例と、②事前に銀行の同意が必要とする例があった。

　第1項では、事前又は事後の通知により連鎖接続先を追加できることとしているが、本サービスの内容や接続事業者の管理体制等に照らして、事前に連鎖接続先それぞれについてその管理体制が十分であるか等を確認する必要がある場合、当該連鎖接続先の先の連鎖接続において不適切な連鎖接続が行われる可能性がないかを確認する必要がある場合等には、連鎖接続の開始や連鎖接続先の追加に銀行の事前承諾を必要とすべき場合もあり得る（接続事業者との契約を締結するに当たって銀行の定める基準に関するパブコメ結果のNo.193では、「銀行が公表している基準に記載されていない事項であっても、例えば、反社会的な者と関係を有している者でないことなど、社会通念上判断の基準とすることが当然であると認められるような要件について電子決済等代行業者が充足していない場合には、銀行が契約締結を拒むことも許容されるものと考えます。他方、『自行のサービス又は子会社・関連会社・提携先会社のサービスと競合している』との理由のみで拒絶すること等は、当該事項が基準として公表されているか否かを問わず、通常合理的な理由によるものとはいえないと考えられます。」とされていることについて参照されたい。）。

　なお、接続事業者が銀行に通知する「連鎖接続の内容」は、どのようなサービスのためにどのようなデータや指図を伝達するのかを知るためのものであって、これを越えた詳細な内容を含める場合には予め両当事者間で合意する事項として定めることが必要と考えられる。

　また、事前通知又は事後通知とする場合に、接続事業者が連鎖接続先をウェブサイトに掲載することをもって通知を行ったと扱うことは可能と考えられる。その場合でも、連鎖接続先を第三者が知ることに支障がある場合には個別に通知を行うことも可能とする必要があると思われる。

　連鎖接続先においても、接続事業者におけるのと同等の利用者保護やセキュリティが確保されるようにするため、条文例では、接続事業者が連鎖接続先に同等の義務を負わせることを規定している。

　第4項では、本契約上の接続事業者の義務のうち連鎖接続先に対しても適用することが考えられる条項を連鎖接続先にも課すことを規定しているが、具体的な事案によっては個別に検討することも考えられる。

　銀行法施行規則第34条の64の16において、接続事業者は連鎖接続先の業務に関して、電子決済等代行再委託者が取得した利用者に関する情報の適正な取扱い及び安全管理のために当該電子決済等代行業者が行う措置並びに電子決済等代行業者が当該措置を行わないときに当該銀行が行うことができる措置に関する事項を規定する必要があることから、第5項では、接続事業者が行うべき措置及び当該措置が講じられない場合の銀行が行うことができる措置について規定している。また、第5項において、接続事業者が相当期間内に

当該連鎖接続先との連鎖接続を停止しない場合には銀行が本API連携を制限若しくは停止することができることとしているが、この相当期間は個別事案におけるそれぞれの状況に応じて決まるものであり、例えば、不正利用や情報の漏洩が現実的に生じているような場合には、「相当期間」は「即座」と解されることとなり、直ちに本API連携を制限若しくは停止することができる場合もあると考えられる。

第7項において接続事業者が連鎖接続先と連帯して責任を負うこととされているが、最終的な負担関係を接続事業者と連鎖接続先が合意することを禁止するものではないものと考えられる。なお、第7項において接続事業者が連鎖接続先のサービスを利用する者に生じた損害について連鎖接続先とともに責任を負うこととされており、第10条においても、連鎖接続先の責めに帰すべき事由は接続事業者の責めに帰すべき事由になるものと考えられる。

第14条　禁止行為　第1項

接続事業者は、以下の各号の行為を行ってはならず、接続事業者の委託先が行わないように必要な措置を講じるものとする。

(1)　本API又は本APIを経由してアクセスする銀行のシステム若しくはプログラムの全部又は一部（以下、これらの内容に関する情報を含み、「銀行のシステム等」という。）を、複製若しくは改変し、又は逆コンパイル、逆アセンブル等のリバースエンジニアリングすること

(2)　銀行のシステム等を第三者に使用許諾、販売、貸与、譲渡、開示又はリースすること

(3)　銀行のシステム等に付されている銀行の著作権表示及びその他の権利表示を削除し、又は改変すること

(4)　銀行、銀行の提携先、接続事業者以外の本APIの使用許諾先その他の第三者の知的所有権を侵害し、これらの者の財産・信用・名誉等を毀損し、プライバシー権、肖像権その他の権利を侵害すること

(5)　動作確認、接続試験以外の目的で検証環境に接続すること

(6)　必要な銀行の検査に合格することなく、本API連携を実施すること

(7)　銀行の事前の同意を得ることなく銀行の商標、社名及びロゴマーク等を使用する行為

(8)　本API及びその派生物を銀行から許諾を受けた目的外で使用する行為

(9)　インターネットアクセスポイントを不明にする行為

(10)　銀行法その他各種法令、又は本サービス若しくは本API連携に関する諸規則に抵触する行為

(11)　銀行のシステム等の負荷を著しく増加させる行為

(12)　本APIに対する第三者のアクセスを妨害する行為

(13)　トークン等を第三者へ開示若しくは漏洩し、又はかかるリスクを高める行為

(14)　公序良俗に反し、他人に著しい不快感を与え、又は銀行の風評リスクを高めるおそれのある行為

(15)　銀行の運営するサイト、サーバー、銀行のシステム等に関し、コンピュータウィルスを感染させ、ハッキング、改ざん、若しくはその他の不正アクセスを行う等、銀行のシステム等の安全性を低下させる行為

⒃　前各号に類する行為

　第1号乃至第9号、第12号、第13号及び第15号は、APIの使用許諾に関わる禁止事項であり、現実的には想定し難い場合も含めて条文例として規定している。なお、利用者情報の使用については第17条で規定しているため、第8号での禁止には含めていない。また、銀行の同意や承諾についてメール等による場合も想定し、条文例では同意や承諾を「書面」によることに限定していない。第2号は、本APIの使用に係る権利を第三者に貸与するような場合を禁止しており、本契約において許容される業務委託を禁止するものではない。
　また、第10号や第14号は、銀行のレピュテーションリスクの観点から規定している。
　第11号は、利用者の増加に比例して流量が増えることを指すのではなく、流量の著しい増加を引き起こすようなサービス提供方法に変更することや、正常なAPI接続が困難になるおそれがあるのに必要な対応をとらないといった場合を想定している。

第14条　禁止行為　第2項
2　銀行は、以下の各号の行為を行ってはならず、銀行の委託先が行わないように必要な措置を講じるものとする。
　⑴　接続事業者、接続事業者の提携先その他の第三者の知的所有権を侵害し、これらの者の財産・信用・名誉等を毀損し、プライバシー権、肖像権その他の権利を侵害すること
　⑵　接続事業者の事前の同意を得ることなく接続事業者の商標、社名およびロゴマーク等を使用する行為
　⑶　銀行法その他各種法令又は本API連携に関する諸規則に抵触する行為
　⑷　公序良俗に反し、他人に著しい不快感を与え、又は接続事業者の風評リスクを高めるおそれのある行為
　⑸　接続事業者の運営するサイト、サーバー、接続事業者のシステム等に関し、コンピュータウィルスを感染させ、ハッキング、改ざん、若しくはその他の不正アクセスを行う等、接続事業者のシステム等の安全性を低下させる行為
　⑹　本契約に定める場合又は合理的な理由がある場合を除き、接続事業者による本APIの使用を遮断し、制限する行為
　⑺　前各号に類する行為

　本契約は、銀行がAPIの使用を接続事業者に許諾するものであることを踏まえ、接続事業者の禁止事項を第1項に設けているが、銀行にも同様に当てはまるものについて第2項に規定している。

第15条　使用停止
　銀行は、以下の各号のいずれかにより本APIの一部又は全部を停止することができる。
　⑴　定期的な保守のために必要な停止期間を事前に明確に定めて接続事業者に通知すること

(2) (1)以外に緊急のセキュリティ対策のために必要な臨時の停止期間を定めて接続事業者に通知すること
2 銀行は、前項第2号により本APIの一部又は全部を停止しようとするときは、接続事業者に［相当な期間の事前の／停止期間開始の●営業日前までに］通知を行う。但し、緊急のセキュリティ対策を行う場合でやむをえない事由があるときは、事前又は事後速やかに接続事業者に通知を行う。
3 銀行及び銀行から通知を受けた接続事業者は、本APIの一部又は全部の停止について利用者への周知を行う。第7条第1項、第2項若しくは第5項、第8条第2項、第11条第3項に基づき、本API連携が停止又は制限されるときも同様とする。

セキュリティや利用者保護の観点から本API連携を停止する場合については、第7条第1項、第2項及び第5項、第8条第2項、並びに第11条第3項で規定を設けているので重ねて規定することにはしていない。

但し、第7条第1項、第2項及び第5項、第8条第2項、並びに第11条第3項では、利用者への周知について規定していないため、この点は本条第3項でまとめて規定している。

臨時の停止期間について、相当な期間の事前通知とする例があったが、具体的日数を規定した方が対応がしやすい面もある一方、事前に決め難い部分もあることから、条文例では「相当な期間」と具体的日数を規定するものを併記している。

第16条 秘密保持義務・機密保持義務

銀行及び接続事業者は、本契約を通じて知り得た相手方の情報（［秘密情報であることを明示したものに限る。］以下「秘密情報」という。）を、本契約の有効期間中及び本契約終了後も厳に秘密として保持し、相手方の事前の書面等による承諾なしに第三者に開示、提供、漏洩し、又は本契約の履行以外の目的に使用してはならない。但し、利用者情報については、第3条、第13条及び第17条によって扱うものとする。
2 前項の規定にかかわらず、以下の各号の一に該当する情報は、個人情報にあたるものを除き、秘密情報にあたらないものとする。
(1) 開示の時点で既に被開示者が保有していた情報
(2) 秘密情報によらず被開示者が独自に生成した情報
(3) 開示の時点で公知の情報
(4) 開示後に被開示者の責めに帰すべき事由によらずに公知となった情報
(5) 開示される以前から被開示者が適法に保有していた情報
3 秘密情報を受領した当事者（以下「受領者」という。）は、自己の従業者といえども本契約履行のために秘密情報を知る必要がある者に対してのみこれを開示するものとし、開示を受けた従業者が秘密情報を本契約履行以外の目的に利用し、第三者に開示、提供又は漏洩しないよう厳重に指導及び監督しなければならない。なお、受領者は、本契約における自己の義務と同等の義務を従業者に課すものとする。
4 第1項にかかわらず、受領者は、次の各号に定める場合には、秘密情報を第三者に開示又は提供できる（以下、開示又は提供を許諾された第三者を「第三受領者」

という。）ものとする。但し、開示する秘密情報は、本契約履行のために客観的かつ合理的に必要な範囲の秘密情報に限る。また、受領者は、本契約における自己の義務と同等の義務を第三受領者に課すものとし、かつ、第三受領者の責めに帰すべき事由により生じた開示者の損害を賠償する責任を負うものとする。

(1)　開示者の事前の書面等による承諾がある場合

(2)　弁護士、会計士等の法律上秘密保持義務を負う外部の専門家に提供又は開示する場合

5　受領者は、法令による場合、裁判所若しくは政府機関その他公的機関による命令、要求若しくは要請がある場合、又は［証券取引所、自主規制機関若しくは海外の類似の機関／証券取引所若しくは自主規制機関］の規則による場合は、これらに従うために必要な限りにおいて、秘密情報を開示することができる。但し、この場合、開示を行った受領者は、法令等に反しない範囲で、開示した旨及び開示内容を速やかに相手方に通知するものとする。

　第1項で利用者情報については、第17条による旨を規定しており、利用者情報は本条の守秘義務の対象にならない一方、本APIの仕様や銀行システムに関する情報等が本条の守秘義務の対象になる。

第17条　データの取扱い

　接続事業者は、利用者情報を、個人情報保護法その他の法令、ガイドライン等を遵守し、かつ本サービスの利用規約に従って取り扱うものとする。

2　接続事業者は、利用者情報を本サービスのためにのみ使用するものとし、本APIによる銀行への指図（指図の内容のみを含む。）の伝達は本サービスの遂行過程のみで行うものとする。

3　接続事業者は、本サービスに新たなサービスを追加し又は本サービスを変更しようとするときは、銀行に対して事前に通知を行うものとする。銀行は、当該通知を受けてから●営業日の期間内に限り、接続事業者に対して異議を述べることができるものとする。銀行が当該期間内に異議を述べなかった場合には、当該通知に従って、新たなサービスが本サービスに追加され、又は本サービスが変更されるものとする。銀行が当該期間内に異議を述べた場合には、銀行と接続事業者は、新たなサービスの追加又は本サービスの変更について誠実に協議するものとし、両当事者の合意が成立した場合には、当該合意に従って、新たなサービスが本サービスに追加され、又は本サービスが変更されるものとする。銀行は、本サービスの追加又は変更に同意しない場合、可能な範囲でその理由を接続事業者に説明する［よう努める］ものとする。

　第1項は、銀行から接続事業者がデータを取得した場合に、利用者情報の管理責任は、接続事業者が負うものであることを確認している。これは当然のことであり、その取扱いに際して各種法令やガイドライン等への違反があってはならないものであるが、利用者情報が利用者の情報であることを前提にしつつも、銀行による顧客（情報）保護の観点から、銀行と接続事業者の間での合意事項とすることにより、仮に本項の違反があった場合にAPI接続の停止等の措置を講じることができるようにするために規定している。

第2項については、本サービス以外のサービスにも制約なく使えるとすると、本サービスについて本契約に基づいてセキュリティや利用者保護のための措置が講じられることの意味が乏しくなる。他方、本サービスを接続事業者の全てのサービスであるとして全てのサービスに本契約に基づくセキュリティや利用者保護のための措置を講じるとすると過大な負担が生じるとの意見もあった。このため、条文例としては、第2条において、本サービスを別紙に定めるものと定義し、利用者情報はその範囲で使用することができることとする一方、本条第3項で、本サービスを追加又は変更する場合（本サービスの内容を定めた別紙の内容に変更が生じる場合）には、接続事業者が銀行に事前通知を行うものとしている。もっとも、銀行は、接続事業者のセキュリティ、利用者保護、本サービスの提供又は経営状況が銀行の定める基準を満たすかどうかを判断する必要があり、また、本契約は当初の本サービスを別紙に定めた上で締結されるものであり、本サービスの追加や変更によって本契約の前提に変更が生じることにもなるため、通知を受けてから一定期間内であれば、これらの趣旨を踏まえ、銀行は異議を述べることができることとし、銀行が異議を述べた場合には銀行と接続事業者が本サービスの追加又は変更について協議することとしている。一方で、接続事業者が新しいサービスを開始する場合に、銀行との協議ができないままに時間が徒過することを防ぐため、一定期間内に銀行が異議を述べない場合には本サービスの追加又は変更の効力が生じるものとしている（接続事業者との契約を締結するに当たって銀行の定める基準に関するパブコメ結果のNo.193では、「銀行が公表している基準に記載されていない事項であっても、例えば、反社会的な者と関係を有している者でないことなど、社会通念上判断の基準とすることが当然であると認められるような要件について電子決済等代行業者が充足していない場合には、銀行が契約締結を拒むことも許容されるものと考えます。他方、『自行のサービス又は子会社・関連会社・提携先会社のサービスと競合している』との理由のみで拒絶すること等は、当該事項が基準として公表されているか否かを問わず、通常合理的な理由によるものとはいえないと考えられます。」とされていることについて参照されたい。）。

第18条　反社会的勢力の排除

　　銀行及び接続事業者は、現在、暴力団、暴力団員、暴力団員でなくなった時から5年を経過しない者、暴力団準構成員、暴力団関係企業、総会屋等、社会運動等標ぼうゴロまたは特殊知能暴力集団等、その他これらに準ずる者（以下これらを「暴力団員等」という。）に該当しないこと、および次の各号のいずれにも該当しないことを表明し、かつ将来にわたっても該当しないことを確約する。
(1)　暴力団員等が経営を支配していると認められる関係を有すること
(2)　暴力団員等が経営に実質的に関与していると認められる関係を有すること
(3)　自己、自社もしくは第三者の不正の利益を図る目的または第三者に損害を加える目的をもってするなど、不当に暴力団員等を利用していると認められる関係を有すること
(4)　暴力団員等に対して資金等を提供し、または便宜を供与するなどの関与をしていると認められる関係を有すること
(5)　役員または経営に実質的に関与している者が暴力団員等と社会的に非難されるべき関係を有すること
2　銀行及び接続事業者は、自らまたは第三者を利用して次の各号の一にでも該当す

る行為を行わない。

(1)　暴力的な要求行為

(2)　法的な責任を超えた不当な要求行為

(3)　取引に関して、脅迫的な言動をし、または暴力を用いる行為

(4)　風説を流布し、偽計を用いまたは威力を用いて相手方の信用を毀損し、または相手方の業務を妨害する行為

(5)　その他前各号に準ずる行為

3　銀行及び接続事業者（以下、本条において「解除当事者」という。）は、相手方（以下、本条において「違反当事者」という。）が暴力団員等若しくは第1項各号のいずれかに該当し、若しくは前項各号のいずれかに該当する行為をし、または第1項の規定にもとづく表明・確約に関して虚偽の申告をしたことが判明した場合、何らの催告をすることなく本契約を解除することができる。

4　前項の規定の適用により違反当事者に損害が生じた場合にも、違反当事者は解除当事者に何らの請求もできない。

　平成23年6月2日に一般社団法人全国銀行協会が公表した「融資取引および当座勘定取引における暴力団排除条項参考例の一部改正について」を踏まえ、相手方が反社会的勢力に該当する場合等に本契約を解除できる旨を定めている。

第18条の2　経済制裁への対応

　銀行及び接続事業者は、国際連合、日本政府又は外国政府のいずれかによって経済制裁の対象とされている者（指定されている場合に限られず、支配関係、所在国等により対象となる場合を含む。以下、「経済制裁対象者」という。）ではないことを表明し、かつ将来にわたっても該当しないことを確約する。

2　銀行及び接続事業者（以下、本条において「解除当事者」という。）は、相手方（以下、本条において「違反当事者」という。）が経済制裁対象者に該当し、または前項の規定にもとづく表明に関して虚偽の申告をしたことが判明した場合、何らの催告をすることなく本契約を解除することができる。

3　前項の規定の適用により違反当事者に損害が生じた場合にも、違反当事者は解除当事者に何らの請求もできない。

　接続事業者と銀行双方から、経済制裁対象者との間で本API連携を行うことがリスクとなり得るとの意見があったことから、双方が経済制裁対象者ではないことの表明を行うこと、該当した場合には本契約を解除できる旨を定めている。

第19条　有効期間

　本契約は、締結日から●年間効力を有するものとし、期間満了●か月前までに銀行及び接続事業者のいずれからも相手方に対して本契約を終了する旨の書面による通知がなされない場合には、さらに●年間延長するものとし、以後も同様とする。

2　本契約が事由を問わず終了した後も、第10条、第11条第1項（セキュリティ及び利用者保護に関する事項に限る。）、第16条、第17条第2項、本条、第21条、第22

条、第23条及び第24条の効力は存続するものとする。

　本条では、有効期間を定めた上で自動更新の規定を設けている。研究会では銀行による更新拒絶を制限するべきとの議論があったが、銀行法第52条の61の11第３項によって銀行は不当に差別的な取扱いを行ってはならないこととされており、銀行による更新拒絶の際にはその趣旨を踏まえた対応がされる必要があると考えられる（パブコメ結果のNo.192参照）。

　契約終了時の効力存続条項については、本APIの使用が終了したとしても、接続事業者において本APIで取得したデータの利用が続くため、必要な条項については効力が存続することを確認する規定を設けている。存続する必要がある条項については、利用するデータの内容や状況に応じて、一定の条項について存続期間を設けたり、対象の条項のうち一部を適用対象外としたりすることも考えられる。

第20条　解約・解除

　銀行及び接続事業者は、相手方に対し●か月前に書面により通知することにより、本契約を解約することができる。
2　接続事業者が次の各号の一つでも該当する場合には、本契約は直ちに終了するものとする。
(1)　電子決済等代行業者の登録が取り消された場合
(2)　破産手続の開始決定があった場合
3　銀行は、接続事業者が次の各号の一つでも該当する場合には、催告を要することなく、本API連携を停止し、又は本契約を解除することができるものとする。但し、接続事業者が業務改善命令を受けて第２号に該当する事由が発生したものの、銀行による当該事由に基づく解除がなされる前において、接続事業者が、業務改善計画を監督官庁等に提出し受理されたことを、書面等により銀行に通知した場合は、接続事業者が当該業務改善計画に沿って業務を継続していると認められる限り、銀行は当該事由のみを理由とする解除をすることはできないものとする。
(1)　本契約について重大な違反があった場合
(2)　本サービスに関する業務停止命令又は業務改善命令等の処分を監督官庁等から受けた場合
(3)　所有する財産について、第三者から仮差押、仮処分、保全差押若しくは差押の命令、通知が発送されたとき、又はその他の強制執行の申立を受けた場合
(4)　支払停止の状態になった場合、又は手形交換所若しくは電子債権記録機関の取引停止処分を受けた場合
(5)　破産、民事再生、会社更生、特別清算等の法的整理手続若しくは私的な整理手続の開始の申立を行った場合、又はこれらについての申立を受けた場合
4　銀行は、接続事業者が次の各号の一つでも該当する場合には、相当の期間を定めて催告の上、本API連携を停止し、又は本契約を解除することができるものとする。
(1)　本契約について違反があった場合
(2)　解散、［合併、］会社分割、事業の全部または重要な一部の譲渡を決定した場合［(但し、本サービスに係る事業が対象とならない［合併、］会社分割若しくは事業の譲渡又は本サービスに係る事業の全てが銀行の定める基準を満たす第三者に

承継される［合併，］会社分割若しくは事業の譲渡を除く。）］
　(3)　接続事業者の業務の健全かつ適切な運営が確保されていないおそれがあると銀
　　　行が客観的かつ合理的な事由により認めた場合、利用者の利益を害するおそれが
　　　あると銀行が客観的かつ合理的な事由により認めた場合、又は利用者の保護を図
　　　る必要がある場合
　(4)　前各号のほか、本契約上の義務の履行に重大な悪影響を及ぼす事由が発生した
　　　場合、または本契約を存続させることが不適当と認められる重大な事由があると
　　　き。
　5　　前三項の規定の適用により接続事業者に損害が生じた場合であっても、銀行は一
　　　切の責任を負わないものとする。

　　第1項では、相手方への通知により解約できる旨規定しているが、第19条第1項における
更新拒絶と同様の議論が当てはまると考えられる。
　　第2項では、接続事業者について電子決済等代行業者の登録が取消された場合、破産開
始決定がなされた場合には催告を行わずとも直ちに本契約が終了するとしている。
　　第3項及び第4項については、本契約が基本的にAPIの許諾契約であることを踏まえ、
基本的には接続事業者側の義務違反、信用不安等を解除事由としている。但し、銀行に義
務違反があった場合にも使用許諾料を払う必要がある状況を避けるために接続事業者に解
除権を認めることも考えられる。
　　第3項は利用者保護の観点から速やかに本API連携の停止や契約の解除が必要になる場
合を規定しており、催告を不要としている。
　　第4項第2号は、接続事業者の経営や体制への大きな変更あるいは本サービスの提供主
体の変更が生じるため、解除事由としているものであるが、本サービスの提供主体に変更
がない又は本サービスが銀行の定める基準を満たす第三者に承継されるのであれば解除事
由とする必要はないとする考え方もあり得るため、そのようにする場合にはブラケットを
付した但書を追加することが考えられる。
　　第4項第3号は、健全かつ適切な業務運営がなされていないおそれや利用者の利益を害
するおそれがある場合を規定しているが、客観的かつ合理的な事由があることが前提であ
り、抽象的なおそれがあることのみをもって解除事由に該当するものではない。

第21条〜第24条　一般条項

第21条　契約終了時の措置
　理由の如何を問わず本契約が終了した場合、接続事業者は、本API及びその派生物
並びにこれらに関連する資料（これらの仕様書、複製物を含むが、利用者情報は除
く。）の全てを消去及び破棄するものとする。但し、接続事業者は、法令により保管
が義務付けられている情報を法令で定められた期間保管することができる。

第22条　権利義務等の譲渡禁止
　銀行及び接続事業者は、相手方の事前の書面等による承諾のない限り、本契約上の
地位及び本契約によって生じる権利義務の全部もしくは一部を第三者に譲渡し、［承
継し、］又は担保に供してはならない。［但し、銀行は本銀行機能に係る事業の全部又

は一部を第三者に譲渡し又は承継させる場合に本契約上の地位及び本契約によって生じる権利義務の全部を［接続事業者に通知した上で］譲渡又は承継の対象とすることができ、接続事業者は本サービスに係る事業の全部又は一部を銀行の定める基準を満たす第三者に譲渡し又は承継させる場合に本契約上の地位及び本契約によって生じる権利義務の全部を［銀行に通知した上で］譲渡又は承継の対象とすることができる。］

第23条　準拠法及び管轄
　　本契約は、日本法に準拠し、日本法に従って解釈される。
2　本契約に関する一切の紛争については、●裁判所を第一審の専属的合意管轄裁判所とする。

第24条　誠実協議
　　本契約に定めのない事項又は本契約の解釈に疑義が生じた場合には、銀行及び接続事業者が誠実に協議し、その解決に努める。

　第21条では、本APIに関連する資料については消去することとしているが、本契約が終了した後も接続事業者は本サービスを提供し続けることは可能であり、本サービスの目的で利用者情報を使用し続けることは想定される。このため、利用者情報については消去及び破棄の対象外としている。本APIに関連する資料の範囲に関して、接続事業者のシステムの仕様が本APIの仕様に基づいて決められていたとしても、接続事業者のシステムの仕様に関する資料自体は、本APIに関連する資料ではなく、消去及び破棄の対象にはならないと考えられる。

　第22条において、承継を禁止の対象にする場合には合併や会社分割の場合に相手方の承諾を得る必要があることが煩瑣であるとの意見があり、承継の禁止を規定することも規定しないこともいずれもあり得るものとしている。なお、本条で承継の禁止を規定しない場合、合併や会社分割を相手方への通知事項とするべきであるとの意見もあった。銀行が本銀行機能に係る事業を第三者に譲渡し若しくは承継させる場合、又は接続事業者が本サービスに係る事業を第三者に譲渡し若しくは承継させる場合に、本契約も含めて譲渡又は承継の対象とすることを許容するのであれば、ブラケットを付した但書を追加することが考えられる。なお、この場合に接続事業者が本サービスに係る事業を譲渡し又は承継させる第三者は銀行の定める基準（銀行法第52条の61の11）を満たす必要がある。

以　上

「銀行法施行令等の一部を改正する政令等（案）」に対する
パブリックコメントの結果等について（抜粋）

※平成30年5月30日付金融庁公表（https://www.fsa.go.jp/news/30/ginkou/20180530.html）

●銀行法（電子決済等代行業）関係

No.	コメントの概要	金融庁の考え方
	●通則（施行規則第34条の64の2～第34条の64の8）	
	▼施行規則第34条の64の3	
107	個人情報保護法においては、個人情報保護委員会のQ&Aにおいて、個人データをクラウドサービス事業者が取り扱わないこととなっている場合、すなわち、契約条項によって当該外部事業者がサーバーに保存された個人データを取り扱わない旨が定められており、適切にアクセス制御を行っている場合等は、同クラウドサービス事業者のサービスにおいて個人情報を保存しても、当該事業者は委託先に該当しないと解されている。他方で、電子決済等代行業においても、クラウドサービス提供事業者の提供するクラウドサービスを用いて情報の保存等を行う場合が多いが、このような場合に、クラウドサーバーについては、委託先に該当しないと解釈されるか。解釈されないとした場合、具体的にどのような場合であれば委託先に該当しないと考えられるか。	クラウドサービス提供事業者が施行規則第34条の64の3第2項第2号の委託先に該当するか否かは、電子決済等代行業者と当該クラウドサービス提供事業者との間の契約の内容等を踏まえた個別事案ごとの判断となりますが、電子決済等代行業に関連する個人データを外部のクラウドに保存している場合、「契約条項によって当該外部事業者がサーバーに保存された個人データを取り扱わない旨が定められており、適切にアクセス制御を行っている」というご指摘の条件の下で、外部クラウドの利用契約に基づき、当該クラウドを利用しているのであれば、クラウドサービス提供事業者は同号の委託先に該当しないものと考えられます。
	▼施行規則第34条の64の9	
139	電子決済等代行業者が預金者等からの委託にもとづいて定期的に銀行から法第2条第17項第2号に規定する情報を取得し、自社のデータベースに蓄積している場合、第三者が当該データベースにアクセスするたびに銀行から法第2条第17項第2号に規定する情報を取得することがなかったとしても、当該データベースを利用することにより定期的に情報を取得することを委託していることから、当該データベースにアクセスする第三者は「電子決済等代行業者に対し、同号の銀行から当該情報を取得することの委託（二以上の段階	法第2条第17項第2号に掲げる行為に関し、電子決済等代行業再委託者に該当するためには、「電子決済等代行業者に対し、同号の銀行から当該情報を取得することの委託（二以上の段階にわたる委託を含む。）をする者」との要件を満たす必要があります。ご指摘の場合において、第三者がこれらの委託を電子決済等代行業者に対し行い、電子決済等代行業者が当該委託に基づき銀行から預金者の口座情報を取得する場合には、当該第三者が電子決済等代行業再委託者になるものと考えられます。

	にわたる委託を含む。）をする者」に該当するという理解でよいか。 　データベースへのアクセスのたびに銀行から情報を取得するか定期的に取得するかは、データの連携のタイミングが異なるだけであって、情報の適正な取扱いや安全管理の必要性は同じであるから、同じように扱うべきと考えられる。	一方、第三者がこれらの委託を電子決済等代行業者に対し行っていない場合、当該第三者は電子決済等代行業再委託者にはならないものと考えられます。ただし、電子決済等代行業再委託者でない第三者に対し、電子決済等代行業者が電子決済等代行業に関して取得した利用者情報を提供することについては、情報の適正な取扱い及び安全管理のための措置を講ずることが求められます。
140	電子決済等代行業者が、利用者から直接、他の事業者を経ずに許諾をえて参照系APIにより銀行から情報を取得し、同事業者が蓄積したものとする。その後、別の事業者（事業者Aとする）が利用者から許諾をえて、既に電子決済等代行業者が取得・蓄積済みのデータを取得し、ここでの事業者Aから電子決済等代行業者への情報提供の指示は、銀行には伝達されないものとする場合、当該事業者Aは電子決済業代行業者再委託者にあたらないと考えるが、どうか。 　なお、一度取得した後も、同様に、電子決済等代行業者が銀行から情報を取得する際には、事業者A経由での情報取得の指示は受け付けず、利用者から電子決済等代行業者への情報取得の指示に基づく場合に限り、新たに銀行から利用者の口座情報を取得し、かつ、電子決済等代行業者から当該事業者Aへの情報提供は、あくまでも当該事業者Aに対する利用者からの指示に基づき（この指示は電子決済等代行業者による銀行の口座情報の追加取得の指示を含まず、かつ、利用者から事業者Aを経由して電子決済等代行業者に行う電子決済等代行業者から事業者Aへの情報提供を求める指示は銀行には一切伝達されないものとする）取得することを想定している。	貴見のとおりと考えられます。
	▼施行規則第34条の64の16	
171	法第52条の61の10第2項第2号に規定の「当該電子決済等代行業者が電子決済等代行業の業務に関して取得した利用者に関する情報」とは、当該契約の相手方となる銀行との電子決済等代行業の業務に関して取得した情報のみという理解でよいか。また、その情報を加工した情報を含むのか。また、これらを	「当該電子決済等代行業者が電子決済等代行業の業務に関して取得した利用者に関する情報」は、当該契約の相手方となる銀行との電子決済等代行業の業務に関して取得した情報をいい、その情報を加工した情報も当然に含まれます。

	含む場合には条文上不明確であると考えられるため、電子決済等代行業者の登録申請時の留意事項等として明らかにして頂きたい。	
172	「電子決済等代行業再委託者の業務に関して当該電子決済等代行業再委託者が取得した利用者に関する情報の適正な取扱い及び安全管理のために当該電子決済等代行業者が行う措置並びに当該電子決済等代行業者が当該措置を行わないときに当該銀行が行うことができる措置に関する事項」(法第52条の61の10第2項第2号には、電子決済等代行業者が取得した利用者に関する情報の適正な取扱い等が規定)を規定することが求められているのは、情報の漏えい等が起こらないようにするためのものであって、電子決済等代行業再委託者(あるいは電子決済等代行業者)のサービスによって利用者に提供されるに至った情報であっても電子決済等代行業再委託者(あるいは電子決済等代行業者)が当該情報を保有する限りはこれらの措置が不要となるわけではないという理解でよいか。 　法第2条第17項第2号において、電子決済等代行業の定義として、「当該銀行から当該口座に係る情報を取得し、これを当該預金者等に提供すること」とあることをもって、提供された後は適正な取扱いや安全管理のための措置が不要になるわけではないという理解でよいか。	貴見のとおりと考えられます。
179	施行規則第34条の64の16において、電子決済等代行業者が、電子決済等代行業再委託先又はこれに該当しない第三者に対して利用者情報提供を行う場合の銀行の行為義務は定められていないが、銀行としては、オープンイノベーションを促進するという本改正の趣旨を踏まえて、これらの電子決済等代行業再委託先等に情報を提供することを検討することが改正法の趣旨に合致するか。	電子決済等代行業者が取得した利用者情報を電子決済等代行業再委託者又はそれ以外の第三者に対して提供する場合には、提供先の適切な選定、提供先における当該情報の適正な取扱い等を担保するための措置は、法第52条の61の10第2項第2号の規定における「電子決済等代行業者が取得した利用者情報の適正な取扱い及び安全管理のために行う措置」に該当するものと考えられます。その具体的な内容については、オープンイノベーションの促進と利用者保護のバランスを踏まえ、適切に定められる必要があるものと考えられます。
	▼施行規則第34条の64の17	
182	契約の公表に際しては、銀行と電子決済等代行業者の間で締結する契約のうち、法第52	必ずしも条文をそのまま掲載する必要はなく、要約を掲載することも許容されま

	条の61の10第2項各号に掲げる事項を含む条文をそのまま掲載する必要があるのか。要約したものを掲載することは可能か。また、各社一律の条文を用いている場合には、共通して掲載することは可能か。	す。なお、その際には、利用者が明確に内容を理解できる要約である必要があります。また、各社一律の条文であれば、共通して掲載することも許容されます。
	▼施行規則第34条の64の19	
192	施行規則第34条の64の19は契約締結時における銀行が採用する基準に関する規定であるが、この基準に違反する事象が生じていないにも関わらず、何らかの理由を主張して、銀行が契約の中途解約や期間満了後の更新拒絶を行うことは許されないと考えてよいか。 この場合、銀行が公表された基準を変更しない限り、契約の開始時点だけでなく、継続期間中の解除・解約権行使、更新時の拒絶が当該基準に合致する事業者を不合理に差別することは許されないという理解で良いか。	前段について、基準違反がなくとも、契約に規定された解除事由その他の正当な事由が認められる場合には、銀行が契約の中途解約や期間満了後の更新拒絶を行うことが許容される場合があると考えられます。 後段について、銀行が公表した基準のみならず、銀行と電子決済等代行業者との契約における条項に従い、契約解除等が許容される場合があり、その場合には不合理な差別とならないと考えられます。
193	銀行は、実際に適格性審査に用いる基準を、法令上の規定の項目以外にも設けることが考えられる。そうした場合に、実際に審査に用いられる基準が公表されていないと不合理な差別がされているかどうかを判断できないので、公表されていない行内の基準を理由に接続拒否を行うことは許されないと考えてよいか。	銀行が公表している基準に記載されていない事項であっても、例えば、反社会的な者と関係を有している者でないことなど、社会通念上判断の基準とすることが当然であると認められるような要件について電子決済等代行業者が充足していない場合には、銀行が契約締結を拒むことも許容されるものと考えられます。他方、「自行のサービス又は子会社・関連会社・提携先会社のサービスと競合している」との理由のみで拒絶すること等は、当該事項が基準として公表されているか否かを問わず、通常合理的な理由によるものとはいえないと考えられます。

Q&A わかりやすい銀行代理業・電子決済等代行業

2019年12月24日　第1刷発行

著　者　赤　上　博　人
　　　　渡　邉　雅　之
発行者　加　藤　一　浩

〒160-8520　東京都新宿区南元町19
発　行　所　一般社団法人 金融財政事情研究会
企画・制作・販売　株式会社きんざい
編　集　部　TEL 03(3355)1721　FAX 03(3355)3763
販売受付　TEL 03(3358)2891　FAX 03(3358)0037
URL https://www.kinzai.jp/

校正：株式会社友人社／印刷：株式会社日本制作センター

ISBN978-4-322-13489-6